BAC PRO

Prévention Santé Environnement

1re Tle

Michèle TERRET-BRANGÉ

Marie-Thérèse BIERRE
Valérie GUÉRIN-CAPRIN
Jef GUILLAUD
Nicole RAVEL
Nathalie VOURIOT-GIEURE

Nouvelle édition entièrement actualisée

DELAGRAVE

Couverture : Atelier du Livre
Conception graphique : Primo & Primo
Mise en page : Facompo
Iconographie : Anne Lauprête
Illustrations : Sylvain Frécon
Infographie : Illustratek

Nos ouvrages utilisent des papiers composés de fibres naturelles, renouvelables, recyclables, fabriqués à partir de bois issus de forêts gérées durablement.

ISBN : 978-2-206-30132-7

Éditions Delagrave – 5, allée de la 2e D.B. – 75015 Paris
www.editions-delagrave.fr

Sommaire

---

* Un seul risque est étudié selon le bac professionnel préparé.

Structure et mode d'emploi de l'ouvrage

① Une boîte à outils

- **Des rabats** avec des outils méthodologiques : présentation synthétique des six méthodes d'analyse utilisées.
- **La liste des capacités à développer** (p. 6) pour suivre leur acquisition au fur et à mesure des activités.
- **Des outils pour récapituler l'essentiel :** des activités de synthèse à la fin de chaque séquence.
- **Des outils pour vérifier ses connaissances et ses capacités** : la fiche **« Maîtriser le module »** à la fin de chaque module.
- **Des fiches de secourisme** pour gérer les situations d'urgence.
- **Des outils pour s'entraîner aux évaluations certificatives :** des conseils et deux exemples de sujets (pp. 205 à 222).

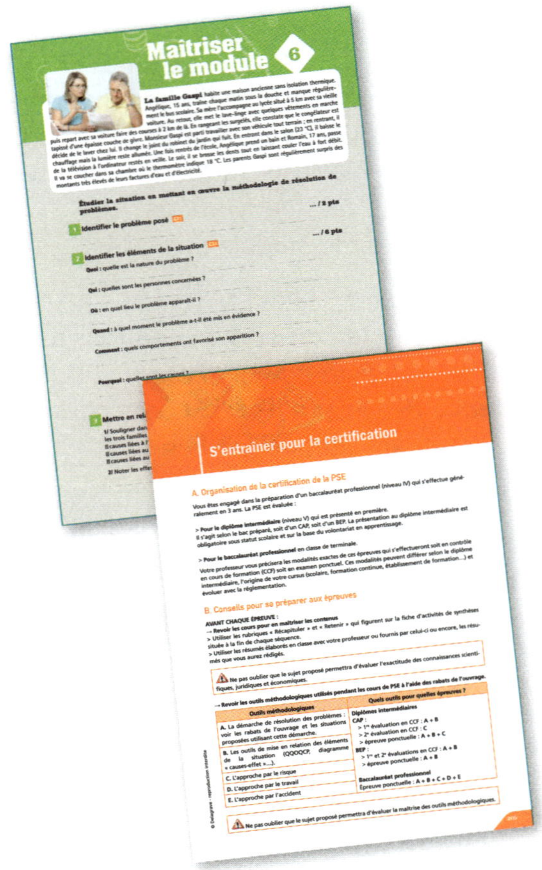

② Les 7 modules du référentiel en 13 séquences

- Une **fiche d'ouverture** avec :

Ⓐ **Un titre** qui résume l'objectif final à atteindre.

Ⓑ **L'objectif général** : attitude que l'on attend de l'élève à la fin de la séquence (comportement citoyen, savoir être...).

Ⓒ **Une situation de la vie quotidienne ou professionnelle illustrée** (ou un système pour les séquences 15, 19 et 23).

Ⓓ **Une analyse guidée** de la situation mettant en œuvre une **démarche d'analyse.**

Ⓔ **Des connaissances** nécessaires à un certain stade de l'analyse : cette phase renvoie aux fiches **« Mobiliser des connaissances utiles »** pour construire son savoir.

Ⓕ **Le réinvestissement** des connaissances acquises dans la situation (proposition de solutions, choix...).

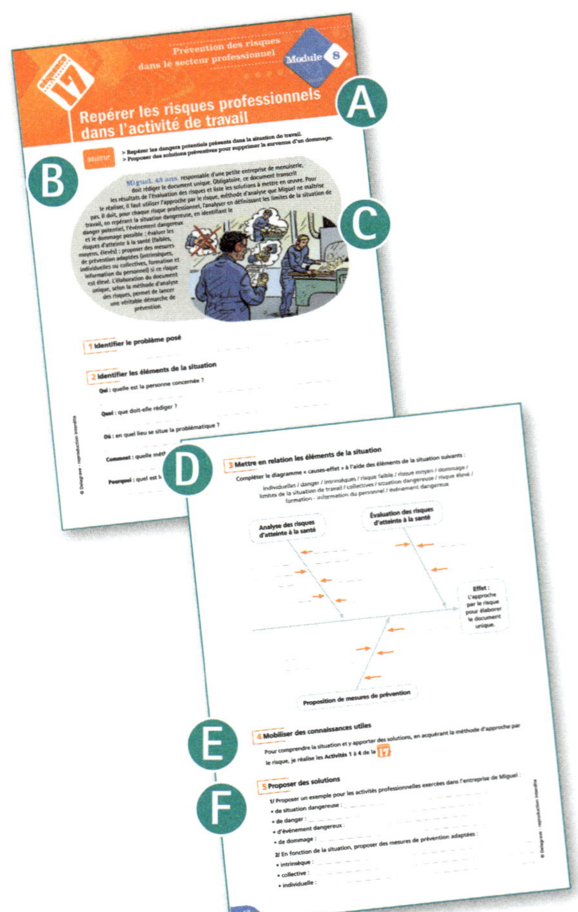

• Des fiches « **Mobiliser des connaissances utiles** » avec :

G **Une courte introduction** pour présenter l'intérêt du sujet.

H **Des activités** qui vont permettre de :

> construire son savoir (« on apprend en faisant... ») ;

> développer ses capacités.

I L'indication codée des **capacités développées** au niveau de chaque activité.

Le tableau (p. 6) permet d'identifier ces capacités.

J **Des documents variés et actuels** qui apportent toutes les connaissances utiles.

K **Le renvoi** à la fiche d'ouverture pour réinvestir les connaissances en apportant des solutions adaptées.

Ce logo identifie les activités basées sur l'utilisation d'**Internet** et de l'**outil informatique**.

• **Chaque séquence se termine par des activités de synthèse :**

L **Récapituler** : des textes à compléter pour synthétiser activement l'essentiel à retenir.

M **Retenir** : les connaissances essentielles sont présentées sous forme de schéma-bilan ou de tableaux synthétiques.

N **Approfondir** : des sites Internet de référence pour se diriger immédiatement vers des supports appropriés, et permettre à l'enseignant de prescrire des recherches complémentaires ; mais aussi des brochures, des vidéos, des quiz.

• **Chaque module se termine par une fiche « Maîtriser le module ».**

Elle permet d'évaluer la maîtrise des connaissances et capacités s'y rapportant, et notamment la maîtrise d'une démarche d'analyse.

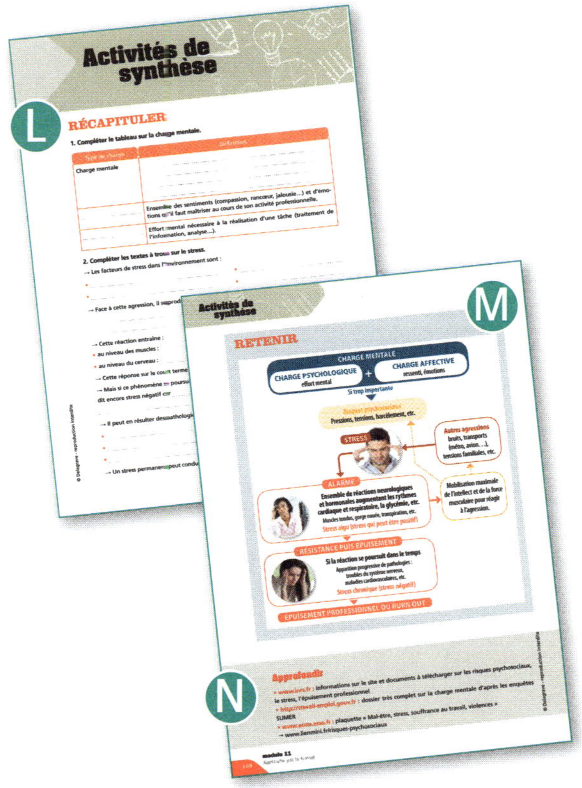

3 Des annexes

• **S'entraîner pour la certification**

> L'organisation de l'évaluation de la PSE.

> Des conseils pratiques pour s'y préparer.

• **Des sujets pour s'entraîner**

> Exemple de sujet CCF pour une deuxième situation d'évaluation pour un diplôme intermédiaire **BEP**.

> Exemple de sujet ponctuel pour une situation d'évaluation pour le **baccalauréat professionnel**.

• **Lexique des sigles**

Il contient l'ensemble des sigles présents dans l'ouvrage.

Présentation de la PSE

I. POURQUOI ?

Par son mode de vie et ses comportements, chacun agit sur sa santé et son environnement. Veiller à la sécurité, notamment au travail, contribuer au développement durable, identifier les risques, notamment professionnels, relèvent donc de la responsabilité de chacun.
Dans la continuité du programme de Seconde, l'enseignement de la PSE en Première et en Terminale apporte une culture et des outils qui permettent à chacun de devenir **acteur de prévention**, en particulier sur son lieu de travail.

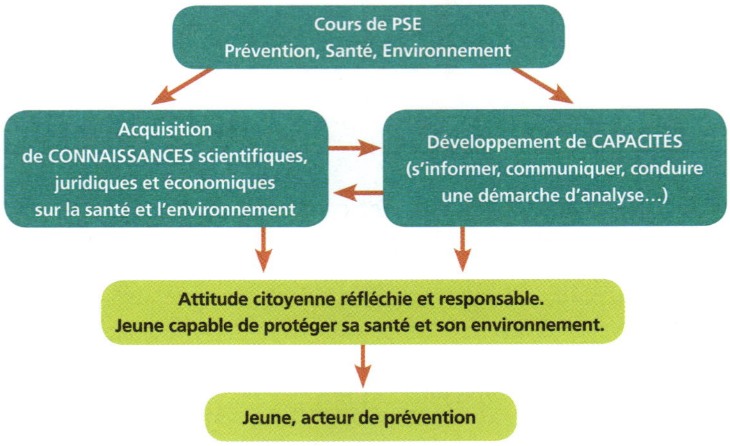

II. COMMENT ?

Pour traiter le programme (3 modules en Première et 4 en Terminale), l'enseignant s'appuie sur des **systèmes** ou des **situations concrètes** qu'il analyse à l'aide **d'outils méthodologiques** afin, le plus souvent, d'y apporter des solutions.
En Première, la **démarche de résolution de problème**, maîtrisée à l'issue du programme de Seconde, est encore utilisée ; l'**approche par les risques** est le nouvel outil méthodologique qu'il faudra s'approprier. L'**approche par le travail** et l'**approche par l'accident** seront mises en œuvre en Terminale.
Les **savoirs** et **savoir-faire** acquis au cours de l'analyse peuvent se transposer à d'autres situations qui pourront vous être proposées.

Vous serez évalué(e) tout au long de l'année mais aussi lors du CCF ou de l'examen ponctuel sur les capacités suivantes :

C1 : S'informer, se documenter	**C11.** Rechercher l'information
	C12. Décoder l'information
	C13. Traiter
	C14. Analyser
C2 : Mobiliser des connaissances scientifiques, juridiques, économiques	**C21.** Énoncer des connaissances
	C22. Mettre en relation
	C23. Expliquer un phénomène à partir de ses connaissances
	C24. Argumenter
C3 : Conduire une démarche d'analyse	**C31.** Identifier un problème
	C32. Appliquer une démarche de résolution de problèmes
	C33. Mettre en œuvre une approche par les risques
	C34. Mettre en œuvre une approche par le travail
	C35. Mettre en œuvre une approche par l'accident
C4 : S'impliquer dans un projet d'action individuelle ou collective en lien avec le développement durable, la vie professionnelle, la société	**C41.** Identifier la problématique du projet
	C42. Repérer les enjeux
	C43. Se situer dans un projet
	C44. Proposer des actions
	C45. Hiérarchiser les actions
	C46. Présenter le projet
C5 : Communiquer	**C51.** Utiliser un langage adapté
	C52. Utiliser un moyen de communication adapté
	C53. Échanger, prendre en compte différents avis
	C54. Construire son opinion personnelle
	C55. Argumenter

Maîtriser sa consommation en eau

OBJECTIF

> Expliquer la nécessité de préserver les ressources en eau.
> Adopter un comportement écocitoyen pour maîtriser sa consommation en eau.

Peyo, 17 ans, élève de Bac Pro pour qui l'eau est un véritable cadeau, pratique le surf. Ce sport est l'occasion le plus souvent d'adopter une démarche écocitoyenne car se baigner dans une eau de mauvaise qualité n'est pas sans danger pour sa santé. Les problèmes de pollution, qu'ils soient sous forme de déchets aquatiques, d'hydrocarbures, de pollutions chimiques ou bactériologiques, les besoins croissants en eau des sociétés humaines, les modifications climatiques font peser sur cette ressource vitale une pression très importante et la rendent vulnérable. Le club de Peyo est très investi dans ce domaine et essaie de sensibiliser ses membres aux enjeux de la protection de l'eau par des gestes simples pour maîtriser le gaspillage et la qualité.

1 Identifier le problème posé

Comment mieux gérer et préserver les ressources en eau de la planète.

2 Identifier les éléments de la situation

Quoi : quelle est la nature du problème ? quelles en sont les conséquences possibles ?

L'eau est une ressource vitale menacée sur laquelle pèse une press on importante.

Qui : qui est la personne concernée ?

Peyo, 17 ans, élève de Bac Pro.

Comment : quels éléments ont favorisé sa survenue ?

Les différentes formes de pollutions (déchets, hydrocarbures, pollutions chimiques ou bactériologiques, besoins croissants en eau des sociétés humaines, modifications climatiques) ont favorisé la survenue du problème.

Pourquoi : quels sont les éléments qui font que ce problème risque d'avoir des conséquences graves ?

L'eau est une ressource vitale mais si elle est polluée, elle peut engendrer des dangers pour la santé de l'homme et viendra à manquer.

3 Mettre en relation les éléments de la situation

Compléter le diagramme « causes-effet » à l'aide des éléments de la situation suivants :

mauvaise qualité / modifications climatiques / pollutions chimiques / déchets aquatiques / danger pour la santé / hydrocarbures / pollutions bactériologiques / besoins croissants / gaspillage

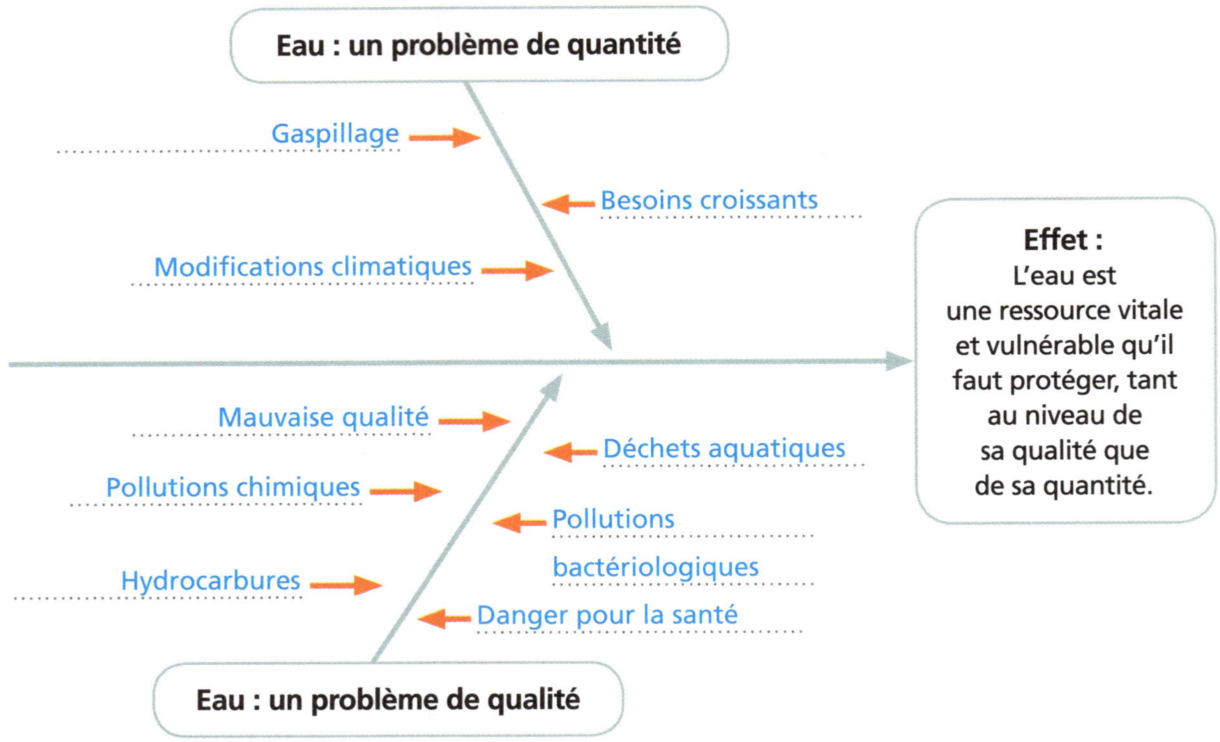

4 Mobiliser des connaissances utiles

Pour comprendre la situation et y apporter des solutions, je réalise les **Activités 1** à **9** de la séquence 13.

5 Proposer des solutions

Proposer à Peyo cinq gestes écocitoyens qui permettent une gestion des ressources en eau lors d'une activité à la mer, comme à la montagne et à la campagne.

> Utiliser des produits biodégradables pour nettoyer les combinaisons et les planches.

> Ne jeter ni mégots, ni chewing-gums par terre : tout ce qui se jette dans la nature finit à la rivière ou à la mer.

> Ramasser les déchets car tout ce qui est jeté dans la nature finit à la rivière ou à la mer.

> Économiser l'eau quand on se lave et pour rincer son matériel.

> Privilégier les filières écoconception pour le matériel (planche, combinaison...).

MOBILISER DES CONNAISSANCES UTILES

Alors que la demande en eau augmente, certains pays atteignent déjà les limites de leurs ressources. Les changements climatiques devraient encore accentuer ce phénomène. Une compétition pour l'eau se dessine entre les pays, entre zones urbaines et rurales, mais aussi entre les différents secteurs d'activité.

→ ACTIVITÉ 1 - Les réservoirs d'eau sur Terre C12

1. Entourer dans le **doc. 1** le réservoir le plus important en eau sur Terre.

2. L'eau de la planète est répartie dans différents réservoirs. Expliquer par une phrase le problème posé par cette répartition.

L'eau est une ressource abondante sur Terre, mais seule une infime partie est directement utilisable notamment par l'homme.

DOC. 1 **Répartition de l'eau**

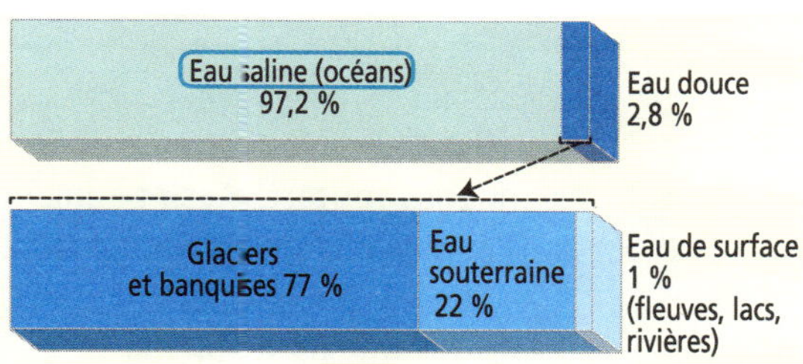

→ ACTIVITÉ 2 - La disponibilité en eau douce au niveau mondial C21 C22

1. Indiquer à l'aide de la carte du **doc. 2** trois zones géographiques en état de pénurie en 2025.

> Afrique du Nord > Afrique du Sud > Moyen-Orient

2. Proposer deux raisons qui expliquent cette projection.

> Les modifications climatiques.

> L'augmentation de la population : besoins croissants.

DOC. 2 **Eau douce disponible dans le monde en 2025**

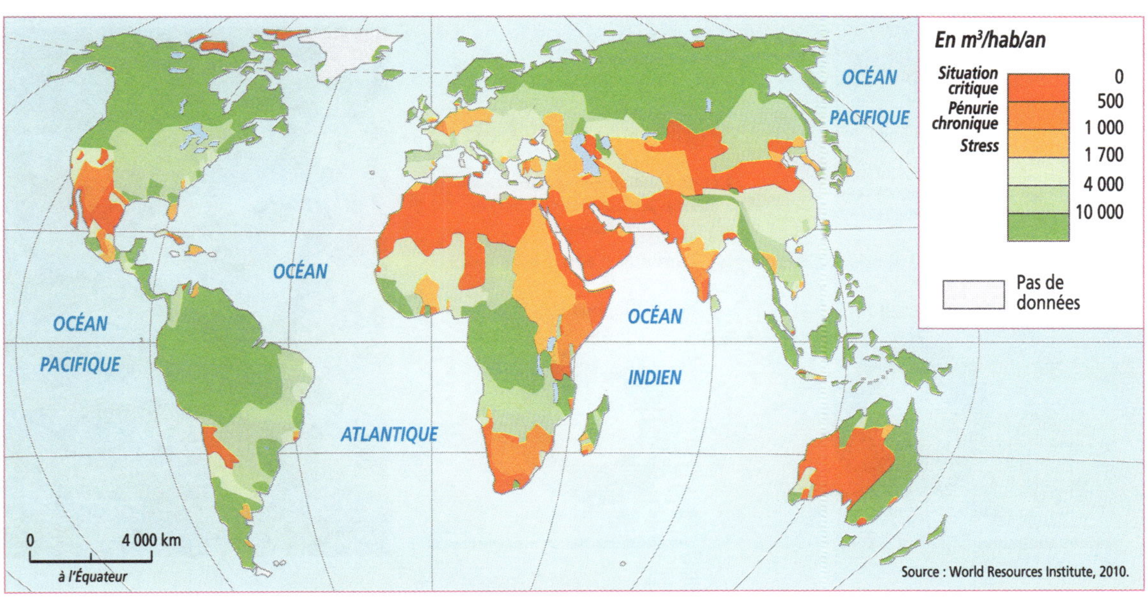

ACTIVITÉ 3 - Les ressources en eau disponibles en France C13

1. Souligner dans le **doc. 3** les différents lieux de prélèvement de l'eau en France.

2. À l'aide des **doc. 3** et **4**, justifier la phrase suivante : « La France dispose de ressources en eau disponibles importantes [...]. Ces moyennes rassurantes doivent cependant être nuancées. »

Les précipitations sont importantes (le réseau hydrographique est vaste et la France possède de bonnes capacités de stockage) mais selon les régions, ces éléments sont variables. Les prélèvements sont parfois plus importants, ex. : les zones agricoles. Le climat, la démographie et la pollution peuvent aussi intervenir sur la quantité disponible en eau de certaines régions.

3. Identifier à l'aide du **doc. 4** trois conséquences possibles de cette pénurie hydrique.

> Mortalité des poissons
> Pollutions des rivières
> Chute de la biodiversité

DOC. 3 Les ressources disponibles en eau en France

- Pour satisfaire des besoins en eau domestiques, économiques ou de loisirs, il existe des sites de stockage naturels (nappes souterraines et eaux de surface : cours d'eau, lacs...) mais également artificiels parce que créés par l'homme (plans d'eau, canaux...).

- Le territoire français reçoit en moyenne 480 milliards de m^3 de précipitations par an. Avec un réseau hydraulique qui représente 270 000 km de cours d'eau et 2 000 milliards de m^3 de nappes souterraines, la France dispose de ressources en eau disponibles importantes. Au total, les ressources disponibles s'élèvent à 191 milliards de m^3 par an, ce qui équivaut à 3 262 m^3 par personne par an. La France jouit aussi de très bonnes capacités naturelles de stockage grâce aux chaînes de montagnes et à d'importants aquifères souterrains (réservoirs rocheux).

- Ces moyennes rassurantes doivent cependant être nuancées. Toutes les régions françaises n'ont pas la même répartition selon le niveau et la régularité de leur pluviométrie, la présence ou non d'aquifères souterrains importants, les niveaux d'écoulement et celui des prélèvements. Il est donc nécessaire de rester vigilant.

DOC. 4 La pénurie d'eau

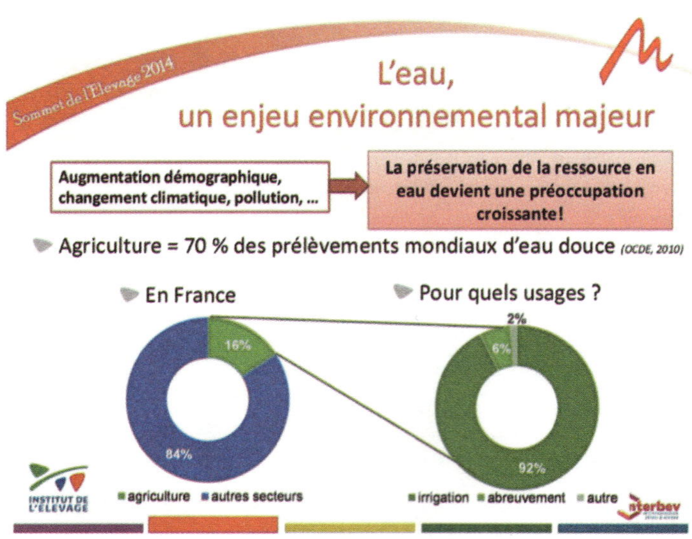

© GAC A. Institut de l'Élevage (2014).

→ ACTIVITÉ 4 - La pollution de l'eau C22 C23

1. Entourer dans le **doc. 5** les trois principales sources de pollution de l'eau.

2. Souligner dans le **doc. 6** :
> en vert, différents types de polluants ;
> en bleu, les conséquences de cette pollution sur la santé de l'homme ;
> en rouge, les conséquences de cette pollution sur l'environnement.

3. Expliquer comment se produit la pollution des milieux aquatiques.

Les diverses activités de l'homme émettent des polluants dans l'air, l'eau ou sur les sols. Lors de la condensation et des précipitations, l'eau peut se charger de polluants et les véhiculer. Ils atteindront les milieux aquatiques et les dégraderont.

DOC.5 Les principales sources de pollution de l'eau

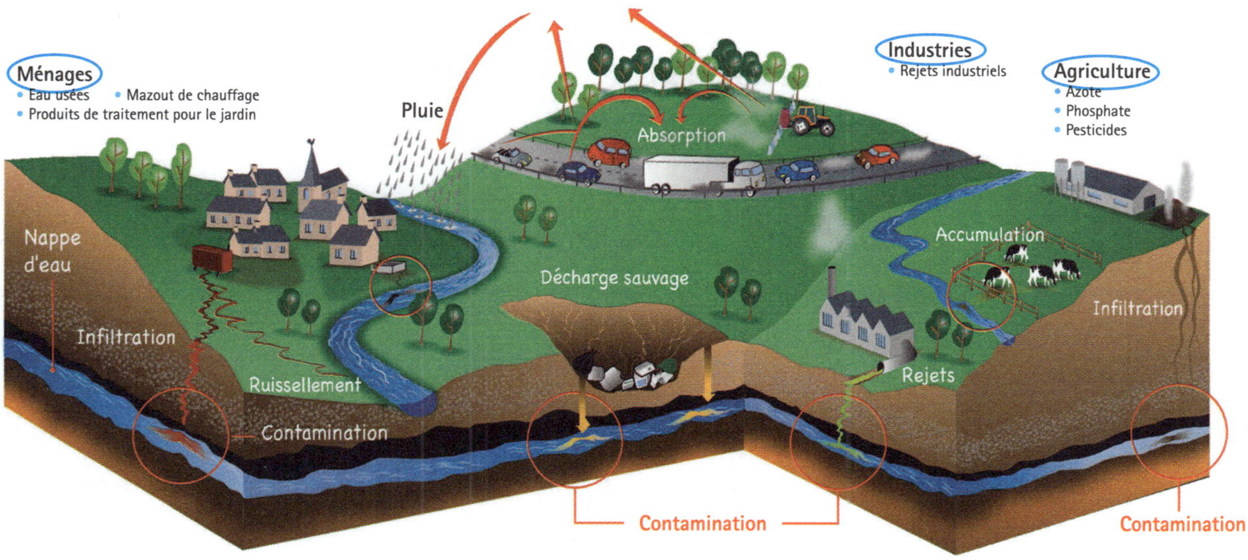

© Mce, extrait du livret « Pour que l'eau vive en Bretagne : agissons contre les pollutions », 2007.

DOC.6 Les pollutions de l'eau et ses conséquences

L'eau est un très bon solvant qui absorbe rapidement et facilement les molécules. La pluie contribue à la pollution de l'eau en se chargeant des pollutions atmosphériques et en captant, par son ruissellement, les molécules du sol. Les principales sources de pollution sont issues des activités domestiques, industrielles et agricoles. Ex. : les nitrates, les phosphates, les hydrocarbures, les micro-organismes, les métaux lourds, les déchets plastique et les résidus médicamenteux, etc. L'ingestion d'une eau contaminée peut entraîner des épidémies de gastro-entérites et des diarrhées. Des cas de saturnisme peuvent résulter d'une contamination de l'eau par le plomb issu des canalisations anciennes. Les effets cancérogènes de pesticides et de métaux susceptibles de polluer l'eau sont par ailleurs prouvés. Enfin, la pollution de l'eau par certains produits (hormones) peut perturber le fonctionnement du système hormonal des animaux et contribuer par exemple à la féminisation des poissons. Un apport accidentel massif de substances toxiques peut provoquer une catastrophe écologique au niveau de la faune et de la flore et entraîner une dégradation des écosystèmes aquatiques.

→ ACTIVITÉ 5 - Les critères de potabilité C12 C22 C52

1. Encadrer dans le **doc. 7** la définition de l'eau potable.

2. Identifier dans l'analyse du **doc. 8** deux exemples de chaque catégorie de paramètres en les soulignant de la même couleur que dans le **doc. 7**.

DOC. 7 Eau potable et paramètres

Une eau potable ne doit pas porter atteinte à la santé de celui qui la consomme. Elle doit répondre à une série de critères, définis par l'arrêté du 11 janvier 2007 du ministère de la Santé.

○ Paramètres organoleptiques : coloration, odeur, turbidité, saveur.

○ Paramètres physico-chimiques : en relation avec la structure naturelle des eaux (température, pH, chlorures, sulfates).

○ Paramètres chimiques : substances indésirables, toxiques.

○ Paramètres microbiologiques : bactéries, virus, etc.

L'eau potable fait l'objet de contrôles sanitaires au point de captage, en production et en cours de distribution. L'eau est protégée, des périmètres de protection sont mis en place sur l'ensemble des captages de l'eau potable. Ces analyses sont effectuées par les agences régionales de santé (ARS).

DOC. 8 Analyse de l'eau dans la commune d'Aigues-Juntes (09)

Date et heure du prélèvement : 24/11/2014 à 09 h 25

Conformité

Conclusions sanitaires : Eau d'alimentation non conforme aux exigences de qualité. L'eau distribuée fait l'objet d'une interdiction de consommation depuis le 5 mars 2003 compte tenu du risque sanitaire induit par sa mauvaise qualité bactériologique.

Conformité bactériologique non — **Respect des références de qualité** non

Conformité physico-chimique oui

Paramètres analytiques

Paramètre	Valeur	Limite de qualité*	Référence de qualité**
Ammonium (en NH_4)	< 0,05 mg/L		≤ 0,1 mg/L
Bactéries coliformes /100mL-MS	2 n/100 mL		≤ 0 n/100 mL
Conductivité à 25 °C	127 µS/cm		≥ 200 et ≤ 1 100 µS/cm
Entérocoques/100 mL-MS	2 n/100 mL	≤ 0 n/100 mL	
Escherichia coli/100 mL-MF	2 n/100 mL	≤ 0 n/100 mL	
Nitrates (en NO_3)	0,4 mg/L	≤ 50 mg/L	
Nitrites (en NO_2)	< 0,05 mg/L	≤ 0,5 mg/L	
Odeur (qualitatif)	0		
Saveur (qualitatif)	0		
Température de l'eau	16,1 °C		≤ 25 °C
Turbidité néphélométrique NFU	0,42 NFU		≤ 2 NFU
pH	7,30 unité pH		≥ 6,5 et ≤ 9 unité pH

© www.sante.gouv.fr, ministère des Affaires sociales, de la Santé et des Droits des femmes.

* Limites de qualité : concerne des paramètres dont la présence induit des risques pour la santé. Les eaux doivent respecter les valeurs inférieures ou égales aux limites.

** Références de qualité : témoins du bon fonctionnement de la production et de distribution de l'eau. Ces substances n'ont pas d'effets directs sur la santé.

3. Justifier pourquoi l'eau distribuée à Aigues-Juntes est interdite à la consommation en surlignant les éléments non conformes dans le **doc. 8**.

4. Rechercher sur le site www.sante.gouv.fr/qualite-de-l-eau-potable les résultats de l'analyse de l'eau de votre commune.

→ ACTIVITÉ 6 - Les mesures collectives pour préserver l'eau C14 C22

• Cocher pour chaque affirmation suivante la bonne réponse en vous aidant des **doc. 9** et **10**.

Affirmations	Vrai	Faux
A. Le prix de l'eau doit inciter les usagers à réduire la pollution de l'eau.	X	
B. Les comités locaux de l'eau sont constitués uniquement des collectivités territoriales et services de l'État.		X
C. Les communes sont responsables de la protection qualitative et quantitative de l'eau.	X	
D. Les citoyens sont consultés dans la gestion de l'eau.	X	
E. Le SAGE permet l'application du SDAGE.	X	

DOC. 9 Le prix de l'eau

La partie « taxes et redevances » permet de moderniser le réseau, de préserver la ressource et de lutter contre la pollution. Elle est proportionnelle à sa consommation et est basée sur le principe « pollueur-payeur » définie par la loi sur l'eau de 1992.

Répartition de la facture d'eau

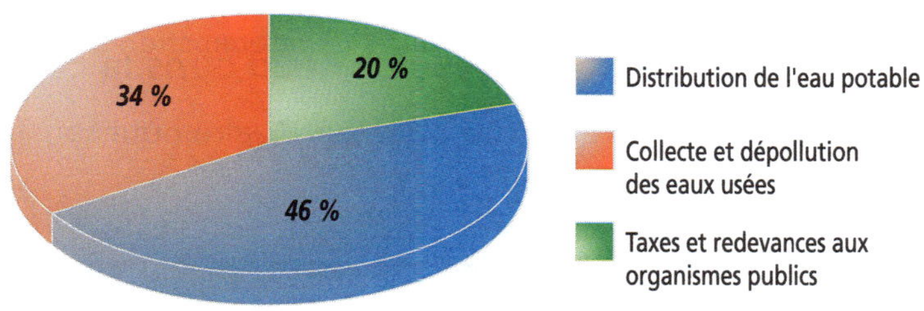

DOC. 10 Les acteurs et partenaires de la gestion de l'eau

La France est divisée en bassins avec, pour chacun deux instances : un établissement public de l'État (l'agence de l'eau) et une assemblée délibérante, le comité de bassin. Au niveau local, la commune ou l'intercommunalité est responsable de l'organisation de la production et de la distribution de l'eau potable et de l'organisation de la collecte et du traitement des eaux usées. Les commissions locales de l'eau (CLE) élaborent et mettent en œuvre les schémas d'aménagement et de gestion des eaux (SAGE) qui fixent à l'échelle des sous-bassins versants des objectifs de protection quantitative et qualitative des ressources en eau. Les membres d'une CLE sont des élus, des représentants des usagers de l'eau (agriculteurs, industriels, communes, acteurs des loisirs et du tourisme, pêcheurs...) et des représentants institutionnels.

Démarches de gestion de l'eau en France

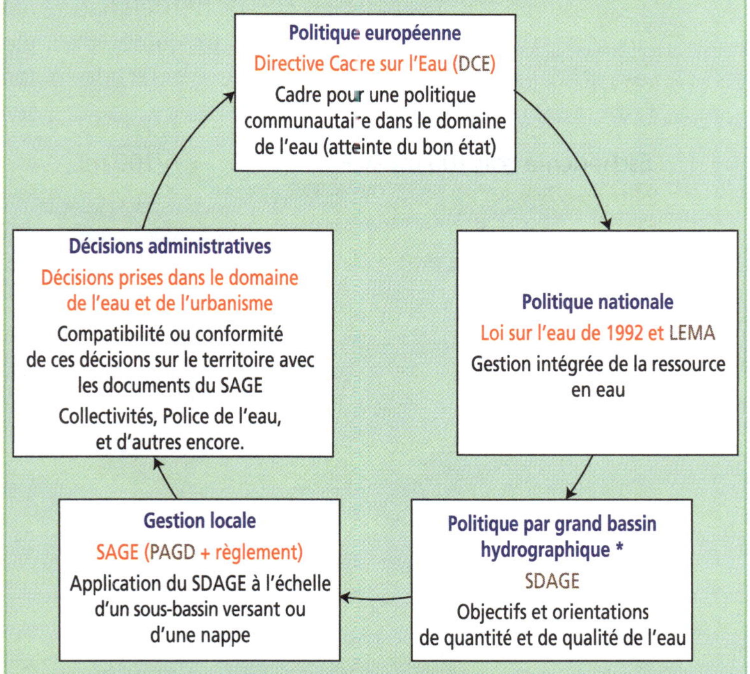

* Il en existe 7 : Artois-Picardie, Seine-Normandie, Rhin-Meuse, Loire-Bretagne, Adour-Garonne, Rhône-Méditerranée, Corse.

ACTIVITÉ 7 - Comportements humains et réserves disponibles C12 C13 C22

En s'aidant du **doc. 11**, répondre aux questions suivantes :

1. Entourer dans le tableau ci-dessous les ressources quantitatives en eau des pays et leur consommation. Se reporter à la légende.

Pays	Ressources en eau	Consommation en eau
France	■ (■) ■ ■	(☺) 😐 ☹
Égypte	■ ■ ■ (■)	☺ 😐 (☹)
Australie (centre)	■ ■ ■ (■)	☺ (😐) ☹
Canada	(■) ■ ■ ■	☺ (😐) ☹
Inde	■ (■) ■ ■	(☺) 😐 ☹

■ riche en eau / ■ équilibre en eau / ■ pauvre en eau / ■ eau rare
☺ = grande consommation / 😐 = consommation moyenne / ☹ = petite consommation

2. Relever la quantité d'eau nécessaire pour satisfaire les besoins d'hygiène et de boisson.

Entre 20 et 50 litres par jour par habitant.

3. Souligner dans le **doc. 11** quatre raisons qui expliquent les disparités de consommation.

DOC. 11 La consommation d'eau domestique dans le monde

• Selon l'OMS, entre 20 et 50 litres d'eau/jour/pers sont nécessaires pour boire et pour satisfaire ses besoins d'hygiène. En Espagne et au Royaume-Uni, la consommation d'eau est proche de 150 L/j/hab. Aux États-Unis, elle dépasse les 250 L. De nombreux pays africains ont une consommation moyenne inférieure à 50 L/j/hab.

• Le climat et la répartition de la population par rapport à la ressource en eau sont des éléments qui contribuent à la différence de consommation entre pays. Il en est de même pour le degré de développement économique : plus il est élevé, plus la consommation sera importante. Enfin, la législation de certains États permet de sensibiliser la population afin de préserver la ressource.

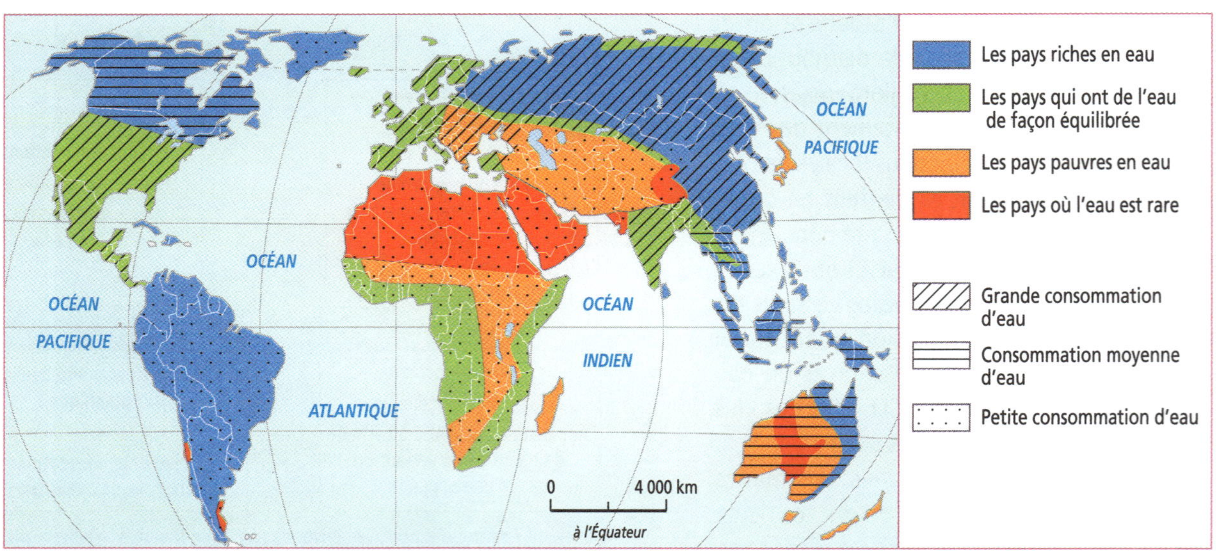

ACTIVITÉ 8 - Actions écocitoyennes pour maîtriser la consommation en eau C44

1. Souligner dans le **doc. 12** la quantité d'eau consommée par habitant et par jour en France.

DOC. 12 Consommation des Français

On retrouve l'eau dans toutes les activités qui rythment notre quotidien : toilette, lavages divers, évacuation des déchets. Les Français consomment 150 litres d'eau potable par jour et par habitant. La moyenne de la consommation française s'établit pour 1 personne à 55 m³/an, pour 2 personnes à 100 m³/an (1m³ = 1 000 litres). Pour réduire sa facture et sa consommation, il est possible d'agir.

2. Relever dans le **doc. 13** le poste le plus consommateur d'eau au niveau domestique.

C'est le poste « Bains / Douches ».

3. Calculer à l'aide des **doc. 12** et **13** le volume d'eau utilisé pour les sanitaires chaque jour et par personne.

150 L × 20 % = 30 litres.

4. Proposer pour chaque produit ci-dessous une étape de fabrication qui a nécessité de l'eau.

> Une pomme (70 L) : arrosage du champ.

> Une voiture neuve (450 000 L) : fabrication de peinture.

> Un kg de bœuf (15 500 L) : production du foin qui a nourri le bœuf.

5. Proposer six comportements écocitoyens pour réduire la consommation en eau d'une famille en vous appuyant sur le **doc. 13** et/ou la vidéo « Comment économiser l'eau au quotidien ? » (**http://lewebpedagogique.com**).

1. Ne pas laisser couler l'eau lors du lavage des dents ; prendre une douche plutôt qu'un bain.
2. N'utiliser le lave-linge et le lave-vaisselle que quand ils sont pleins.
3. Ne pas jeter de produits toxiques dans les évacuations d'eau.
4. Faire laver sa voiture dans une station de lavage.
5. Utiliser l'eau de lavage des légumes pour arroser les fleurs ; faire réparer les fuites.
6. Installer des économiseurs d'eau, une chasse double commande.

DOC. 13 Consommation des ménages

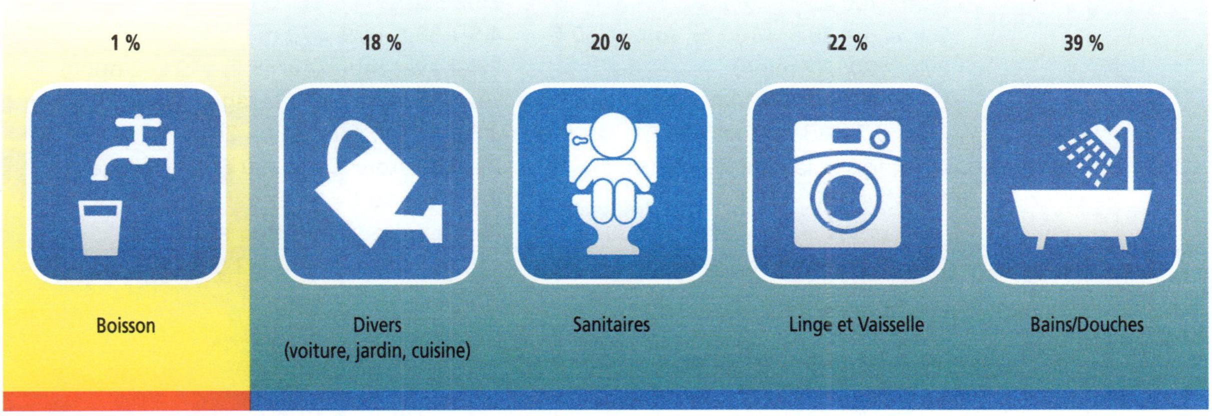

ACTIVITÉ 9 - La consommation en eau de deux familles C14 C55

1. Retrouver la définition du développement durable et la souligner dans le texte du **doc. 14**.

Après lecture du **doc. 15** :

2. > Évaluer les dépenses réalisées par la famille Sans'o pour réaliser des économies en eau.

WC double commande à 35 € + 2 mousseurs à 5 €/pièce + douche réductrice débit éco à 25 € + récupérateur d'eau à 50 €, soit total des dépenses = 120 €.

> Évaluer les économies réalisées par cette même famille par rapport aux Toutal'o.

La famille Sans'o a réalisé 630 – (402 + 120) soit 108 € d'économies cette année.

3. Expliquer pourquoi la famille Sans'o contribue au développement durable par rapport à la famille Toutal'o.

En 1 an, les Sans'o ont économisé 65 m³ (180 – 115) d'eau par rapport aux Toutal'o. La diminution de la consommation, sans modifier de façon importante ses habitudes, contribue à la gestion durable de la ressource en eau.

DOC. 14 Définition du développement durable

Le développement durable est un concept élaboré au cours des années 1980, dont l'objectif est de « répondre aux besoins du présent, sans compromettre la capacité pour les générations futures de satisfaire les leurs ».
Il se représente selon le schéma ci-contre.

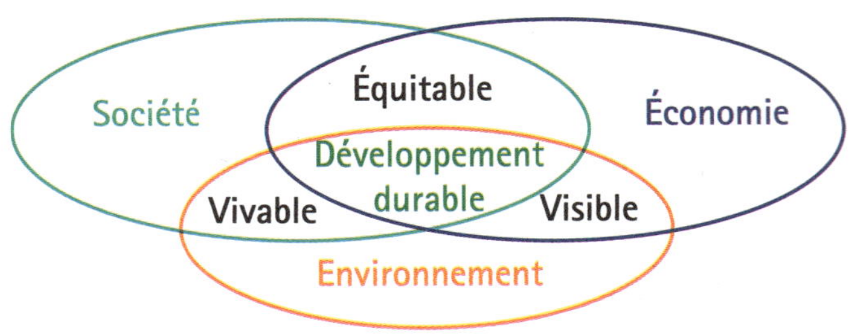

DOC. 15 Étude comparative de la consommation en eau de deux familles

Les Toutal'o se plaignent du montant de leur facture d'eau. Les Sans'o sont équipés de matériel économe en eau et ont changé leurs habitudes pour faire baisser leur consommation.

	Famille Toutal'o (4 personnes)	Famille Sans'o (4 personnes)
WC 4 fois/pers/j	1 réservoir de 6 L 35 m³/an soit ≈ 123 €*	WC double commande 3/6 L (35 €) 21 m³/an soit ≈ 74 €
Lave-linge 4 fois/sem	Modèle (année 2000) 52 L/lavage = 11 m³ soit ≈ 38 €	Modèle (année 2015) 43 L/lavage = 9 m³ soit ≈ 31 €
Salle de bain 1 bain et 3 douches/j	Lavabo : 6 L (30 sec/pers/j) Douche : 50 L (3 min/pers) Bain : 100 L 9 + 54,5 + 36,5 = 100 m³ soit ≈ 350 €	1 mousseur pour lavabo (5 €) : 3 L (30 sec/pers/j) Douche réductrice débit éco (25 €) : 36 L (3 min/pers) Bain : 80 L 4,5 + 39,5 + 29 = 73 m³ soit ≈ 255 €
Cuisine 5 fois/sem	Évier : 20 L (2 min/j) Lave-vaisselle : 22 L/lavage (année 2000) 7,3 + 5,7 = 13 m³ soit ≈ 45 €	Évier avec mousseur (5 €) : 10 L (2 min/j) Lave-vaisselle : 15 L/lavage (année 2015) 3,6 + 3,9 = 7,5 m³ soit ≈ 26 €
Jardin, extérieur	Arrosage et lavage de voiture : 10 m³/an soit ≈ 35 €	Récupérateur d'eau (50 €) + arrosage : 4,5 m³/an soit ≈ 16 €
Fuites	Évier et WC : 11 m³/an soit ≈ 39 €	Pas de fuite (réparation effectuée)
TOTAL	180 m³ par an soit 630 €	115 m³ par an soit ≈ 402 €

* Prix moyen d'un m³ d'eau = 3,5 €.

Proposer maintenant à Peyo des actions écocitoyennes pour une bonne gestion de l'eau (étape 5, p. 8).

Activités de synthèse

RÉCAPITULER

Compléter les textes à trous. Si besoin, se reporter à l'aide en bas de page.

Les ressources en eau

- L'eau potable est un enjeu majeur de développement durable. Elle est un bien commun de l'humanité qui est devenu rare et précieux. Les réserves d'eau surexploitées font l'objet d'une demande toujours croissante et subissent des pollutions diverses et graves. La satisfaction des besoins en eau est une problématique de développement durable prioritaire qui sera encore compliquée par le réchauffement climatique.
- Près de 75 % du globe sont couverts d'eau. La presque totalité de cette eau (97,2 %) est salée. La majeure partie de l'eau douce (77 %) est gelée. Les précipitations et les écoulements terrestres sont mal répartis sur l'ensemble du globe. Certaines régions reçoivent beaucoup plus d'eau que d'autres, la répartition des ressources s'en trouve très inégale et certains pays souffrent d'un manque notable d'eau.
- L'eau est prélevée pour les différents usages dans des nappes souterraines et des eaux de surface (lacs, étangs, etc.). La croissance démographique a entraîné un accroissement des prélèvements. Au niveau mondial, la demande en eau a augmenté, l' agriculture et l' industrie sont les plus grandes consommatrices.

L'eau potable

- Une eau potable est une eau que l'on peut boire sans risque pour la santé. Cette eau doit répondre à 63 critères de qualité très stricts dont les critères microbiologiques, chimiques, organoleptiques, etc.
- Chaque individu utilise en moyenne 150 L d'eau par jour mais en gaspille une grande quantité. Toutefois ce chiffre diffère en fonction de critères tenant à l'habitat collectif ou individuel, au revenu, à l'âge, ou tout simplement aux modes de vie de chacun.

La consommation en eau et les actions écocitoyennes

- La France est un pays qui a de l'eau de façon équilibrée mais qui est une grande consommatrice. Il faut 15 500 litres d'eau pour produire 1 kg de viande de bœuf.
- Pour limiter ces gaspillages, quelques solutions simples peuvent être adoptées : récupérer l'eau de pluie, prendre des douches plutôt que des bains, réparer les fuites, arroser aux heures les moins chaudes, etc.

AIDE : microbiologiques / gelée / croissance démographique / agriculture / nappes souterraines / eaux de surface / potable / santé / chimiques / 150 L / salée / prendre des douches / développement durable / réchauffement climatique / organoleptiques / industrie / gaspille / modes de vie / consommatrice

RETENIR

**L'eau, abondante sur Terre, est un enjeu majeur du développement durable.
Le cycle de l'eau assure la distribution de cet élément vital sur la planète.**

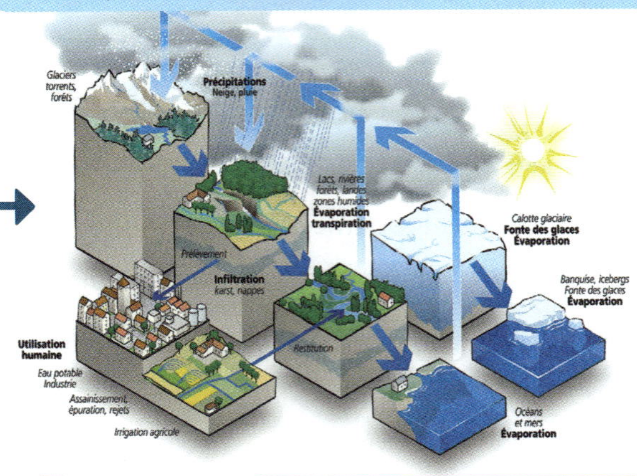

Une infime partie est utilisable par l'homme

- Une eau potable peut se boire sans risque pour la santé.
- Elle respecte des paramètres de potabilité très contrôlés comme des critères physico-chimiques ou microbiologiques.

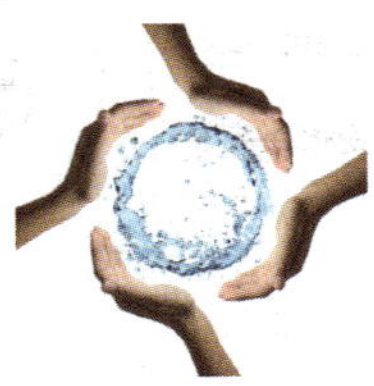

- Augmentation de la population.
- Répartition inégale de l'eau sur Terre et même entre les pays.
- Pollution d'origine humaine (domestique, agricole, industrielle).
- Mauvaise gestion de cette ressource vitale.

Ces éléments génèrent des pénuries et la dégradation de la qualité de l'eau.

Mesures collectives pour préserver l'eau

- Renforcer la loi sur l'eau basée sur le principe « pollueur-payeur ».
- Faire respecter les normes de qualité de l'eau.
- Dépolluer les eaux usées avant leur rejet dans le milieu naturel.
- Contrôler les travaux et les activités pouvant porter atteinte aux ressources naturelles (périmètres de protection autour des captages).
- Certaines mairies offrent un « kit économie d'eau » à chacun des foyers de la commune.

Mesures individuelles pour préserver l'eau

- Réparer les fuites.
- Prendre un bain plutôt qu'une douche.
- Remplir les machines à laver.
- Privilégier les équipements avec une touche « éco ».
- Installer des mousseurs d'eau.
- Ne pas laisser couler l'eau.
- Mesures spécifiques pour l'agriculture et l'industrie.

Approfondir

- www.onema.fr : fiches et dossiers sur l'eau
- www.cieau.com : centre d'informations sur l'eau avec espaces interactifs
- www.developpement-durable.gouv.fr : articles sur la thématique de l'eau
- www.notre-planete.info : gestes pour devenir un écocitoyen responsable
- www.eau-adour-garonne.fr : propose des dossiers, documents et outils pédagogiques sur l'eau
- www.eaufrance.fr : point d'accès unique à toutes les informations et données publiques relatives à l'eau et aux milieux aquatiques

séquence 14

Gestion des ressources naturelles et développement durable

Module 6

Maîtriser sa consommation en énergie

OBJECTIF

> Prendre conscience des enjeux d'une consommation excessive d'énergie.
> Adopter un comportement écocitoyen pour maîtriser sa consommation en énergies.

Sophie, 21 ans, aide-soignante, travaille en CDI dans une maison de retraite à 25 km de chez elle. Elle loue un logement ancien mal isolé avec chauffage électrique. Le matin, pressée, elle part avec sa vieille voiture en laissant lumière allumée et appareils en veille. Les dépenses d'essence et d'électricité grevant son budget, elle souhaite les limiter pour profiter d'un peu plus de loisirs. Sensibilisée aux problèmes d'environnement liés à l'énergie, elle désire également agir pour la planète. Un service de covoiturage existe dans sa région ; elle peut prendre le train et bénéficier d'une carte de transport avantageuse, mais ses horaires sont variables ; elle peut changer sa voiture pour en acheter une neuve à crédit, consommant moins de carburant, et bénéficier du bonus écologique. Elle hésite aussi à déménager pour se rapprocher de son travail, ce qui l'éloignerait de ses amis ; elle a visité un logement récent et mieux isolé.

1 Analyser la situation initiale et les besoins

1/ Retrouver le problème de Sophie.

Elle dépense trop d'argent pour son essence et son électricité.

2/ Préciser le besoin que ressent Sophie.

Réduire ses dépenses énergétiques, pouvoir utiliser cet argent pour ses loisirs et équilibrer son budget ; elle souhaite aussi agir pour la planète.

2 Définir le projet

Définir le projet de Sophie.

Maîtriser sa consommation d'énergie autant pour son budget que pour le respect de la planète.

3 Analyser le projet en identifiant les ressources et les contraintes

1/ Les obligations de Sophie.

Être à l'heure au travail tous les jours.

2/ Les contraintes pour réaliser ce projet.

Elle doit respecter les contraintes de son budget et chercher à limiter sa fatigue, tout en diminuant ses frais d'essence et d'électricité.

3/ Les ressources (ou possibilités).

Covoiturage, transport en commun, achat d'une nouvelle voiture, déménagement.

4 Inventorier les stratégies et leurs conséquences

Ressources possibles	Conséquences (avantages et inconvénients)
Utiliser les transports en commun (train)	• Coût moins élevé car carte de transport avantageuse. • Horaires pas toujours adaptés.
Faire du covoiturage	• Partage des frais d'essence, alternance du conducteur. • Compagnie pendant le trajet, convivialité. • Difficile de trouver quelqu'un qui a les mêmes horaires ; incertitude.
Acheter une voiture neuve	• Bonus écologique. • Moins de pollution. • Le trajet en voiture perdure (temps, fatigue). • Coût élevé donc nécessité de faire un crédit.
Déménager	• Proximité du lieu de travail, moins de dépenses d'essence et de fatigue. • Moins de trajet donc moins de pollution. • Logement moins énergivore car mieux isolé. • Changement d'environnement et éloignement de ses amis.

5 Mobiliser des connaissances utiles

Pour comprendre la situation et y apporter des solutions, je réalise les **Activités 1** à **11** de la séquence 14.

6 Choisir une stratégie

1/ Indiquer quelle est la solution la plus adaptée au projet de Sophie.

C'est le déménagement qui semble la solution la mieux adaptée.

2/ Justifier ce choix :

> par rapport aux contraintes.

Il permet de diminuer les frais d'essence et d'électricité mais aussi la fatigue, et de générer moins de risques de retard au travail.

> par rapport à l'impact de cette activité sur l'environnement.

Moins de déplacements en voiture donc moins de dégagement de CO_2.

3/ Proposer à Sophie trois conseils pour diminuer sa facture d'électricité.

> Ne pas laisser les appareils en veille.

> Éteindre les lumières.

> Mettre un programmateur sur les radiateurs électriques (mise en route avant son retour).

7 Évaluer l'impact du projet

Indiquer des éléments qui permettront à Sophie d'évaluer les effets de son projet.

> Diminution de la facture d'électricité.

> Diminution de la sensation de fatigue.

> Passage à la pompe à essence moins fréquent.

> Plus de temps et plus d'argent pour les loisirs.

MOBILISER DES CONNAISSANCES UTILES

Maîtriser sa consommation d'énergie est un enjeu essentiel pour la population mondiale. L'utilisation croissante d'énergie renouvelable (ENR) et non renouvelable a des impacts significatifs sur les ressources, l'environnement et la qualité de vie des hommes. Seul un accord global entre pays, afin d'adopter des mesures collectives comme la réduction de la consommation et une production d'énergie peu polluante, assurera un développement durable.

→ ACTIVITÉ 1 - Les différentes formes d'énergie C13 C31

À partir du **doc. 1** :

1. Définir « énergies non renouvelables » et « renouvelables » dans la première ligne du tableau.

2. Donner des exemples pour chaque type d'énergie dans la dernière ligne du tableau.

	Énergies primaires			Énergies secondaires
	non renouvelables		renouvelables	
Définitions	Proviennent des matières terrestres, longues à se renouveler et dont l'utilisation est limitée dans le temps.		Se renouvellent naturellement et sont donc inépuisables.	
Exemples	**Fossiles**	**Fissiles** (issues de la fission)	• Soleil (solaire) • Vent (éolienne) • Eau (hydroélectrique) • Terre (géothermique) • Bois (biomasse)	• Kérosène • Mazout • Essence • Électricité
	• Pétrole • Charbon • Gaz naturel	• Uranium		

3. Indiquer les deux grands problèmes posés par l'utilisation des énergies non renouvelables.

> Raréfaction des énergies non renouvelables, épuisement des ressources.

> Production de CO_2, responsable de l'effet de serre et du réchauffement climatique.

DOC. 1 Classification des énergies

On peut classer les énergies en fonction de leur origine : primaire ou secondaire.

• **L'énergie primaire** est l'ensemble des produits énergétiques non transformés et exploités directement par l'homme. Parmi les énergies primaires on distingue :

– les **énergies non renouvelables** : elles s'épuisent avec un renouvellement long. Ce sont les énergies fossiles (charbon, gaz naturel, pétrole) et l'énergie fissile (minerai d'uranium). Ces énergies sont inégalement réparties, ce qui provoque des tensions entre les pays. Les énergies fossiles dégagent du CO_2, en partie responsable de l'effet de serre.

– les **énergies renouvelables** : elles sont inépuisables, réparties équitablement sur terre et variées : hydraulique (eau), solaire (soleil), éolien (vent), géothermie (terre) et biomasse (bois).

• **L'énergie secondaire**, obtenue par transformation d'énergie primaire, est facile à stocker, transporter ou utiliser. Par exemple, le gaz et le pétrole (primaire) sont transformés en électricité (secondaire) ; l'essence ou le gazole (secondaire) proviennent du pétrole (primaire).

ACTIVITÉ 2 - Place des énergies dans la production mondiale C12 C22

1. Entourer dans le **doc. 2** la source d'énergie la plus consommée dans le monde.

2. Calculer la part d'énergie primaire fossile consommée.

30 + 27 + 22 = 79 %.

3. Indiquer la part représentée par l'énergie nucléaire. 4 %

4. À partir de ces observations, indiquer sur quel type d'énergie est basée la production mondiale.

Elle est basée sur les énergies non renouvelables.

DOC. 2 Consommation mondiale d'énergie primaire

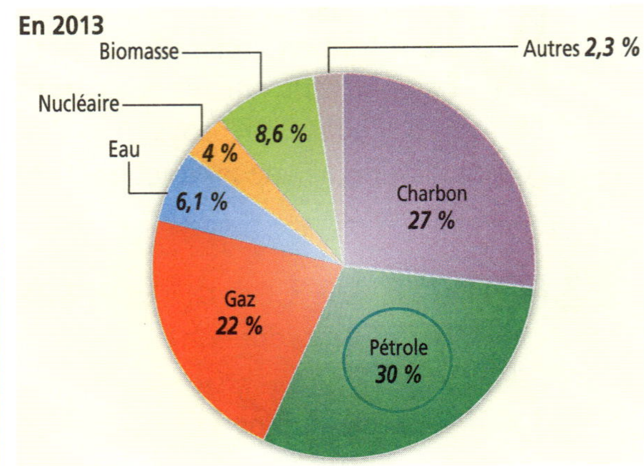

5. À l'aide du **doc. 3**, dire quels pays augmenteront le plus leur consommation d'énergie en 2030.

La Chine et l'Inde, pays en développement dits émergents.

6. Justifier cette évolution à partir de vos connaissances et de l'actualité.

> Équipement des habitations en électroménager.

> Multiplication du nombre de voitures et de déplacements professionnels ou privés (loisirs).

> Développement de l'industrie dans les pays émergents.

7. Relever l'énergie la plus utilisée par la Chine à l'aide du **doc. 4**. Le charbon.

8. Formuler deux remarques sur l'incidence de cette surconsommation d'énergie dans les prochaines années.

> Les ressources en énergie vont se raréfier et manquer car les spécialistes estiment que les réserves en énergies fossiles sont très limitées dans le temps.

> Cela va augmenter l'émission de CO_2 et, par conséquent, le risque d'effet de serre.

DOC. 3 Évolution de la consommation mondiale

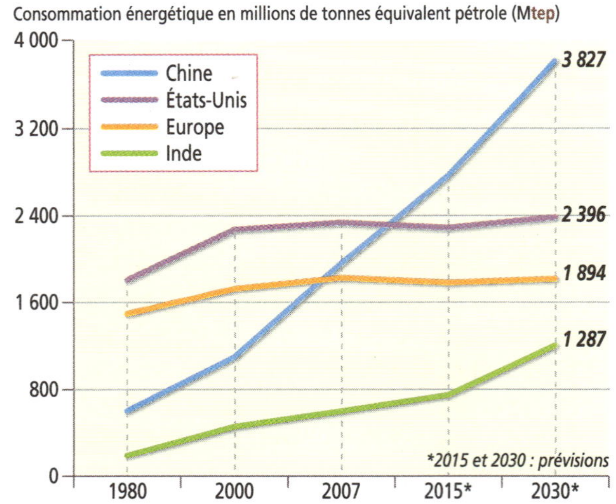

DOC. 4 Consommation d'énergie en Chine

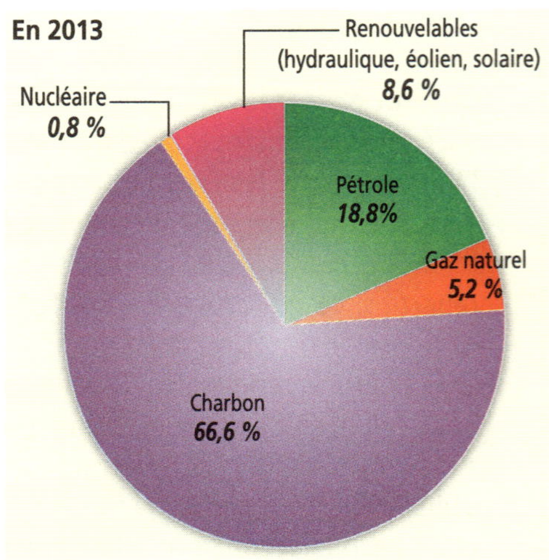

→ ACTIVITÉ 3 - Évolution de la situation énergétique en France C12 C42

1. Relever, à partir du **doc. 5**, l'évolution sur 40 ans, de la consommation d'énergie primaire en France :

> sur le plan quantitatif : la consommation d'énergie est passée de 179,7 à 259,6 Mtep soit une augmentation d'environ 80 Mtep, donc près de 45 % par rapport à 1973.

> sur le plan qualitatif : la consommation de charbon et de pétrole est en baisse, celle de gaz a doublé, l'électricité a été multipliée presque par 10, les énergies renouvelables ont été multipliées par 2 mais restent encore faibles.

À partir des **doc. 6** et **7** :

2. > Indiquer l'énergie renouvelable (**ENR**) la plus utilisée en France.

Il s'agit du bois (biomasse).

> Dire si elle peut représenter un inconvénient pour l'environnement ; justifier votre réponse.

La biomasse utilisée de façon massive engendrerait des problèmes de déforestation (destruction de la biodiversité des espèces, modification du cycle de l'eau, conséquences climatiques...).

3. Citer, par ordre décroissant, les autres énergies renouvelables utilisées en France.

1. Hydraulique / 2. Biocarburants / 3. Autres (biogaz, solaire, thermique, géothermie...) / 4. Pompes à chaleur / 5. Éolien / 6. Déchets urbains

DOC. 5 Évolution de la consommation française d'énergie primaire

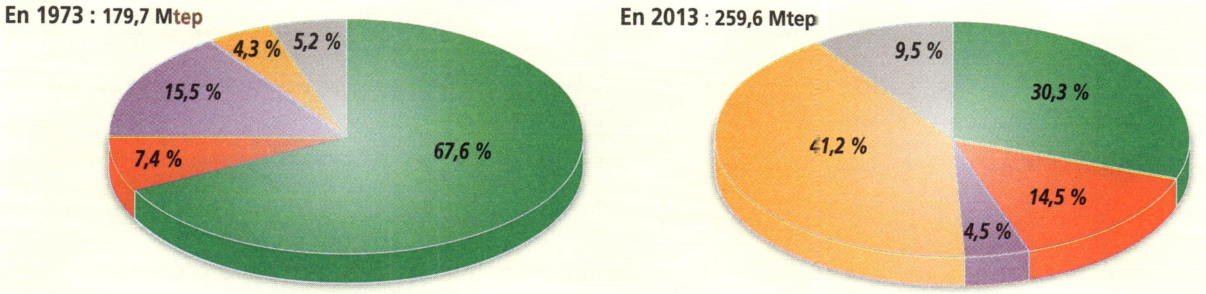

*nucléaire, hydraulique, éolien et photovoltaïque **bois-énergie, hydraulique renouvelable, biocarburants, déchets urbains renouvelables, éolien, autres.

DOC. 6 Production française d'ENR par filière

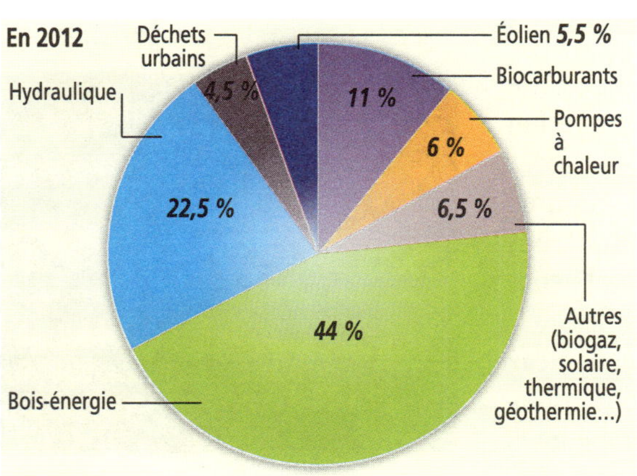

DOC. 7 Enjeux de la biomasse

La biomasse est l'ensemble de la matière organique qui peut se transformer en énergie.
On distingue :
- le **bois** ;
- le **biogaz** (produit par la fermentation de déchets organiques, déchets ménagers, déchets des industries agroalimentaires...) ;
- les **biocarburants** (extraits de tournesol, betterave, colza).

Cette source d'énergie peut être facilement stockée et, de plus, elle émet peu de gaz à effet de serre. Toutefois, son utilisation en remplacement des énergies fossiles ne peut être envisagée en raison de son impact sur l'environnement, telle la déforestation.

ACTIVITÉ 4 - Objectifs de la France pour lutter contre le réchauffement climatique C13 C22

1. Entourer dans le **doc. 8** les deux accords adoptés par l'Union européenne pour lutter contre le réchauffement climatique.

2. Souligner dans le **doc. 8** :
> en bleu, les engagements de la France pour lutter contre le réchauffement climatique.
> en rouge, les pays qui acceptent de se soumettre à un accord global.
> en vert, l'objectif fixé pour 2020.

DOC. 8 Des accords de Kyoto à l'accord Paris Climat 2015

- L'Union européenne s'était engagée en 1998, au titre du protocole de Kyoto, à réduire ses gaz à effet de serre (GES) de 8 % en 2012 par rapport au niveau 1990. La France les a réduits de 13 % !
- En 2008, l'Union européenne a adopté le paquet « Énergie-Climat » 2020 qui fixe les objectifs pour 2020 : réduire de 20 % les GES, porter la part des énergies renouvelables à 20 % et réduire de 20 % la consommation d'énergie.
- Le 24 octobre 2014, l'Union européenne a adopté le paquet « Énergie-Climat » 2030 dont l'objectif principal est une baisse de 40 % des GES d'ici 2030 par rapport à 1990.
- Au niveau mondial, 192 pays ont renouvelé leur engagement concernant le protocole de Kyoto lors de la conférence de Doha en 2012. 196 pays ont conclu un accord de principe sur la baisse des émissions de GES lors de la conférence de Lima en 2014.
- Pour la première fois, les États-Unis, la Chine, l'Inde, fortement émetteurs de CO_2, acceptent de se soumettre à un nouvel accord global qui sera juridiquement contraignant. Une fois l'accord conclu (conférence Paris climat 2015), il rentrera en vigueur au plus tard à compter de 2020 ; l'objectif fixé est une limitation du réchauffement climatique en dessous de 2 °C.

3. Justifier l'utilisation massive du nucléaire et le développement des énergies renouvelables par rapport aux engagements de la France.

Il s'agit de diminuer ses émissions de GES d'au moins 20 % par rapport à 1990. Pour les mêmes raisons, les énergies renouvelables font partie des axes de développement à privilégier.

4. Souligner dans le **doc. 9** en rouge, les inconvénients de chaque type d'énergie et en vert, les avantages.

5. Nommer un événement environnemental catastrophique récent dans le monde qui pourrait remettre en jeu le choix de l'énergie nucléaire en France.

L'accident nucléaire de Fukushima dû à un séisme de grande amplitude ayant provoqué un tsunami (11 mars 2011).

DOC. 9 Énergie nucléaire et énergies renouvelables

- La France utilise les énergies renouvelables et le nucléaire afin de réduire ses GES et sa dépendance énergétique (en gaz et pétrole).
- La gestion des déchets radioactifs tout comme la durée de vie et la sécurité des centrales nucléaires sont des paramètres écologiques et sanitaires non résolus à l'heure actuelle.
- Les énergies renouvelables, quant à elles, ont un coût élevé en termes de production et leurs rendements sont tributaires de la météo (vent, soleil). Elles permettent néanmoins d'approvisionner des régions isolées.

Centrale nucléaire.

ACTIVITÉ 5 - Les causes et conséquences de l'effet de serre C12 C22

À l'aide du **doc. 10** :

1. Justifier l'affirmation suivante : « L'effet de serre est un phénomène naturel ».

Les GES naturels (vapeur d'eau, CO_2) retiennent une partie des rayonnements infrarouges du soleil renvoyés par réverbération, qui permettent ainsi de réchauffer l'atmosphère autour des 15 °C favorables au développement de la vie. Sans ces gaz, la température serait de – 18 °C.

2. Entourer dans le schéma du **doc. 10** les activités qui favorisent l'augmentation de l'effet de serre.

3. Indiquer les quatre principaux gaz à effet de serre et entourer celui qui est principalement responsable de l'effet de serre.

> Méthane
> Dioxyde de carbone
> Oxyde nitreux
> Hydrofluorocarbures

4. Indiquer le risque lié à l'augmentation des GES dans le futur.

Un risque de réchauffement planétaire qui pourrait atteindre 3 °C d'ici 2100.

5. Citer des conséquences possibles liées à ce risque.

Cyclones, tempêtes, montées des eaux de mer, fonte des glaciers, inondations, sécheresse, etc.

DOC. 10 Définition et phénomène de l'effet de serre

• L'effet de serre est un phénomène naturel ! La Terre reçoit son énergie du Soleil sous forme de chaleur et de lumière. Une partie de l'énergie qui entre dans l'atmosphère y est absorbée, et le reste réchauffe la Terre. Celle-ci ne conserve pas cette énergie et la renvoie vers l'extérieur sous forme de rayonnement infrarouge. Ce sont les gaz à effet de serre naturels, la vapeur d'eau et le dioxyde de carbone (CO_2) qui retiennent une partie de ces infrarouges tandis que le reste repart vers l'espace. Ces infrarouges réchauffent ainsi l'atmosphère : s'il n'y avait pas de vapeur d'eau ni de CO_2, la température moyenne sur Terre serait de – 18 °C. Grâce à eux, elle est de + 15 °C. L'activité humaine produit de plus en plus de GES : cette évolution provoque un risque de réchauffement planétaire qui pourrait atteindre 3 °C d'ici à 2100.

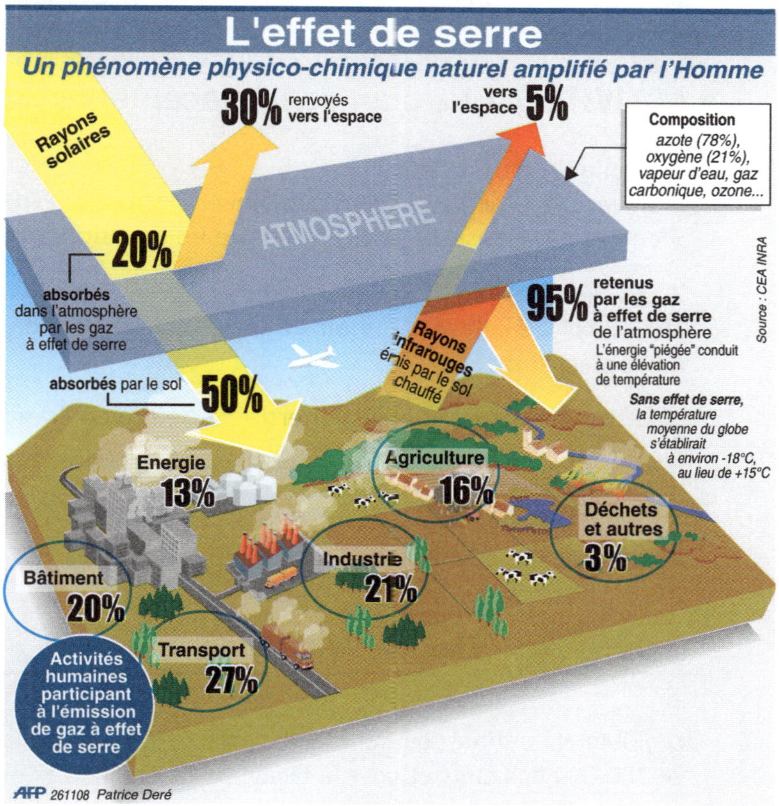

• Le dioxyde de carbone (CO_2) constitue 77 % des GES ; il provient de la combustion des énergies fossiles et a une durée de vie de plusieurs milliers d'années dans l'atmosphère. S'y ajoutent le méthane (CH_4) provenant de diverses fermentations (14 % des GES, durée de vie de 12 ans), l'oxyde nitreux (NO_2) provenant de l'industrie chimique et des engrais (8 % des GES, durée de vie de 114 ans) et les hydrofluorocarbures (HFC) d'origine industrielle (1 % des GES, à durée de vie variable).

→ ACTIVITÉ 6 - La loi sur la transition énergétique C12 C22

À l'aide du **doc. 11** :

1. Indiquer qui seront les bénéficiaires de la loi sur la transition énergétique.

Les citoyens, les entreprises et les collectivités locales.

2. Indiquer deux enjeux de cette loi.

> Favoriser l'utilisation des énergies propres.

> Réduire le plus possible et à tous les niveaux la consommation d'énergie.

DOC. 11 Projet de loi relatif à la transition énergétique

Cette loi, votée le 14 octobre 2014, remplace la loi Grenelle dès 2015.

- Ce qui va changer pour les citoyens : des mesures pour aider à financer les travaux de rénovation énergétique des logements et la mise en place de plates-formes conseil, des primes pour favoriser le remplacement des véhicules diesel par des véhicules électriques, le développement du recyclage et de la valorisation des déchets, des chèques « énergie » pour aider les ménages les plus modestes, etc.

- Ce qui va changer pour les entreprises et les collectivités locales : le déploiement des énergies renouvelables, la stimulation du secteur du bâtiment par la rénovation énergétique, des prêts aux collectivités locales pour financer les projets de transition énergétique, le remplacement progressif des véhicules administratifs par des véhicules « propres », la création de zones à circulation restreinte pour améliorer la qualité de l'air, etc.

Source : www.ademe.fr

→ ACTIVITÉ 7 - Le plan de déplacements urbains (PDU) C13 C22

1. Souligner dans le **doc. 12** :
> en vert, le type de collectivités concernées par le **PDU**.
> en bleu, les mesures visant à réduire les émissions de CO_2.

2. Télécharger le document de synthèse PDU 2012-2021 du **doc. 12** (**www.lienmini.fr/PDU-2012-2021**). Y relever au moins quatre réalisations concrètes de la ville de La Rochelle répondant aux objectifs du PDU.

> Réalisation de parcs relais, de parkings souterrains à l'extérieur de la ville.

> Développement du secteur piétonnier, des pistes cyclables, des voies de bus.

> Mise à disposition d'un parc vélo / voitures électriques en libre-service.

> Incitation au covoiturage (parc de covoiturage).

DOC. 12 Plan de déplacements urbains

Le PDU a été institué pour réfléchir à la place de la voiture dans les villes de plus de 100 000 habitants et pour la région Île-de-France. Les mesures à mettre en place concernent l'amélioration de la sécurité dans les déplacements, la diminution du trafic routier, le développement des transports collectifs économes et peu polluants, l'organisation du stationnement, etc. Entreprises et collectivités publiques sont incitées à favoriser le transport de leur personnel par l'utilisation des transports en commun et par le covoiturage, en réalisant un plan de déplacement d'entreprise visant à développer des modes de déplacements plus respectueux de l'environnement.

© Communauté d'agglomération de La Rochelle.

ACTIVITÉ 8 - Les mesures collectives mises en œuvre au niveau de l'automobile C12 C22

1. > Donner deux informations liées à l'énergie mentionnées sur l'étiquette du **doc. 13**.

→ Consommation de carburant → Émission de CO_2

> Justifier leur utilité.

Permettent à tout acheteur d'automobile d'être renseigné sur les émissions de CO_2 et la consommation afin de pouvoir comparer les véhicules entre eux et faire un choix raisonné.

2. Indiquer à l'aide des **doc. 13** et **14** :

> à quels véhicules s'applique le bonus écologique : véhicules électriques ou hybrides neufs émettant moins de 110 g de CO_2.

> le critère pris en compte pour calculer son montant : la quantité de CO_2 émise (moins elle sera élevée, plus le montant du bonus sera élevé).

> les classes de véhicules qui bénéficient obligatoirement du bonus : classes A et G.

> les classes qui bénéficient obligatoirement du malus : classes D à G.

3. Justifier la mise en œuvre du bonus/malus écologique.

Susciter l'achat de véhicules neufs émettant peu de CO_2 pour répondre aux exigences des objectifs du Grenelle de l'environnement, et encourager la fabrication de voitures moins polluantes.

DOC. 13 Étiquette énergie

L'Union européenne souhaite limiter l'émission moyenne de CO_2 des automobiles dans l'Europe à 95 g/km d'ici 2020 afin de lutter contre l'augmentation constante d'émission de ce gaz. C'est pourquoi chaque voiture particulière neuve doit avoir une étiquette informative « émission de CO_2 ».

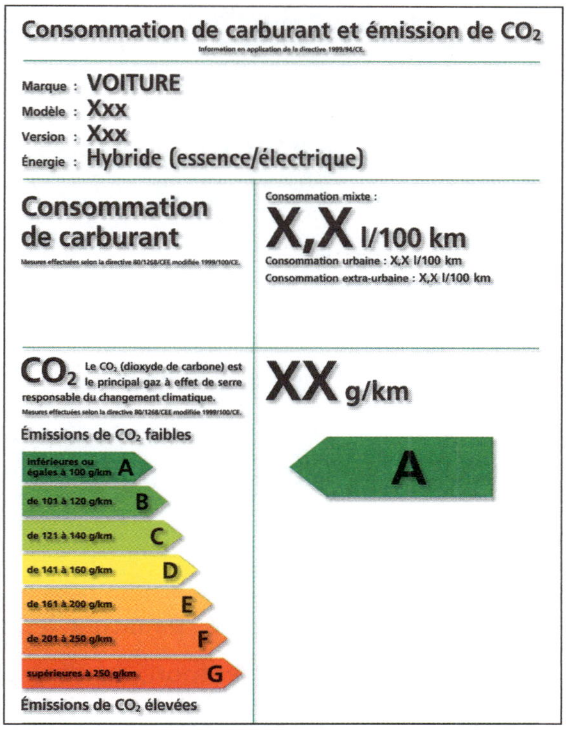

DOC. 14 Bonus / Malus

Le bonus malus (mesure du Grenelle de l'environnement) se traduit par l'octroi d'une prime lors de l'achat d'un véhicule électrique ou hybride neuf émettant peu de CO_2 et par l'imposition d'une taxe pour tous les véhicules en produisant beaucoup. Il est actualisé chaque année.

BONUS MALUS : applicable à partir du 1er janvier 2015	
ÉMISSIONS DE CO_2/km	BONUS
0 à 20 g (véhicule électrique)	Max. 6 300 €
21 à 60 g (véhicule hybride rechargeable)	Max. 4 000 €
61 à 110 g (véhicule hybride)	Max. 2 000 €
61 à 130 g	Bonus neutre (= 0)

ÉMISSIONS DE CO_2/km	MALUS
131 à 145 g	150 € à 500 €
146 à 155 g	900 € à 1 600 €
156 à 180 g	2 200 € à 3 000 €
181 à 190 g	3 600 € à 4 000 €
191 à 250 g	6 500 € à 8 000 €

ACTIVITÉ 9 - Actions individuelles ou écocitoyennes dans le domaine des transports C44

• À l'aide de vos connaissances, des photos et/ou des sites www.faisonsvite.fr (www.lienmini.fr/se-deplacer) et www.ademe.fr (www.lienmini.fr/mes-deplacements), rechercher des actions écocitoyennes ; les classer dans les tableaux ci-après.

J'utilise mon énergie personnelle	Je voyage en commun	Je partage la voiture
• Privilégier les déplacements à pied.	• Train	• Covoiturage
• Utiliser le vélo (personnel ou en libre-service dans certaines villes).	• Tramway	• Auto-portage
	• Bus électrique urbain ou interurbain	
	• Métro	

Je choisis ma voiture	J'entretiens ma voiture	Je limite ma consommation
• Taille adaptée aux besoins de la famille.	• Pression des pneus.	• Pas de surcharge de la voiture.
• Consommation de carburant.	• Réglage de certains éléments du moteur, changement des filtres, etc.	• Limiter l'usage de la vitesse, de la climatisation.
• Émission de CO_2 (bonus écologique si véhicule électrique ou hybride).		• Couper le moteur lorsque l'arrêt se prolonge.
		• Organiser ses déplacements : choisir un moment creux de la journée, panacher les modes de transport, limiter les petits trajets.

ACTIVITÉ 10 - Mesures collectives pour maîtriser l'énergie dans l'habitat C13 C22

1. Indiquer à quel label doivent répondre les bâtiments neufs depuis 2013 à l'aide du **doc. 15** et justifier.

Le label BBC (bâtiment à basse consommation) afin de diminuer la consommation annuelle d'énergie et les émissions de CO_2 importantes dans ce secteur.

2. Souligner dans le **doc. 15** les domaines de l'habitation pris en compte par ce label.

3. Compléter le tableau comparatif des lampes à incandescence et « basse consommation ».

	Incandescence	Basse consommation
Puissance électrique	75 W	20 W
Énergie consommée en 1 h	75 Wh ou 0,075 KWh	20 Wh ou 0,020 KWh
Énergie consommée en 8 000 h	8 000 × 0,075 = 600 KWh	8 000 × 0,020 = 160 KWh
Prix de revient de la consommation sur 8 000 h (Coût du KWh = 0,105 euro)	600 × 0,105 = 63 €	160 × 0,105 = 16,8 €

4. Justifier, à l'aide du tableau complété ci-dessus et du **doc. 15**, les engagements de Grenelle dans le domaine de l'éclairage.

La quantité d'énergie consommée pour la même durée d'utilisation est nettement inférieure pour les ampoules « basse consommation », ce qui va dans le sens d'une diminution des émissions de CO_2.

5. Justifier la mise en place du DPE (**doc. 15**).

Il informe le locataire ou l'acheteur sur l'estimation de la consommation énergétique d'un logement et sur son taux d'émission de gaz à effet de serre afin qu'il puisse faire un choix en comparant avec le DPE d'autres appartements. Il s'inscrit dans le cadre de la politique énergétique européenne.

DOC. 15 Maîtrise d'énergie dans le bâtiment

• Le Grenelle de l'environnement s'est attaqué à la question du bâtiment qui dévore 40 % de notre énergie et génère 25 % de nos émissions de CO_2. Depuis 2013, les nouvelles constructions individuelles sont des BBC (bâtiments basse consommation) et depuis 2012 pour les bâtiments collectifs. Les efforts concernent le chauffage, l'eau chaude, les sanitaires, la ventilation, la climatisation et l'éclairage. Concernant ce dernier, l'engagement n° 53 du Grenelle prévoit, depuis 2010, le remplacement de toutes les ampoules à incandescence par des lampes « basse consommation ».

• Depuis janvier 2011, le diagnostic de performance énergétique (DPE) du logement doit être présenté pour tous les biens mis en vente et en location.
À côté du descriptif du logement, vous devez trouver une étiquette énergie ❶ et une étiquette climat ❷ indiquant les émissions de gaz à effet de serre du logement.

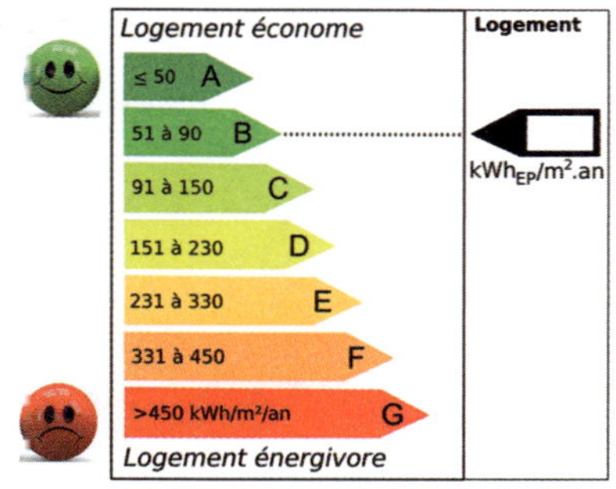

Étiquette énergie ❶

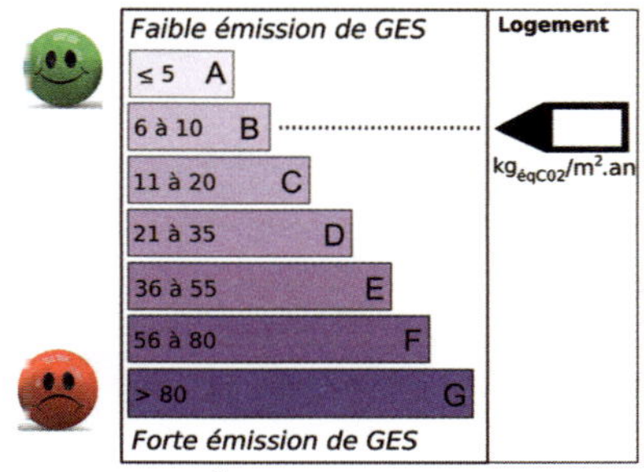

Étiquette climat ❷

6. > Souligner dans le **doc. 16** :

→ en bleu, les aides financières permettant d'améliorer les dépenses énergétiques du logement.

→ en vert, les travaux bénéficiant de ces aides.

> Indiquer quelles énergies sont à privilégier pour obtenir ces aides.

Ce sont les énergies renouvelables : solaire, photovoltaïque, éolienne, bois.

DOC. 16 Crédit d'impôt pour la transition énergétique

C'est une disposition fiscale permettant aux ménages de déduire de leur impôt sur le revenu une partie des dépenses réalisées pour certains travaux d'amélioration énergétique portant sur une résidence principale. Que vous soyez propriétaire occupant, bailleur et même locataire, si vous réalisez des travaux d'isolation thermique, de régulation du chauffage, de changement de chaudière, d'installation d'un chauffage au bois, d'installation d'un chauffage ou d'un chauffe-eau solaires, d'installation d'une pompe à chaleur, d'installation de panneaux photovoltaïques, d'éoliennes, vous pouvez cumuler, sous certaines conditions, le crédit d'impôt, la TVA à taux réduit (5,5 %) et l'éco-prêt à taux zéro. Le crédit d'impôt peut être cumulé également avec d'autres aides publiques pour l'achat des équipements et des matériaux (conseil général, conseil régional, ANAH). Il est accordé pour des logements achevés depuis plus de 2 ans.

Source : Ademe (www.ademe.fr)

→ ACTIVITÉ 11 - Mesures écocitoyennes dans le domaine de l'habitat et de l'équipement C44

• À l'aide de vos connaissances et/ou des sites www.faisonsvite.fr (www.lienmini.fr/se-loger) et www.ademe.fr (www.lienmini.fr/mon-habitation), proposer des mesures écocitoyennes permettant de maîtriser l'énergie dans l'habitation.

Électroménager 	• Adapter la taille des appareils aux besoins de la famille. • Choisir en fonction des performances électriques (étiquette énergie). • Utiliser les touches « éco » des lave-vaisselle ou lave-linge. • Installer les appareils producteurs de froid loin des sources de chaleur.
Audiovisuel et informatique 	• Ne pas laisser les appareils en veille. • Éviter le suréquipement. • Débrancher tous les appareils en cas d'absence prolongée.
Éclairage 	• Utiliser des ampoules « basse consommation ». • Éteindre la lumière quand on quitte une pièce. • Favoriser l'éclairage naturel.
Chauffage 	• Effectuer une bonne isolation thermique. • Adapter la température à chaque pièce. • Installer des robinets thermostatiques et des programmateurs. • Entretenir la chaudière ; installer une VMC.
Eau chaude 	• Régler la température de la chaudière. • Préférer la douche au bain. • Installer des chauffe-eau solaires. • Isoler les canalisations.

Proposer maintenant à Sophie des éléments qui lui permettront d'évaluer l'impact de son projet (étape 7, p. 20).

Activités de synthèse

RÉCAPITULER

Compléter les textes à trous. Si besoin, se reporter à l'aide en bas de page.

Les ressources en énergie

- La consommation énergétique mondiale est en constante augmentation.
- Les énergies extraites du sous-sol, appelées énergies fossiles (exemples : charbon, pétrole, gaz), sont des sources d'énergie non renouvelables donc épuisables. Le problème de leur remplacement se pose et de nombreux pays ont de plus en plus recours aux énergies renouvelables telles l'énergie solaire, l'énergie éolienne (vent), l'énergie géothermique (chaleur de la terre).
- La plus utilisée dans le monde est l'exploitation du bois (biomasse) qui demande une gestion maîtrisée afin d'éviter la déforestation.
- En France, l'énergie utilisée pour produire l'électricité est l'énergie nucléaire.

Utilisations et conséquences sur l'environnement

- Deux secteurs sont des grands consommateurs d'énergie : les transports et l'habitat.
- La production et la consommation d'énergies constituent une source de pollution de l'air à cause de la production de certains gaz à effet de serre, dont le CO_2, qui sont responsables du réchauffement climatique.

Les mesures collectives et individuelles d'économie d'énergie

- Pour réduire ce phénomène, il faut consommer moins et autrement : depuis 2008, l'Union européenne a pour objectif de réduire de 20 % la production des gaz à effet de serre, d'ici à 2020.
- En France les lois de Grenelle mettent en place des mesures visant ces objectifs, dans le domaine :

– du bâtiment (utilisation de lampes « basse consommation ») ;
– des transports (étiquette énergie, PDU) ;
– des énergies renouvelables (crédits d'impôt).

- Chaque individu doit également adopter un comportement ecocitoyen pour diminuer sa consommation énergétique. Il peut par exemple prendre les transports en commun, ne pas laisser les appareils en veille ; il peut aussi choisir d'avoir recours aux énergies renouvelables : installation de capteurs solaires sur le toit de sa maison par exemple.

AIDE : habitat / pétrole / déforestation / augmentation / Grenelle / non renouvelables / gaz / biomasse / nucléaire / gaz à effet de serre / éolienne / géothermique / crédits d'impôt / réchauffement climatique / charbon / transports / PDU / transports en commun / écocitoyen / moins / lampes « basse consommation » / énergies renouvelables (× 2)

RETENIR

MAÎTRISER SA CONSOMMATION EN ÉNERGIE POUR :

- limiter les effets sur l'environnement et sur l'Homme (effet de serre, climat instable, recrudescence de maladies) ;
- gérer les ressources et éviter une dépendance énergétique ;
- favoriser l'accès aux énergies sur toute la planète.

Accord international de Doha en 2012 qui reconduit le **protocole de Kyoto** visant à réduire les gaz à effet de serre.
Accord européen : paquet « Énergie-Climat » (favoriser les énergies renouvelables, baisser la consommation d'énergie et réduire les gaz à effet de serre).
Loi sur la transition énergétique et la croissance verte.

Au niveau des énergies

Favoriser les énergies renouvelables
(non polluantes, gratuites, bien réparties sur la planète)

- Solaire (soleil)
- Eolienne (vent)
- Hydroélectrique (eau)
- Géothermique (terre)
- Biomasse (bois)

Réduire la part des énergies non renouvelables
(polluantes, chères, mal réparties sur la planète)

- Énergie fossile
- Pétrole
- Gaz
- Charbon
- Énergie nucléaire : uranium

Au niveau collectif

Pour les transports :

- Développement des transports peu polluants : transports en commun, bonus malus véhicule, etc.
- Plan de déplacement urbain (PDU) : voie cyclable, parking, covoiturage, etc.

Pour le bâtiment

- Crédits d'impôt pour isoler l'habitat.
- Bâtiments à basse consommation (BBC), etc.

Au niveau individuel

Pour les transports :

- Utiliser les transports peu polluants : train, tramway, bus électrique, métro, vélo, etc.

Pour l'habitat :

- Utiliser des ampoules basse consommation.
- Éviter de surchauffer la maison.
- Éteindre les appareils en veille.
- Acheter des appareils électroménagers moins énergivores.
- Isoler son habitation (ex. : double vitrage).

Approfondir

- www.developpement-durable.gouv.fr : statistiques, actualité sur le développement durable
- www.planete-energies.com : découverte des sources d'énergie
- www.faisonsvite.fr : actions écocitoyennes, vidéos et spots radio, partenaire de l'ADEME
- www.ademe.fr : guides pratiques, affiches, propositions d'actions écocitoyennes
- www.cea.fr : petits films
- www.mtaterre.fr : animation flash sur les diverses sources d'énergie

→ www.lienmini.fr/diverses-sources-energie

Maîtriser le module 6

La famille Gaspi habite une maison ancienne sans isolation thermique. Angélique, 15 ans, traîne chaque matin sous la douche et manque régulièrement le bus scolaire. Sa mère l'accompagne au lycée situé à 5 km avec sa vieille voiture. Au retour, elle met le lave-linge avec quelques vêtements en marche puis repart avec sa voiture faire des courses à 2 km de là. En rangeant les surgelés, elle constate que le congélateur est tapissé d'une épaisse couche de givre. Monsieur Gaspi est parti travailler avec son véhicule tout terrain ; en rentrant, il décide de le laver chez lui. Il change le joint du robinet du jardin qui fuit. En entrant dans le salon (23 °C), il baisse le chauffage mais la lumière reste allumée. Une fois rentrés de l'école, Angélique prend un bain et Romain, 17 ans, passe de la télévision à l'ordinateur restés en veille. Le soir, il se brosse les dents tout en laissant couler l'eau à fort débit. Il va se coucher dans sa chambre où le thermomètre indique 18 °C. Les parents Gaspi sont régulièrement surpris des montants très élevés de leurs factures d'eau et d'électricité.

Étudier la situation en mettant en œuvre la méthodologie de résolution de problèmes.

1 Identifier le problème posé C31 … / 2 pts

Les factures d'eau et d'électricité sont particulièrement élevées.

2 Identifier les éléments de la situation C32 … / 6 pts

Quoi : quelle est la nature du problème ?

La consommation d'eau et d'électricité est élevée, le gaspillage est manifeste.

Qui : quelles sont les personnes concernées ?

Les quatre membres de la famille Gaspi.

Où : en quel lieu le problème apparaît-il ?

La résidence principale.

Quand : à quel moment le problème a-t-il été mis en évidence ?

Lors de la réception des factures très élevées.

Comment : quels comportements ont favorisé son apparition ?

Mauvaises habitudes, utilisation non rationnelle du matériel, habitation ancienne, matériel vétuste.

Pourquoi : quelles sont les causes ?

Méconnaissance des conséquences du gaspillage, mauvaise information sur l'utilisation du matériel et son entretien, sur les gestes simples pour réaliser des économies, sur les aides de l'État, etc.

3 Mettre en relation les éléments de la situation C32 … / 6 pts

1/ Souligner dans le texte de la situation, à l'aide de couleurs différentes, les trois familles de causes identifiées :
→ causes liées à l'habitation ;
→ causes liées au comportement adopté par rapport à l'électricité ;
→ causes liées au comportement adopté par rapport à l'eau.

2/ Noter les effets à partir du classement effectué ci-dessus.

Factures élevées, gaspillage, pollution (émission de CO_2, effet de serre).

4 Mobiliser des connaissances utiles C21 C22 ... / 14 pts

1/ Indiquer les secteurs en milieu familial les plus dépensiers :

→ en eau :

- bain
- douche
- sanitaires
- vaisselle, linge

→ en électricité :

- chauffage
- eau chaude
- éclairage
- appareils électroménagers, audiovisuels

2/ Indiquer les conséquences du gaspillage d'eau et d'électricité :

→ pour la famille : difficulté d'approvisionnement en électricité lors des moments de pointe, augmentation des factures.

→ pour la planète : pollution de l'eau et difficultés pour traiter l'eau et la rendre potable ; augmentation des taxes sur la facture d'eau ; les ressources en énergie non renouvelable s'épuisent.

3/ Expliquer pourquoi une meilleure gestion de l'eau et de l'énergie contribue au développement durable.

Elle permettra de satisfaire les besoins présents des populations sans compromettre ceux des générations futures.

4/ Citer quatre mesures collectives incitant les citoyens à économiser l'énergie.

- Bonus malus pour les véhicules neufs.
- Développement des transports en commun propres.
- Crédit d'impôts pour dépenses liées aux travaux d'amélioration énergétique (résidence principale).
- Obligation de remplacer les lampes à incandescence par des ampoules « basse consommation ».

5 Proposer des solutions C32 ... / 12 pts

Proposer des conseils à la famille Gaspi pour réduire ses prochaines factures d'eau et d'électricité.

EAU (6 conseils)

- Préférer la douche au bain.
- Réparer les fuites d'eau.
- Ne pas laisser couler l'eau inutilement.
- Faire fonctionner lave-linge et lave-vaisselle à plein.
- Remplacer le vieux matériel par des appareils moins consommateurs d'eau.
- Diminuer le volume de la chasse d'eau (10 000 L en moins par an).

ÉLECTRICITÉ (6 conseils)

- Baisser le chauffage de 1 °C (7 % de moins sur la facture d'électricité).
- Installer des programmateurs et robinets thermostatiques, des thermostats.
- Éteindre la lumière lorsqu'on quitte une pièce.
- Utiliser des ampoules « basse consommation » pour les pièces de vie.
- Choisir des appareils peu consommateurs d'électricité en lisant les étiquettes énergies.
- Ne pas laisser les appareils en veille (10 % de consommation en moins).

Identifier des situations à risques et la conduite à tenir

OBJECTIF

> Adopter un comportement citoyen face aux risques majeurs.
> Adopter une attitude responsable lors de l'application de mesures collectives face à un risque.

La prévention des risques est un système qui a pour objectif d'assurer la sécurité du citoyen, notamment en le responsabilisant par l'identification des risques d'accidents et la connaissance de la conduite à tenir. Axe n° 1 : les accidents de la vie courante qui englobent, entre autres, les accidents domestiques, scolaires et de loisirs. Réglementation du matériel, campagnes d'information touchant un large public permettent leur prévention. Axe n° 2 : les accidents du travail. Réglementation, responsables au sein de l'entreprise, instances extérieures, formation du personnel permettent une protection au plus près du travailleur. Axe n° 3 : les catastrophes dues aux risques majeurs. Étude des phénomènes naturels afin de pouvoir anticiper leur survenue, législation prévenant les risques technologiques et information du citoyen sur la conduite à tenir en cas de catastrophe permettent de limiter les dommages.

1 Identifier la finalité du système

• Système : la prévention des risques. • Finalité : la sécurité de chaque citoyen.

2 Identifier les éléments du système

Dans le texte de la situation :

1/ Nommer les trois axes de prévention :

> Accidents de la vie courante > Accidents du travail > Risques majeurs

2/ Citer les trois principales catégories de risques qu'englobe le premier axe.

> Accidents domestiques > Accidents scolaires > Accidents de loisirs

3/ Relever les moyens de prévention mis en œuvre au niveau de chaque axe.

> Axe 1 : réglementation, campagnes d'information.

> Axe 2 : réglementation, responsables au sein de l'entreprise, instances extérieures, formation du personnel.

> Axe 3 : étude des phénomènes naturels, législation, information du citoyen.

3 Mettre en relation les éléments du système

1/ Compléter le schéma du système à l'aide des éléments suivants :

risques majeurs / accidents du travail / scolaires / accidents de la vie courante / étude des phénomènes naturels / campagnes d'information / formation du personnel / domestiques / réglementation / instances extérieures / législation prévenant les risques technologiques

2/ Reporter dans le pavé central le système et sa finalité trouvés à l'**étape** 1.

AXE 1 : prévention des accidents de la vie courante

Accidents domestiques	**Accidents** scolaires	**Accidents de loisirs**

, etc.

> Réglementation

> Campagnes d'information

AXE 2 : prévention des accidents du travail

> Formation du personnel

> Réglementation

> Responsables au sein de l'entreprise

> Instances extérieures

↓ ↓

Système : la prévention des risques

Finalité : la sécurité de chaque citoyen

↑

AXE 3 : prévention des catastrophes dues aux risques majeurs

> Étude des phénomènes naturels

> Législation prévenant les risques technologiques

> Information du citoyen

4 Mobiliser des connaissances utiles

Pour comprendre le système, je réalise les **Activités 1** à **7** de la séquence 15.

5 S'inscrire dans le système

Proposer des comportements pour s'inscrire dans le système de prévention des risques en citoyen responsable :

1/ Au niveau des risques d'accidents de la vie courante.

> Être attentif aux campagnes de prévention ; faire preuve de vigilance.

> Respecter la réglementation, le Code de la route.

2/ Au niveau des risques d'accidents du travail.

> Respecter les mesures de prévention en vigueur.

3/ Au niveau des risques majeurs.

> S'informer sur les risques majeurs dans sa commune (DICRIM).

> S'informer sur la conduite à tenir si l'événement se produit.

> Savoir réagir face au signal d'alerte aux populations ; si SST ou PSC1, aider les secours.

MOBILISER DES CONNAISSANCES UTILES

Chaque jour, chacun est confronté à la notion de risque, en particulier à travers la médiatisation des catastrophes. On peut définir le risque par la probabilité plus ou moins importante d'atteinte à la santé et/ou aux biens. Que l'on soit citoyen ordinaire ou spécialiste, nous n'avons pas tous la même perception du risque ; un risque acceptable dans un pays ne l'est pas forcément pour un autre, un risque acceptable aujourd'hui peut ne pas l'être demain.

→ ACTIVITÉ 1 - La notion de risque majeur C13 C22

Répondre aux questions suivantes à l'aide des **doc. 1** et **2**.

1. Retrouver dans l'introduction ci-dessus la définition générale du risque.

C'est la probabilité plus ou moins importante d'atteinte à la santé et/ou aux biens.

2. > Définir les schémas ci-dessous à l'aide des termes surlignés dans le **doc. 1**.

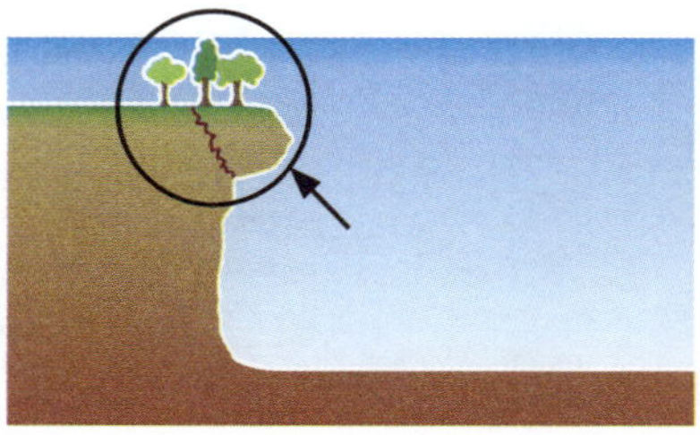

❶ Aléa

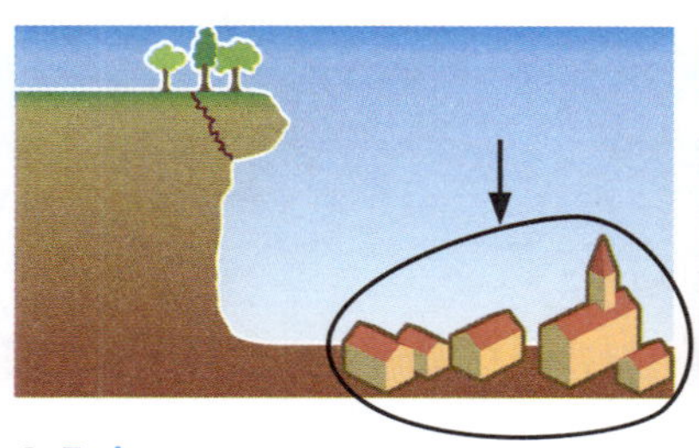

❷ Enjeu

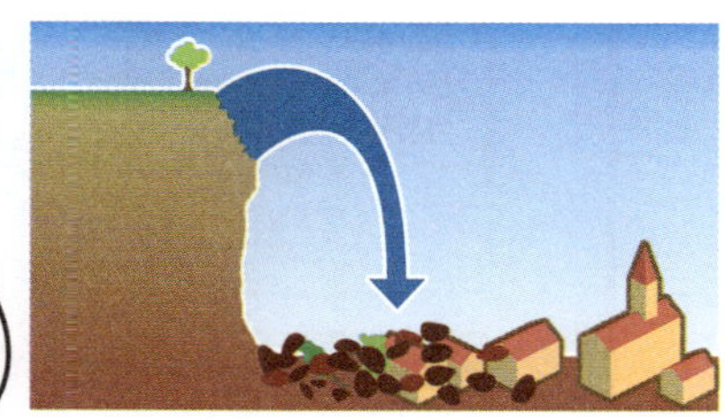

❸ Risque majeur

> Compléter l'équation : **Risque majeur =** Aléa + Enjeu

3. Proposer votre définition du risque majeur à l'aide du **doc. 1** et de la consigne **2**.

C'est un risque grave et peu probable concernant un grand nombre de personnes. Il résulte de la confrontation d'un aléa (événement, phénomène, danger ou probabilité d'un événement qui peut affecter notre environnement) et d'un enjeu (personne, équipement, environnement susceptible de subir les conséquences de l'événement).

DOC. 1 Composantes du risque majeur

Le risque majeur est la possibilité, même très peu probable, d'un événement d'origine naturelle ou technologique dont les effets peuvent mettre en jeu un grand nombre de personnes, occasionner des dommages importants et dépasser les capacités de réaction de la société. On parle dans ce cas de catastrophe et non plus d'accident.
L'existence d'un risque majeur est liée :
– d'une part à la présence d'un événement, ou aléa, qui est la manifestation d'un phénomène naturel ou humain (technologique) ;
– d'autre part à l'existence d'enjeux, qui représentent l'ensemble des personnes et des biens (ayant une valeur monétaire ou non monétaire) pouvant être affectés par un phénomène. Les conséquences d'un risque majeur sur les enjeux se mesurent en termes de vulnérabilité.
Exemple : un aléa sismique en plein désert n'est pas un risque majeur. Un séisme au-dessus de la faille de San Andreas, sur la côte californienne, avec ses grandes villes (San Francisco, Los Angeles...) : voilà le risque majeur !

4. Souligner dans le **doc. 2** :
> en bleu, les catastrophes qui résultent d'un risque naturel ;
> en rouge, les catastrophes provoquées par un risque technologique.

DOC. 2

Risques majeurs en France : quelques catastrophes de ces deux derniers siècles

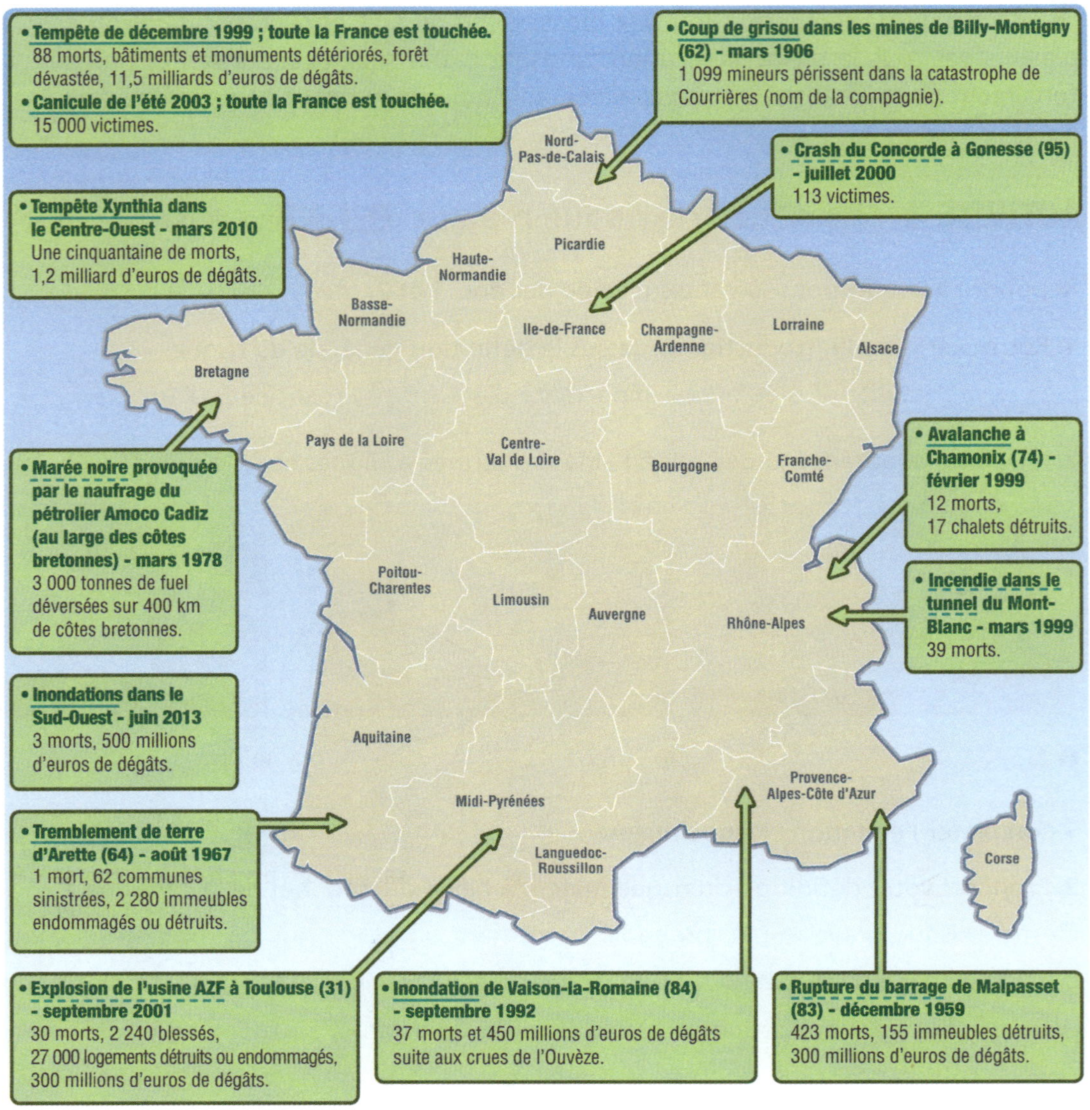

Risque majeur d'origine naturelle : séisme de forte magnitude (Haïti, janvier 2010).

Risque majeur d'origine technologique : accident nucléaire (centrale de Fukushima, Japon, mars 2011).

ACTIVITÉ 2 - Risques majeurs, risques professionnels, risques d'accidents domestiques C13 C22

1. Retrouver, à partir du **doc. 4**, une définition du risque professionnel.

Famille de dangers pouvant entraîner une atteinte à la santé (un dommage pour l'homme dans son environnement de travail). Ces risques font l'objet d'une classif cation.

2. Proposer une définition des accidents domestiques à l'aide du **doc. 5** et de vos connaissances.

Cette appellation regroupe les accidents se produisant à la maison ou dans ses abords.

3. > Indiquer les deux critères à partir desquels la courbe de Farmer du **doc. 3** classe les risques.

→ Fréquence → Gravité

> Expliquer en quoi le risque majeur diffère du risque professionnel et du risque domestique.

Le risque majeur se situe en domaine 3 de la courbe de Farmer. Beaucoup moins fréquent par rapport aux autres risques, sa gravité est beaucoup plus importante. De plus, il s'agit toujours d'un risque collectif. Lorsqu'il survient, on parle le plus souvent de catastrophe.

DOC. 3 Courbe de Farmer

Cette courbe permet de classer en trois domaines les risques, en fonction de la fréquence de leur apparition (probabilité) et de la gravité des dommages.

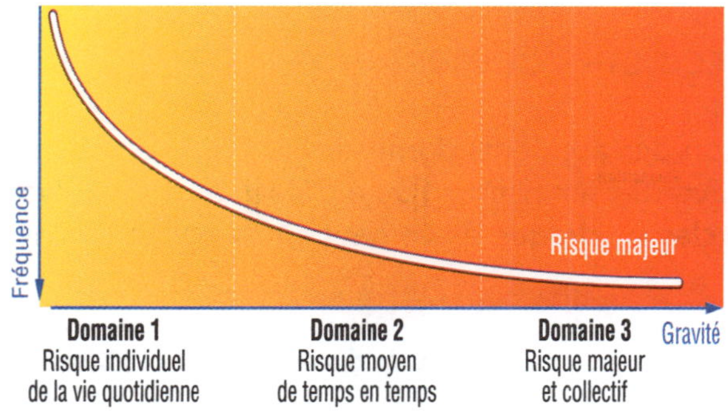

DOC. 4 Accidents du travail

Accidents du travail (AT) et maladies professionnelles (MP) résultent de l'exposition des travailleurs aux risques professionnels. Ces derniers sont des familles de dangers à l'origine des dommages. Ils font l'objet d'une classification (risques chimique, électrique, mécanique...).
L'employeur a l'obligation de supprimer ou de réduire ces risques afin d'assurer la sécurité des salariés et de protéger leur santé physique et mentale. Pour cela, il doit prendre les mesures appropriées et les mettre en œuvre conformément aux principes généraux de prévention énumérés par le Code du travail.

DOC. 5 Accidents de la vie courante

Les accidents de la vie courante (AcVC) sont des traumatismes non intentionnels qui se répartissent selon le lieu ou l'activité :
- **les accidents domestiques** ; ils se produisent à la maison ou dans ses abords immédiats : jardin, cour, garage et autres dépendances ;
- **les accidents scolaires** ; ils incluent les accidents survenant lors du trajet, durant les heures d'éducation physique et dans les locaux scolaires (de la crèche à l'enseignement supérieur) ;
- **les accidents de sport ou de vacances, les accidents de loisirs** ;
- **les accidents survenant à l'extérieur** : dans un magasin, sur un trottoir, à proximité du domicile, etc.

Les AcVC touchent tous les milieux et toutes les tranches d'âge, mais plus particulièrement les enfants de moins de 15 ans et les personnes âgées de plus de 65 ans. En France, les AcVC sont la troisième cause de mortalité : ils sont responsables de près de 20 000 décès chaque année, soit 4 % du total des décès.

Source : www.sante.gouv.fr, le site du ministère des Affaires sociales, de la Santé et des Droits des femmes.

4. Indiquer à quelle(s) catégorie(s) appartiennent les risques ci-dessous en cochant le tableau (de 0 à 4 colonnes). S'aider des documents étudiés.

Risques	Risque majeur		Risque d'AcVC	Risque professionnel
	naturel	technologique		
A. Inondation à Paris	✗			
B. Enfant brûlé			✗	
C. Tsunami dans une zone désertique				
D. Séisme à Tokyo	✗			
E. Transports de substances dangereuses		✗		
F. Risque incendie	✗	✗	✗	✗
G. Canicule	✗			
H. Accident dans une centrale nucléaire		✗		
I. Tornade sur une zone habitée	✗			
J. Risque chimique		✗	✗	✗

5. Indiquer, après avoir complété le tableau ci-dessus, vos remarques concernant :

> le risque incendie : présent partout, il peut être aussi bien d'origine humaine (volontaire ou accidentelle) que naturelle ou technologique.

> le risque chimique : présent partout, il peut provoquer des AcVC, des accidents du travail et des catastrophes.

→ ACTIVITÉ 3 - La prévention des accidents domestiques C11 C52

• > Rechercher des mesures de prévention des accidents domestiques dans les diverses zones de l'habitation sur le site interactif **www.prevention-maison.fr**, ou à défaut au CDI du lycée.
> Présenter le résultat de vos recherches à la classe ; chaque élève peut choisir de travailler sur une zone différente de la maison.

© INPES – www.inpes.sante.fr

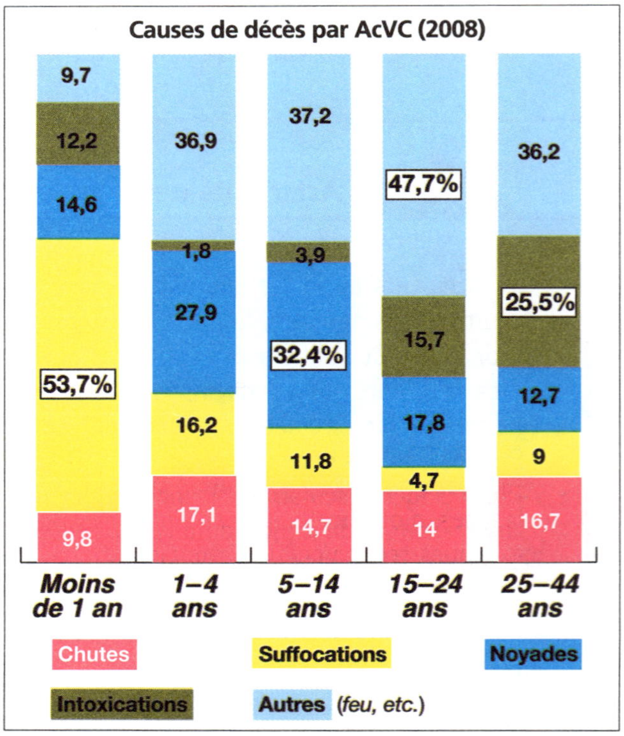

→ ACTIVITÉ 4 - Les risques majeurs au niveau local C11 C12 C13 C52

1. > Indiquer à l'aide du **doc. 6** le document (en toutes lettres puis le sigle) qui vous permet d'être informé(e) des risques majeurs sur :

→ votre commune : dossier d'information communal sur les risques majeurs (DICRIM).

→ votre département : dossier départemental des risques majeurs (DDRM).

> Justifier l'importance de ces documents pour le citoyen.

Ils lui permettent de savoir à quels risques il est exposé et comment réagir pour affronter ces situations.

2. Repérer à partir des sites **www.prim.net** ou **www.riques.gouv.fr** quels risques majeurs menacent particulièrement :

> votre commune : pas de corrigé type dans le cadre de cet ouvrage.

> votre département : pas de corrigé type dans le cadre de cet ouvrage.

> votre région : pas de corrigé type dans le cadre de cet ouvrage.

DOC. 6 Sources d'information sur les risques majeurs

- Le document d'information communal sur les risques majeurs (DICRIM) est élaboré afin d'énoncer les mesures préventives en cas de catastrophes majeures affectant le territoire et la population de la commune.
- En effet, le Code de l'environnement dans son article L125-2 indique : « Les citoyens ont un droit à l'information sur les risques majeurs auxquels ils sont soumis dans certaines zones du territoire et sur les mesures de sauvegarde qui les concernent. Ce droit s'applique aux risques technologiques et aux risques naturels prévisibles. »
- Le DICRIM s'appuie sur le dossier départemental des risques majeurs (DDRM) établi par la préfecture avec les services compétents.
- Par exemple, selon ce document, la commune de Bourg-Saint-Maurice est reconnue soumise aux :
  - risques naturels : inondations, avalanches, mouvements de terrain ;
  - risques technologiques : nucléaire, transport de matières dangereuses, barrage.

© DICRIM – ville de Bourg-Saint-Maurice – Les Arcs.

ACTIVITÉ 5 - Les mesures de prévention collective face aux risques majeurs C22

• Associer à chaque objectif le numéro de la mesure de prévention qui lui correspond. S'aider des **doc. 7** et **8**.

Mesures de prévention contre les risques majeurs	Objectifs
❶ Développement de la recherche sur les phénomènes Des outils de recueil et de traitement des données collectées sur les phénomènes sont mis au point et utilisés.	**A** 4 : comprendre les aléas pour mieux les prévenir.
❷ Maîtrise de l'aménagement du territoire Éviter d'augmenter les enjeux dans les zones à risque (ex. : ne pas construire dans une zone inondable), et diminuer la vulnérabilité des zones déjà urbanisées en réalisant des travaux.	**B** 3 : anticiper les événements pour que les équipes de secours soient immédiatement opérationnelles.
❸ Planification de l'organisation des secours L'État et les collectivités territoriales doivent organiser les secours pour faire face aux crises éventuelles. Dans sa commune, le maire est responsable de l'organisation des secours de première urgence. Pour cela, il peut mettre en œuvre le plan communal de sauvegarde.	**C** 6 : savoir à quel risque on s'expose et avoir rapidement le comportement adapté si l'événement se produit.
❹ Exploitation des retours d'expériences Les accidents technologiques font depuis longtemps l'objet d'analyses poussées lorsqu'ils se produisent.	**D** 2 : diminuer la vulnérabilité des zones construites.
❺ Surveillance des phénomènes et alerte des citoyens Nécessite l'utilisation de dispositifs d'analyses et de mesures (ex. : services d'annonce de crue) intégrés dans un système d'alerte des populations. Les mouvements de terrain de grande ampleur sont également surveillés en permanence.	**E** 1 : améliorer les actions futures (information, législation…) par une meilleure compréhension des événements antérieurs.
❻ Information des citoyens La législation précise que les citoyens ont droit à l'information sur les risques majeurs auxquels ils sont exposés, naturels ou technologiques, et sur les mesures de sauvegarde qui les concernent. L'information se fait à divers niveaux (école, commune…).	**F** 5 : réagir efficacement dans les délais les plus courts possible pour que les populations puissent se protéger.

DOC. 7 **Maîtrise de l'aménagement du territoire**

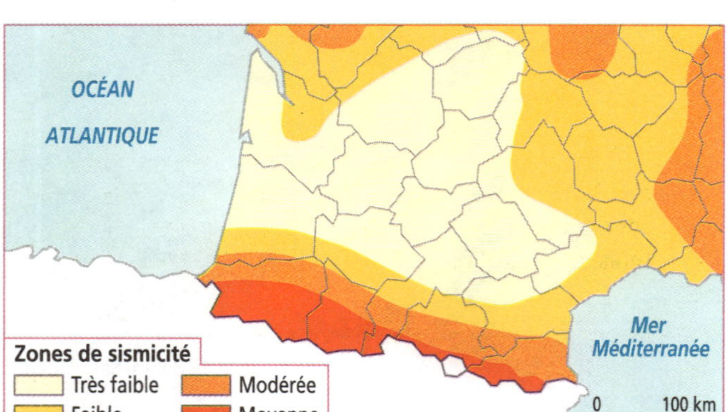

DOC. 8 **Information des citoyens**

© www.prim.net

→ ACTIVITÉ 6 - Le signal d'alerte aux populations C11 C21

En 3e, vous avez été formé(e) au **PSC1** ; cette formation comporte le chapitre « **Protection des populations en cas d'alerte** ».

1. Rappeler la signification du signal d'alerte aux populations ; s'aider du **doc. 9**.

Il indique un événement grave mettant en péril la sécurité de la population ; celle-ci doit mettre en œuvre les recommandations du DICRIM.

2. > Dans un premier temps, encadrer dans le **doc. 10** les comportements que l'on doit adopter lorsque l'on entend le signal d'alerte aux populations.

> Dans un deuxième temps, souligner la justification de chaque comportement.

3. Indiquer comment le citoyen est informé de la fin de l'alerte.

Par un son continu pendant 30 secondes.

4. Préciser quel peut être le rôle des secouristes PSC1 ou **SST** en cas d'alerte.

Les secouristes PSC1 ou SST peuvent aider les secouristes professionnels.

DOC. 9 Signal d'alerte aux populations

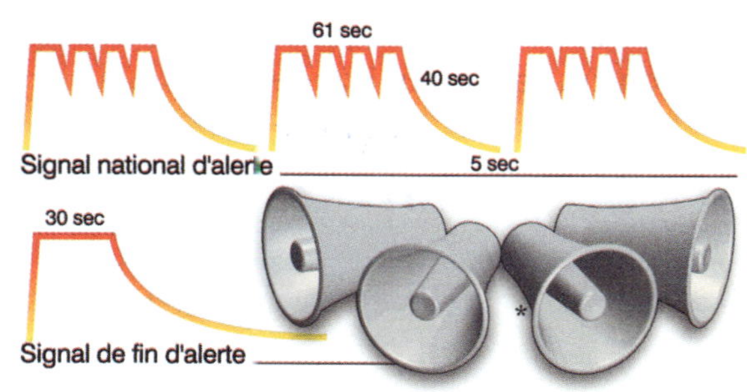

* Outre les sirènes, d'autres dispositifs peuvent être utilisés, notamment des haut-parleurs disposés sur des véhicules.

DOC. 10 Conduite à tenir

CE QU'IL FAUT FAIRE…

→ Mettez-vous à l'abri

Entrez dans le bâtiment le plus proche, de préférence dans une pièce sans fenêtre, munissez-vous d'une radio et attendez les consignes avant de ressortir. Si vous êtes en voiture, garez-vous et entrez dans le bâtiment le plus proche. Il s'agit de vous protéger physiquement. Dans le cas d'un séisme, la mise à l'abri se fait à l'extérieur, loin des bâtiments.

→ Écoutez la radio 103.9 'France Bleue Pays de Savoie' (ou éventuellement 93.4 'R' Les Arcs')

Vous pourrez connaître la nature du danger, son évolution ainsi que les consignes de sécurité à suivre. Munissez-vous d'une radio à piles, l'électricité pouvant être coupée.

→ Tenez-vous prêt à évacuer à la demande des autorités

Réunissez vos papiers d'identité, vos effets personnels indispensables (médicaments, lunettes…), de l'eau, des vêtements appropriés, lampes de poche, couvertures. Pensez à vos voisins qui sont seuls et non autonomes (personnes âgées, handicapées…).

→ Coupez le gaz et l'électricité

Pour éviter les risques d'explosion ou de court circuit.

…ET NE PAS FAIRE

→ N'allez pas chercher vos enfants à l'école

Les enseignants les mettront en sécurité grâce à leur Plan Particulier de Mise en Sûreté qui organise la sécurité des enfants dès la réception de l'alerte et ce, jusqu'à l'arrivée des secours. Vous ne feriez qu'encombrer les voies de circulation, voire vous exposer ou les exposer au danger inutilement.

→ Ne téléphonez pas

Tous les renseignements vous seront fournis par la radio. Libérez les lignes pour les secours, qu'il s'agisse du téléphone fixe ou du portable.

© DICRIM – ville de Bourg-Saint-Maurice – Les Arcs.

→ ACTIVITÉ 7 - Les consignes face aux deux principaux risques dans ma ville C13 C14

1. Retrouver pour deux risques majeurs repérés dans l'**activité 4** (p. 41) la conduite individuelle préconisée à tenir par tous. S'aider de vos connaissances, du DICRIM de votre ville ou bien des sites **www.prim.net** ou **www.risques.gouv.fr**.

	Risque majeur ❶	Risque majeur ❷
	Pas de corrigé type	Pas de corrigé type
CONSIGNES	Avant :	Avant :
	Pendant :	Pendant :
	Après :	Après :

2. Entourer dans le **doc. 11** le dispositif qui assure la sécurité dans les établissements scolaires en cas de risque majeur.

DOC. 11 Organisation des secours

Source : DICRIM « jeunes », éd. 2014, ville de Nice.

Proposer maintenant des comportements pour s'inscrire dans le système de prévention des risques en citoyen responsable (étape 5, p. 36).

Activités de synthèse

RÉCAPITULER

Compléter les textes à trous. Si besoin, se reporter à l'aide en bas de page.

Les différents types de risques

Le risque est la possibilité plus ou moins importante d'atteinte à la ....santé.... des personnes et/ou d'atteinte aux biens. On distingue :

- les ....risques.... professionnels ; ce sont des familles de dangers présents dans le milieu ....professionnel.... qui, suite à un événement dangereux, peuvent entraîner un dommage ;
- les risques d' ....accidents de la vie courante.... (ou AcVC) sont présents à la ....maison.... ou dans son environnement proche ; les ....jeunes enfants.... représentent 30 % des victimes ;
- les risques majeurs résultent de la confrontation d'un ....aléa.... (événement dangereux) et d'un ....enjeu.... (menace pour l'homme et ses biens) ; les accidents sont rares mais d'une gravité ....extrême.... et concernent un grand nombre de personnes (risque collectif) ; on parle de ....catastrophe.....

Le risque majeur au niveau local

- Selon la région et la ville où l'on réside, on est plus ou moins ....exposé.... aux risques majeurs et leur nature est différente. On distingue les risques ....naturels.... (avalanche, inondation, tempête, séisme…) et les risques ....technologiques.... (explosion, rupture de barrage, accident nucléaire…).

Mesures collectives pour limiter la gravité des dommages pour un risque majeur

- Tout citoyen doit légalement être ....informé.... des risques majeurs auxquels il est exposé et des mesures de sauvegarde. Cette information préventive se fait notamment en milieu ....scolaire.... mais aussi par le ....DICRIM.... ou dossier d'information communal sur les risques majeurs.
- Par ailleurs, l'État développe la recherche sur les phénomènes en utilisant notamment les retours d'expériences, veille à une meilleure maîtrise de l'aménagement du ....territoire.... afin de réduire l'exposition aux aléas, structure l'organisation des secours, assure une ....surveillance.... de certains secteurs sensibles et organise l'alerte des populations.

La conduite à tenir face à un risque majeur

- Dès le ....signal d'alerte.... aux populations, il faut écouter la ....radio.... pour connaître la nature du problème, éviter de ....téléphoner.... et de sortir chercher les enfants à l'école.
- Le ....citoyen.... est le premier acteur de la sécurité civile. En suivant les recommandations, il favorise la bonne marche de la chaîne de ....secours..... Titulaire d'un diplôme de ....secourisme.... valide, il peut aider les secours.

AIDE : DICRIM / maison / aléa / exposé / informé / naturels / extrême / jeunes enfants / santé / enjeu / technologiques / professionnel / catastrophe / scolaire / territoire / signal d'alerte / secourisme / radio / citoyen / accidents de la vie courante / téléphoner / secours / surveillance / risques

RETENIR

Conduite à tenir
face aux risques majeurs

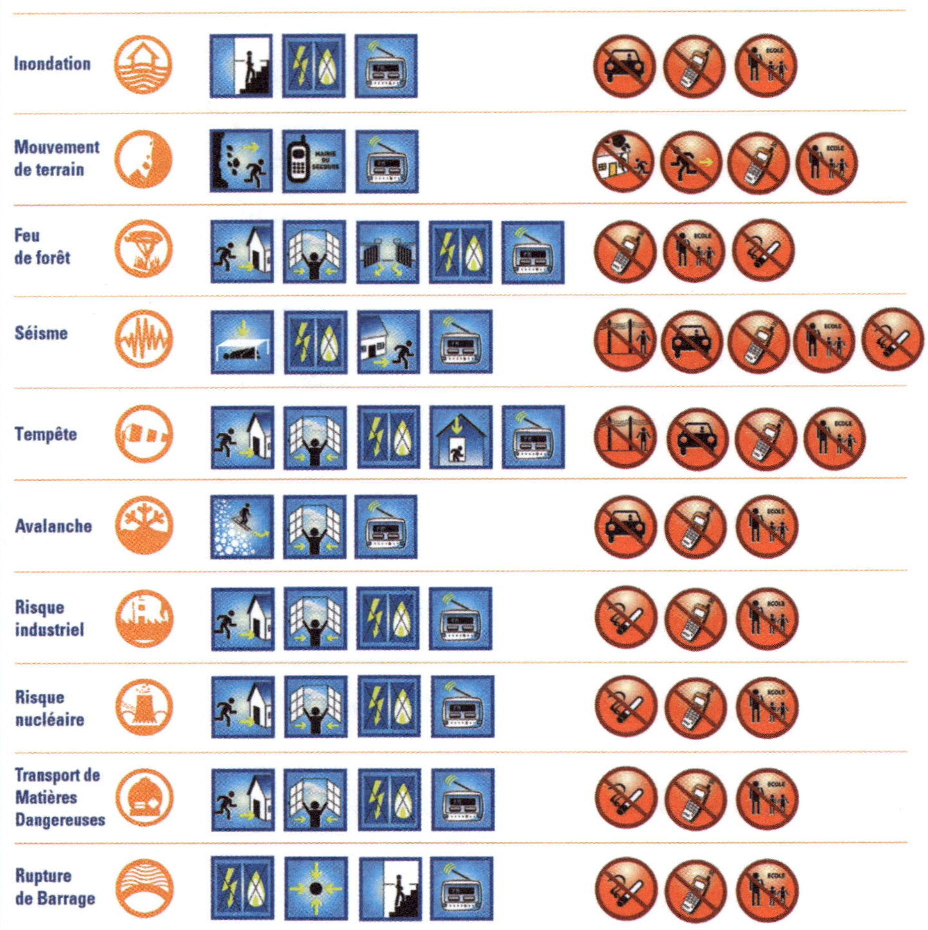

© Institut des Risques Majeurs (IRMa)/ministère de l'Écologie, du Développement durable et de l'Énergie/ministère de l'Intérieur.

Approfondir

- **www.prim.net :** portail de la prévention des risques majeurs ; site de référence
- **www.inrs.fr :** site de référence sur la prévention des accidents du travail
- **www.travailler-mieux.gouv.fr :** site concernant la santé et la sécurité au travail
- **www.inpes.fr :** brochures sur la prévention des accidents de la vie courante
- **Sites des DICRIM et des DDRM** des départements et communes en France

Se protéger du bruit

OBJECTIF

> Adopter un comportement citoyen et responsable en évitant de créer des nuisances sonores.
> Adopter une attitude raisonnée face à sa santé en se préservant de nuisances sonores excessives.

Joe, 17 ans, est en première professionnelle. L'atelier de travaux pratiques est bruyant mais il met rarement son casque antibruit. Passionné de musique, il écoute sans cesse (excepté en cours) son baladeur MP3, au volume maximal. L'immeuble où il réside est ancien ; on entend les bruits de l'avenue proche. La famille entend aussi les voisins du dessus (talons, téléviseur, chien qui aboie) et ne perçoit même plus le niveau sonore élevé de son vieux lave-vaisselle qui fonctionne chaque jour, ni le bruit de fond incessant de la ventilation. De plus en plus souvent, Joe demande qu'on lui répète ce qui lui est dit ; il est stressé, irritable et présente des troubles du sommeil.

1 Identifier le problème posé

Joe a des problèmes de santé liés au bruit.

2 Identifier les éléments de la situation

Quoi : quelle est la nature du problème ? quelles en sont les conséquences possibles ?

Joe a des signes de surdité ; de plus, il est stressé, irritable et présente des troubles du sommeil. Ces problèmes risquent de s'aggraver et d'en entraîner d'autres.

Qui : qui est la personne concernée ?

Joe, élève de première professionnelle.

Quand : à quel moment le problème a-t-il été découvert ?

L'irritabilité, le stress et la fatigue de Joe ont été remarqués par son entourage.

Comment : quels éléments ont favorisé sa survenue ?

Joe vit dans un environnement bruyant (bruits extérieurs, bruits de voisinage, bruits liés à l'habitat et à l'environnement professionnel) ; ses comportements augmentent encore son exposition au bruit.

Pourquoi : quels sont les éléments qui font que ce problème risque d'être à l'origine d'ennuis très graves ?

La surdité peut résulter de lésions de l'appareil auditif et peut être irréversible. Le manque de sommeil entraîne rapidement une fatigue importante, des troubles physiologiques et peut être à l'origine d'accidents domestiques et professionnels.

3 Mettre en relation les éléments de la situation

Compléter le diagramme « causes-effet » à l'aide des éléments de la situation suivants :

vieux lave-vaisselle / atelier bruyant / avenue / absence de casque antibruit / talons / ventilation / téléviseur / chien / baladeur MP3 au volume maximal

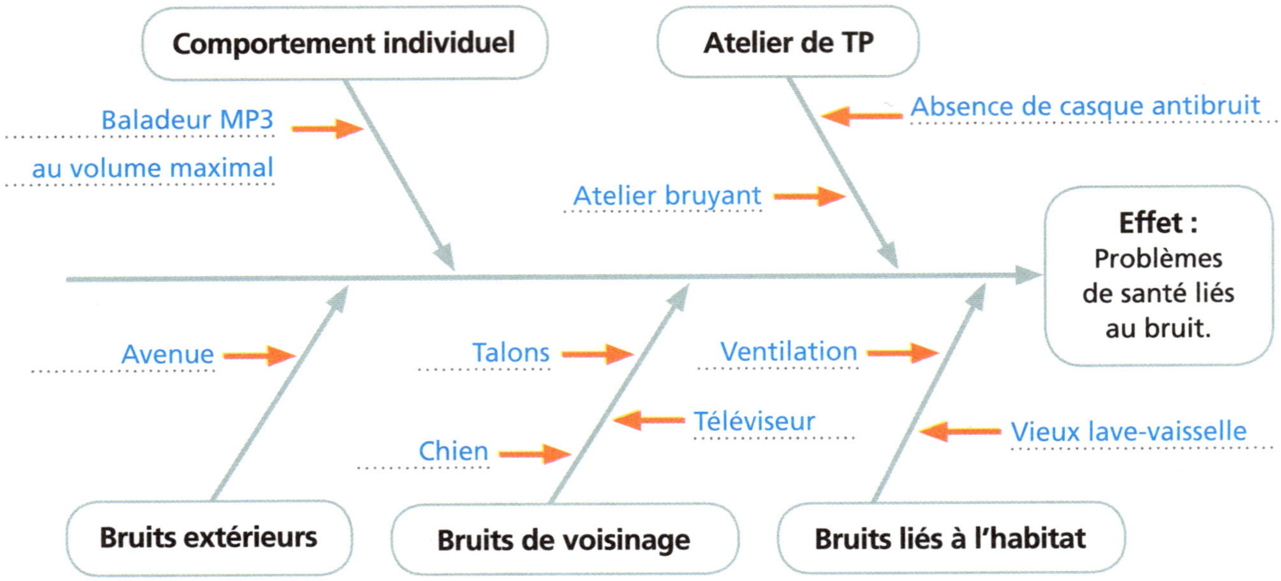

4 Mobiliser des connaissances utiles

Pour comprendre la situation et y apporter des solutions, je réalise les **Activités 1** à **9** de la séquence 16.

5 Proposer des solutions

Proposer, pour chaque famille de causes répertoriées sur le diagramme « causes-effet », des solutions au problème de Joe.

1/ Comportement individuel

Limiter l'écoute du MP3 et le régler sur un niveau sonore beaucoup plus bas.

2/ Atelier de TP

Porter systématiquement le casque antibruit car l'environnement est très bruyant.

3/ Bruits extérieurs

Réaliser une isolation phonique de l'appartement ; demander les aides auxquelles la famille a droit.

4/ Bruits de voisinage

Signaler aux voisins qu'ils sont parfois bruyants ; faire preuve de diplomatie pour régler le problème à l'amiable.

5/ Bruits liés à l'habitat

Changer le lave-vaisselle ; veiller lors de l'achat à choisir un modèle peu bruyant en vérifiant le niveau sonore de celui-ci sur sa fiche technique ; moderniser le système de ventilation.

MOBILISER DES CONNAISSANCES UTILES

Le bruit est la pollution qui nous touche le plus car elle est directement perceptible (bruits de l'habitat, du voisinage, des transports, du milieu de travail, etc.). La qualité de vie et la santé en subissent, plus ou moins gravement, les conséquences. Les lois qui permettent de lutter contre le bruit évoluent peu à peu mais cela n'est pas suffisant : il faut aussi que chacun modifie ses comportements.

→ ACTIVITÉ 1 - Les sources de bruit C13

• Souligner dans le **doc. 1** :
> en noir, les bruits liés à l'habitat et au voisinage.
> en vert, les bruits liés aux transports.

DOC. 1 **Matinée ordinaire dans un vieil immeuble mal insonorisé**

Paul, étudiant, habite un studio dans la cité X proche d'un aéroport. Le vieil immeuble mal insonorisé n'est jamais silencieux : dès 7 h, Paul est réveillé par des portes qui claquent, des voix de personnes qui se saluent ou s'interpellent. Viennent ensuite les allées et venues de la voisine du dessus qui marche avec des talons hauts, le bruit des informations à la télévision, l'aspirateur de la concierge qui entretient les parties communes, la chaîne hi-fi de l'étudiant d'en face puis, dans l'appartement même, la vieille machine à laver qui essore bruyamment. Après un court répit, vers 10 h, les bruits reprennent : le musicien du dessous répète, et au-dessus, le chien ne cesse d'aboyer. Mais quand on ouvre la fenêtre, ces bruits de voisinage ne s'entendent presque plus, masqués par la circulation automobile du périphérique, et parfois par le passage d'un train ou d'un avion qui décolle sans oublier, le soir et les week-ends, les motos et mobylettes pétaradantes des jeunes du quartier

→ ACTIVITÉ 2 - Du son au bruit C13 C22

Répondre aux consignes suivantes à l'aide du **doc. 2**.

1. Préciser la différence entre un son et un bruit.

SON	BRUIT
Un son est une onde acoustique qui est perçue par l'appareil auditif.	Un bruit est un son perçu désagréablement par ce même appareil.

2. Relier chaque grandeur physique qui caractérise le son (A) aux adjectifs (B) et à l'unité de mesure (C) qui correspondent.

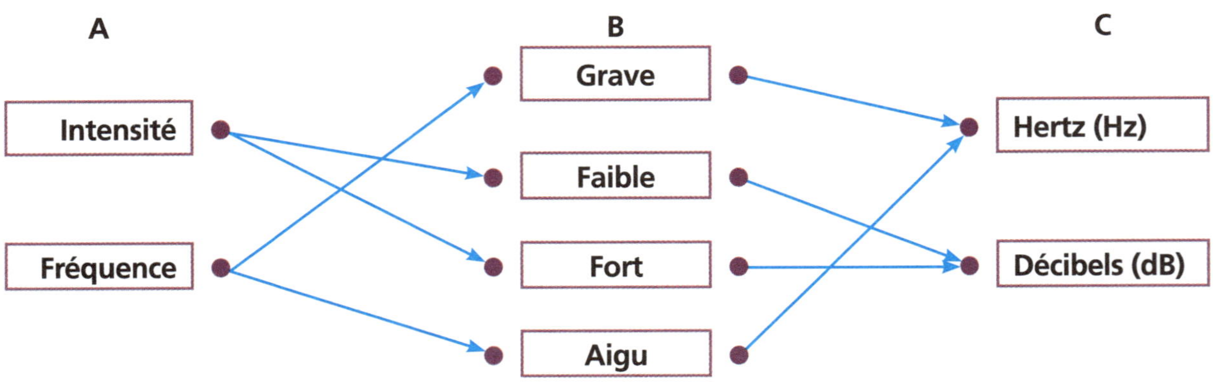

3. Caractériser chacune des quatre courbes d'ondes acoustiques ci-dessous à l'aide de la liste suivante :

fort et aigu / faible et aigu / faible et grave / fort et grave

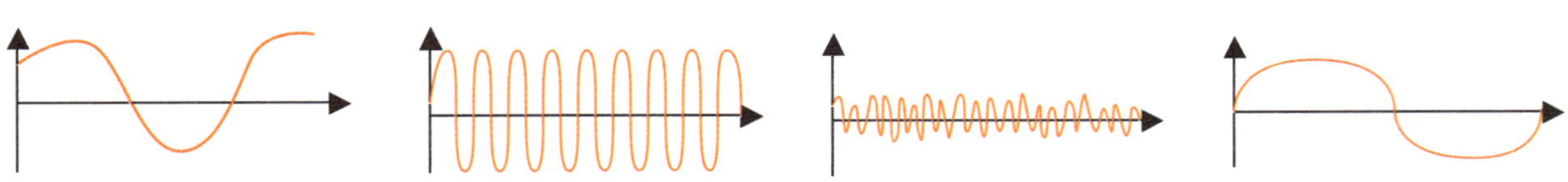

A : fort et grave B : fort et aigu C : faible et aigu D : faible et grave

DOC. 2 Caractéristiques physiques du son

Le son est une vibration (onde acoustique) qui se déplace de proche en proche dans l'air, les solides et les liquides. Il entraîne des variations de pression du milieu auxquelles l'appareil auditif est sensible. Le son devient bruit lorsque la sensation auditive qu'il provoque est gênante ou désagréable.

Grandeurs physiques qui caractérisent le son

• **L'intensité** correspond à l'amplitude de la vibration ; plus celle-ci est importante, plus le son est « fort ».
On mesure physiquement l'intensité sonore en décibels acoustiques : **dB(A)***.
Le sonomètre permet cette mesure.

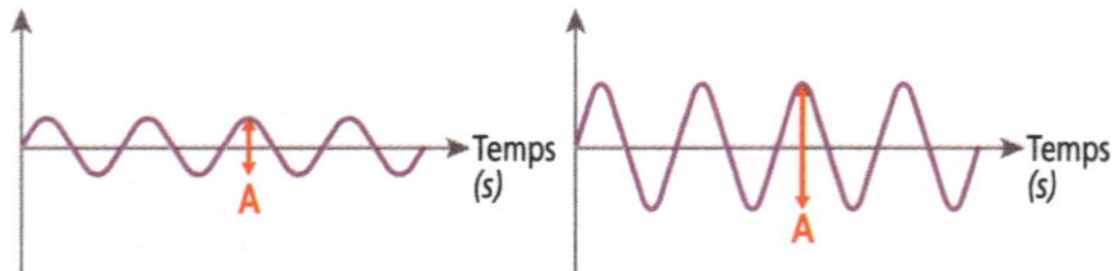

Faible amplitude = son faible

Forte amplitude = son fort

• **La fréquence** correspond au nombre de vibrations (ou périodes T) reçues par le tympan durant 1 seconde.
Elle s'exprime en hertz (**Hz**)**.
L'oreille humaine perçoit uniquement les sons compris entre 20 Hz et 20 000 Hz.

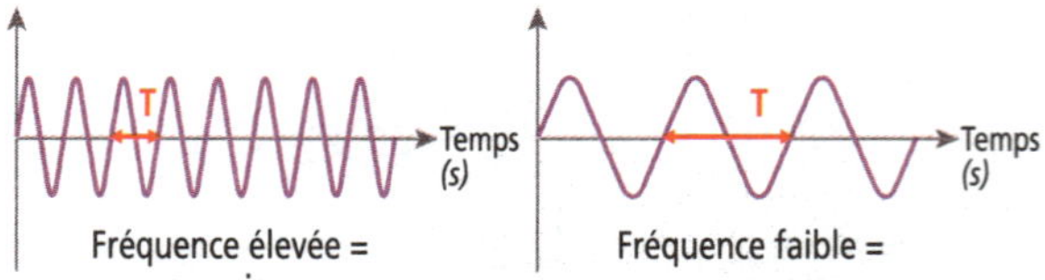

Fréquence élevée = son aigu (2 000 < fréquence < 20 000 Hz)

Fréquence faible = son grave (20 < fréquence < 200 Hz)

* dB(A) s'écrit aussi dB.

** 1 Hz = 1 oscillation par seconde.

ACTIVITÉ 3 - Les différents seuils C22 C24

Après lecture du **doc. 3** :

1. Indiquer à quel niveau sonore, exprimé en dB, correspond chaque seuil puis relier par des flèches chacun d'entre eux à sa définition.

Seuil d'audition : 0 dB.	→	Niveau sonore le plus faible que peut percevoir l'oreille humaine.
Seuil de fatigue : 70 dB.	→	L'exposition prolongée à ce niveau sonore provoque la fatigue auditive et perturbe le système nerveux.
Seuil de douleur : 120 dB.	→	Niveau sonore qui peut provoquer une sensation douloureuse au niveau de l'appareil auditif.

2. > Indiquer à quel seuil se situe un baladeur à puissance maximale : 100 dB.

> Ce niveau sonore correspond à *(cocher)* :

- ❑ 10 fois le seuil de la fatigue
- ❑ 20 fois le seuil de la fatigue
- ❑ 100 fois le seuil de la fatigue
- ☒ 1 000 fois le seuil de la fatigue
- ❑ 10 fois le seuil de danger
- ❑ 20 fois le seuil de danger
- ☒ 100 fois le seuil de danger

> Conclure sur la manière d'utiliser raisonnablement un baladeur.

Lorsqu'on utilise régulièrement un baladeur, un volume réduit est préférable pour ne pas s'exposer à de la fatigue auditive ou à des lésions de l'appareil auditif.

DOC. 3 Ordres de grandeur des niveaux sonores

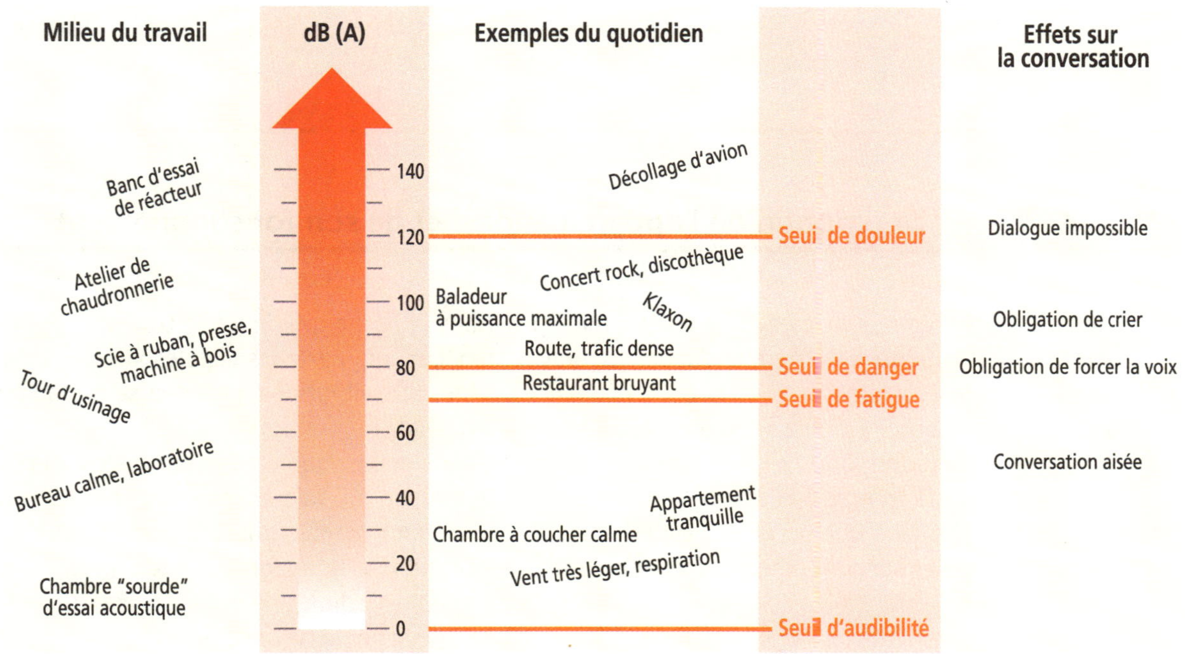

Important ! L'échelle des décibels est une échelle logarithmique : 3 décibels supplémentaires correspondent à un doublement du niveau sonore, et 10 décibels multiplient celui-ci par 10 ! De même, les décibels ne s'additionnent pas : 2 machines à laver de niveau sonore de 60 décibels ne font pas un bruit de 120 décibels mais de 63 décibels.

ACTIVITÉ 4 - Le mécanisme de la perception du son C22 C23

À l'aide des informations contenues dans les **doc. 4** et **5** :

1. Compléter le schéma du **doc. 4** à l'aide des termes surlignés dans le **doc. 5**.

2. > Tracer le trajet du son dans l'appareil auditif du **doc. 4**.
> Encadrer sur ce même schéma le nom de la partie de l'oreille où se situent les cellules auditives ciliées.

3. Expliquer par une phrase courte le mécanisme de la perception des sons.

L'onde acoustique fait vibrer les cellules auditives. Le nerf auditif conduit l'influx nerveux créé jusqu'à l'aire auditive du cerveau qui décode le message.

DOC. 4 Schéma de l'appareil auditif

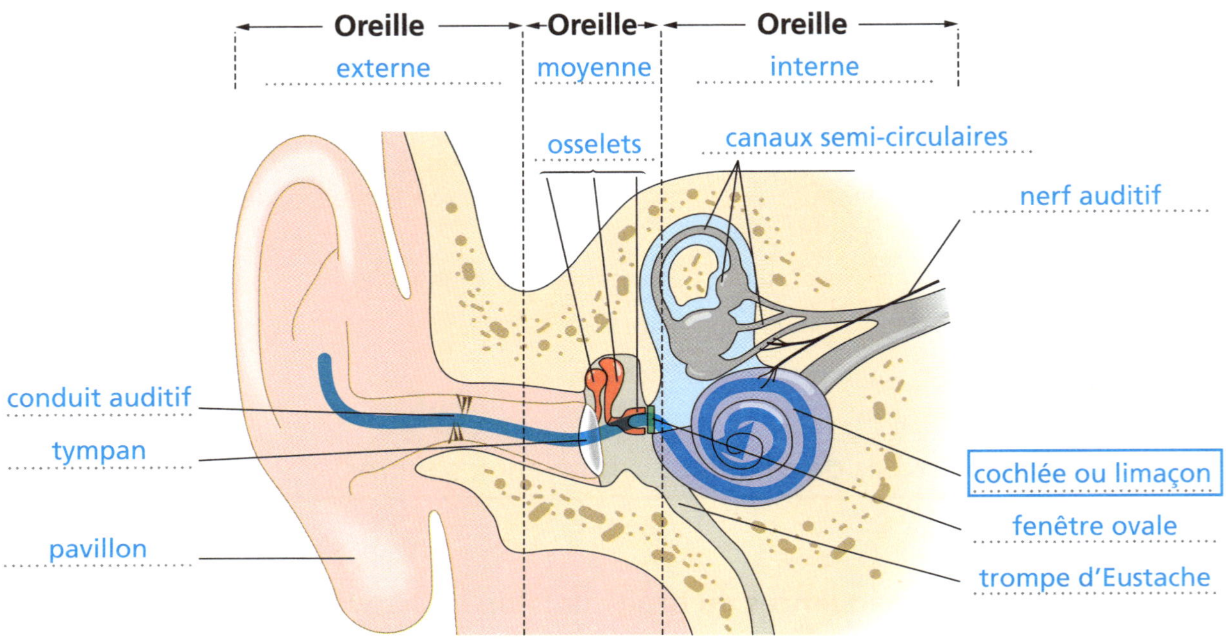

DOC. 5 Description de l'appareil auditif et de son fonctionnement

L'oreille externe comporte le pavillon, qui se prolonge par le conduit auditif à l'extrémité duquel se trouve une membrane sensible aux vibrations : le tympan.
Le tympan sépare l'oreille externe de l'oreille moyenne, qui est une sorte de canal communiquant avec le nez par la trompe d'Eustache.
Du tympan part une chaîne de 3 osselets dont le dernier s'appuie sur une membrane souple qui constitue la fenêtre ovale. Celle-ci est la frontière entre l'oreille moyenne et l'oreille interne.
Dans la partie supérieure de l'oreille interne se trouvent les canaux semi-circulaires qui interviennent dans l'équilibre.
Dans la partie inférieure se trouve la cochlée, ou le limaçon, qui porte les cellules auditives ciliées sensibles aux vibrations. Celles-ci se prolongent par le nerf auditif.
L'onde acoustique captée par le pavillon fait vibrer le tympan qui fait vibrer à son tour les 3 osselets ; le dernier osselet fait vibrer la fenêtre ovale ; la vibration se propage à l'intérieur du limaçon et atteint les cellules nerveuses ciliées qui le tapissent.
Le message nerveux créé par la stimulation des cellules ciliées se propage par le nerf auditif qui le transmet au cerveau où il sera décodé.

→ ACTIVITÉ 5 - Les effets du bruit sur l'appareil auditif C13 C22

Après lecture du **doc. 6** :

1. Compléter le tableau ci-dessous.

	Nature des lésions	Causes liées au bruit*
Surdité de TRANSMISSION	• Déchirement du tympan • Lésion des osselets	• Bruit soudain très intense • Explosion, effet de souffle
Surdité de PERCEPTION	• Destruction des cellules ciliées	• Exposition prolongée à des bruits intenses

* D'autres causes sont possibles.

2. Cocher, pour chaque situation ci-dessous, le type de surdité susceptible d'apparaître.

Situations	Surdité de transmission	Surdité de perception
A. Kévin travaille sur les pistes de l'aéroport de Roissy ; il porte rarement son casque antibruit.		✗
B. Samuel travaille dans une carrière ; on utilise des explosifs pour extraire la pierre. Il ne porte jamais son casque antibruit.	✗	
C. Le samedi, Célia va en discothèque où elle aime se tenir tout le long de la soirée à proximité des haut-parleurs pour mieux profiter de la musique.		✗
D. Durant ses loisirs, Fred va régulièrement s'entraîner au stand de tir sans casque antibruit.	✗	
E. Élodie écoute à tout moment son baladeur MP3, au volume maximal.		✗

DOC. 6 Conséquences du bruit sur l'appareil auditif

• Fatigue auditive

À la suite d'une exposition à un bruit intense, on peut souffrir temporairement de sifflements d'oreille ou de bourdonnements (acouphènes) ainsi que d'une baisse de l'acuité auditive.

Cette fatigue auditive demande quelques semaines, sans surexposition au bruit, pour disparaître.

• Surdité

L'exposition prolongée à des niveaux de bruits intenses détruit peu à peu les cellules ciliées de l'oreille interne (cf. photos ci-contre). Elle conduit progressivement à une surdité de perception ou surdité neurosensorielle qui est irréversible. Dans ce cas, la chirurgie n'est d'aucun secours. L'appareillage par des prothèses électroniques se contente d'amplifier l'acuité résiduelle, il ne restitue pas la fonction auditive dans son ensemble. Son efficacité reste donc limitée.

Un bruit soudain très intense, par exemple lors d'une explosion, peut entraîner une surdité brutale, totale ou partielle, réversible ou non. L'effet de souffle peut en effet provoquer une déchirure du tympan, mais aussi des lésions des osselets ; on parle de surdité de transmission.

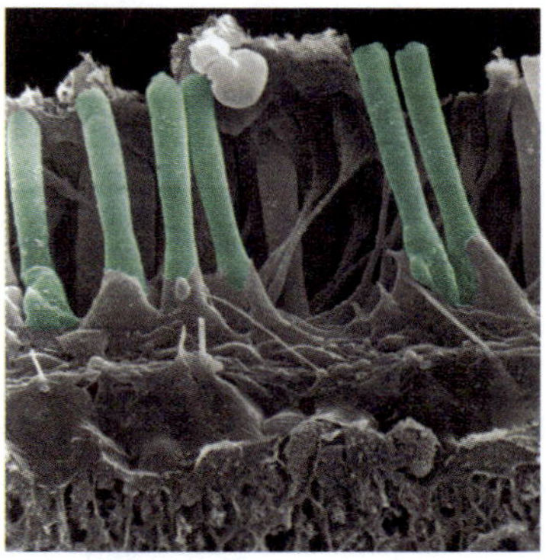

Cellules ciliées **normales**.

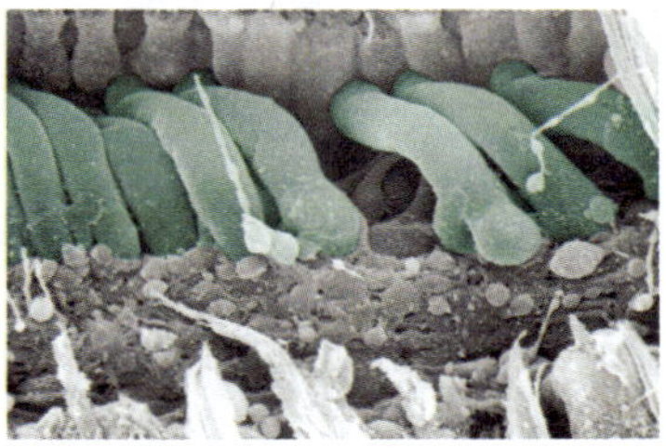

Cellules ciliées **abîmées**.

→ ACTIVITÉ 6 - Les autres effets du bruit C13 C21 C22

1. Sur le **doc. 7**, nommer les différents systèmes du corps humain sur lesquels le bruit provoque des effets négatifs.

2. Retrouver à partir des **doc. 7, 8** et **9** et de vos connaissances les conséquences psychologiques du bruit.

Le bruit provoque du stress, diminue la vigilance, augmente la tension nerveuse, excède ceux qui le subissent et génère de l'agressivité.

3. Retrouver à partir des **doc. 8** et **9** les conséquences sociologiques du bruit.

Le bruit peut être à l'origine d'agressions physiques et verbales, comme le relate le fait-divers, et d'accidents en milieu professionnel.

DOC. 7 Autres effets physiologiques du bruit sur l'organisme

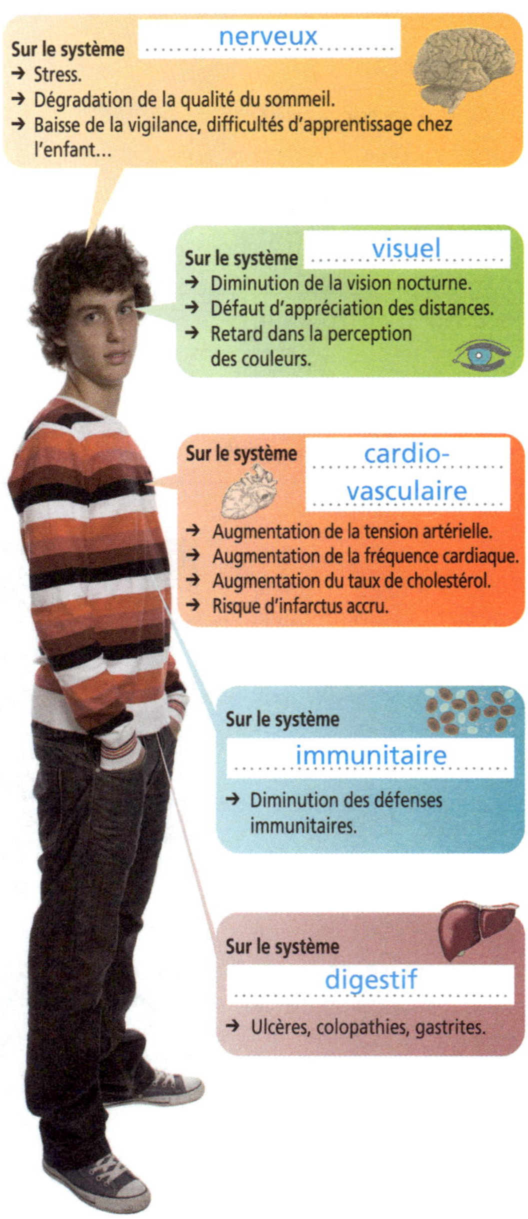

DOC. 8 Fait-divers

Placé en garde à vue jeudi en fin de matinée, ce chauffeur livreur célibataire et sans enfant « a reconnu presque instantanément les faits ». Il aurait poignardé les trois résidents car ils faisaient trop de bruit. Travaillant de nuit, il a expliqué aux policiers s'être couché vers 19 h 15 et avoir entendu du bruit dans le couloir de l'hôtel aux alentours de minuit. « Il est sorti et a eu une altercation avec les trois victimes », a détaillé le procureur. Mais « il a continué à entendre du bruit et il est retourné au contact » vers 2 heures du matin. [...]

© www.rtl.fr, RTL/AFP, 29 août 2014.

DOC. 9 Le bruit au travail

L'exposition au bruit sur le lieu de travail est susceptible d'affecter la santé des travailleurs. L'effet le plus connu du bruit au travail est la perte auditive. Il peut également accroître le risque d'accidents de différentes manières, notamment :

- en empêchant les travailleurs de bien entendre et de comprendre correctement les paroles et les signaux ;
- en masquant le son émis par un danger imminent ou les signaux d'avertissement (exemple : avertisseurs sonores de recul sur certains véhicules) ;
- en distrayant les travailleurs, notamment les conducteurs ;
- en contribuant au stress lié au travail qui augmente la charge cognitive (paramètres que le mental doit gérer) et accroît ainsi le risque d'erreurs.

© Agence européenne pour la sécurité et la santé au travail.

→ ACTIVITÉ 7 - Les mesures de prévention contre le bruit au travail C21 C22

1. Identifier dans les **doc. 11** et **12** les modes d'action des moyens de lutte contre le bruit en milieu professionnel. S'aider du **doc. 10**.

> Souligner en noir les moyens qui agissent sur l'émission du bruit.

> Souligner en vert les moyens qui agissent sur la transmission du bruit.

> Souligner en bleu les moyens qui agissent sur la réception du bruit.

2. Citer les mesures de prévention éventuelles observées dans l'atelier de TP ou lors des PFMP.

Pas de corrigé type dans le cadre de cet ouvrage.

DOC. 10 Moyens de lutte contre le bruit

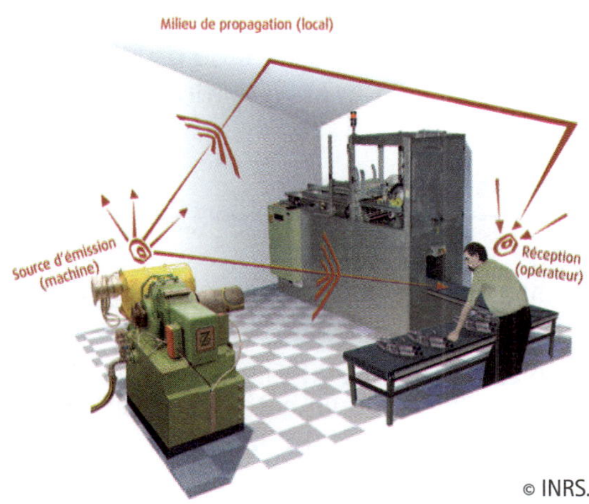

© INRS.

Agir sur la source émétrice du bruit, sur sa propagation ou sur sa réception.

DOC. 11 Actions réglementaires en fonction du niveau d'exposition

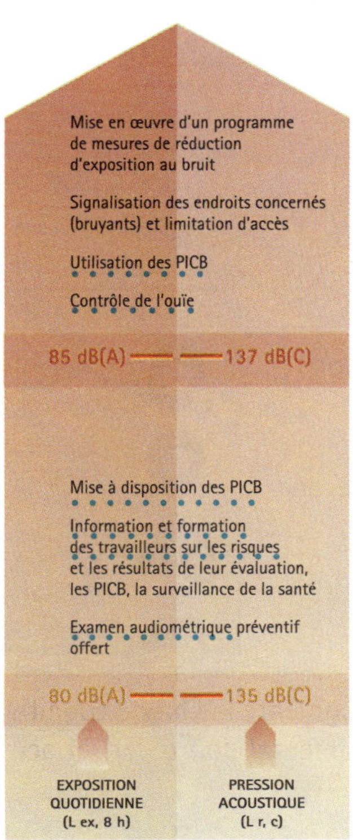

© INRS.

DOC. 12 Moyens d'action contre le bruit

Conformément à la réglementation, l'employeur doit réduire le bruit des ateliers au niveau le plus bas possible. Il dispose des moyens suivants :

Action sur la source	• **Réduction du bruit à la source par action sur la machine.** Ex. : achat d'une nouvelle machine moins bruyante lors du renouvellement du parc machines.
Protections collectives	• **Encoffrement de machines** : un encoffrement est une boîte présentant un isolement phonique élevé, à l'intérieur de laquelle est placée la machine bruyante. • **Traitement acoustique du local** : revêtir les parois du local d'un matériau absorbant le son. Efficace seulement au niveau des zones éloignées des zones de bruit. • **Écrans acoustiques** : des boxes permettent d'isoler des postes de travail bruyants ; ils sont généralement associés à un traitement acoustique du plafond.
Protections individuelles	• **PICB :** casques et bouchons d'oreilles sont mis à disposition ou utilisés en fonction des niveaux sonores précisés par la loi. Celle-ci prend simultanément en compte l'exposition quotidienne subie durant 8 heures (l ex, 8 h) et le niveau maximal des pics sonores auxquels peut être exposé le travailleur (pression acoustique, L r, c).

→ ACTIVITÉ 8 - Les mesures de prévention contre les bruits du quotidien C21 C22 C44

1. Indiquer, à l'aide de vos connaissances, des comportements que chacun peut mettre en œuvre chez soi pour éviter de faire du bruit.

Ne pas passer l'aspirateur tôt le matin, tard le soir ; écouter le téléviseur, la chaîne hi-fi à un volume raisonnable ; éviter de parler trop fort ; remplacer les vieux appareils électroménagers bruyants ; choisir une tondeuse à gazon peu bruyante ; éviter de l'utiliser à des heures matinales, etc.

2. Expliquer pourquoi le fait de veiller à ne pas créer de pollution sonore constitue un comportement citoyen.

En respectant l'environnement, on respecte la tranquillité, le bien-être et la santé des autres.

3. Souligner dans le **doc. 13** :
> en bleu, les mesures et moyens de prévention qui agissent sur la source de bruit.
> en vert, les mesures et moyens de prévention qui agissent sur la propagation du bruit.

DOC. 13 Mesures et moyens pour lutter contre le bruit

• L'isolation phonique des bâtiments freine la propagation de l'onde sonore. Doubles vitrages, plaques isolantes fixées sur les parois, sols flottants et plafonds suspendus sont les dispositifs les plus couramment utilisés.
• Un cadre réglementaire fixe les normes acoustiques des logements récents. Sous certaines conditions, des aides sont attribuées pour réaliser l'isolation phonique des logements anciens. Les locaux publics bénéficient de la même vigilance au niveau de l'isolation sonore, notamment ceux qui accueillent des jeunes. À l'extérieur, les murs antibruit protègent les bâtiments proches de grands axes.
• Des décrets précisent le niveau sonore maximal d'un certain nombre d'appareils (MP3, électroménager, matériel de bricolage et de jardinage, matériel professionnel). Les industriels tendent à proposer du matériel de moins en moins bruyant (aspirateur, lave-vaisselle...), ce qui constitue un critère de choix important pour le consommateur. La recherche pour produire des nouveaux isolants ou des technologies permettant de réduire les émissions sonores est constante.
• Il existe par ailleurs une répression des nuisances sonores. Les auteurs de tapages nocturnes et même diurnes sont sanctionnés, l'utilisation injustifiée des avertisseurs sonores (klaxons) est passible d'une contravention. Quant aux compagnies aériennes, elles payent une taxe reversée en partie aux riverains à des fins d'insonorisation.

→ ACTIVITÉ 9 - Prévention et écoute de musique amplifiée C21 C24

• Justifier les cinq mesures préconisées dans l'affiche ci-contre concernant :

> l'utilisation du MP3.

1. Un volume plus faible ne gâche pas le plaisir de la musique.
2. Cela repose l'appareil auditif.

> l'attitude à adopter lors d'un concert ou d'une sortie en discothèque.

3. Le niveau sonore est souvent très élevé, ce qui entraîne une fatigue auditive rapide.
4. Cela repose l'appareil auditif.
5. Cela permet de profiter de la musique en atténuant le niveau sonore.

© INPES/www.ecoute-ton-oreille.com

Proposer maintenant des solutions pour Joe (étape 5, p. 48).

Activités de synthèse

RÉCAPITULER

Compléter les textes à trous. Si besoin, se reporter à l'aide en bas de page.

Les sources de bruit

• Le son est une ....onde........ qui se déplace de proche en proche, et qui entraîne au niveau des fluides (air) une variation de pression perçue par l' ....appareil auditif........ .
Le son se caractérise par son ....intensité........ (amplitude de la vibration), qui se mesure en dB(A), et par sa ....fréquence........ (nombre de vibrations/seconde), qui s'exprime en Hz.

• Un son devient ....bruit........ lorsque la sensation auditive qu'il provoque est gênante. Les origines sont diverses : bruits extérieurs liés aux transports, bruits de voisinage, bruits liés à l'habitat, bruits dans le milieu ....professionnel........ .
On distingue certains seuils caractérisés par leur niveau sonore : le seuil de l' ....audition........ (0 dB), le seuil de la fatigue (70 dB) et le seuil de la ....douleur........ (120 dB).

Anatomie et physiologie de l'oreille ; conséquences du bruit

• Au niveau de l'oreille, l'onde sonore fait vibrer le tympan, les osselets, puis la fenêtre ovale et enfin les ....cellules ciliées........ du limaçon. Le nerf auditif qui les prolonge transmet l'influx nerveux au ....cerveau........ qui décode le message reçu.

• L'appareil auditif peut être endommagé par le bruit : des lésions au niveau du tympan ou des osselets (qui transmettent) entraînent une surdité de ....transmission........ ; des lésions des cellules auditives (qui perçoivent) entraînent une surdité de ....perception........ .

• Le bruit peut provoquer des troubles physiologiques (digestifs, ...cardiaques........ , ...respiratoires........ ou endocriniens) et des atteintes ....psychologiques........ (irritabilité, stress, dépression, troubles du sommeil…). Il peut avoir des conséquences sociologiques : la fatigue qu'il induit peut générer irritabilité et violence.

Les mesures de prévention contre le bruit

• Action à la source : réglementation sur le ....niveau sonore........ de divers appareils et matériels ; modification des comportements ; encoffrement de machines en milieu ....professionnel........ .

• Action sur la ....transmission........ : isolation phonique des ....logements........ ; murs antibruit ; traitement acoustique des locaux professionnels.

• Action au niveau de la réception du bruit par le port de ....casques........ antibruit.

AIDE : intensité / bruit / douleur / professionnel (2 fois) / onde / fréquence / audition / transmission (2 fois) / appareil auditif / cerveau / cellules ciliées / logements / cardiaques / casques / respiratoires / niveau sonore / perception / psychologiques

RETENIR

Source

Bruits de transport

Bruits de voisinage

Bruits professionnels

Bruits de l'habitat

Action au niveau de la source

Ex. : réglementation, modification des comportements

Nature – Transmission

Bruit = son provoquant une sensation auditive gênante

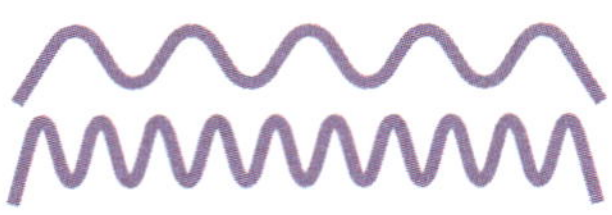

Son = onde sonore caractérisée par :
- **l'intensité** (son faible / fort) avec pour unité le décibel : dB(A)
- **la fréquence** (son aigu / grave) avec pour unité le hertz : Hz

Action au niveau de la transmission

Ex. : isolation phonique

Perception

L'onde sonore parvient jusqu'aux cellules ciliées qui la transmettent au cerveau.

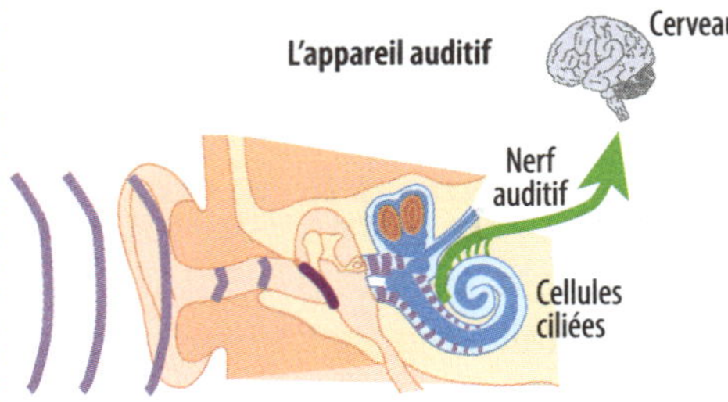

Le niveau sonore, ou sensation acoustique, se mesure en dB(A).
- Seuil de l'audition = 0 dB(A)
- Seuil de fatigue = 70 dB(A)
- Seuil de douleur = 120 dB(A)

Action au niveau de la réception

Ex. : port de PICB (casque, bouchons d'oreilles)

Prévention du bruit nécessaire

Exposition répétitive à des niveaux sonores élevés :
- atteintes de l'appareil auditif, surdités de perception ou de transmission ;
- troubles physiologiques et psychologiques ;
- conséquences sociales (violence, accidents).

Approfondir

- **www.bruit.fr** : site généraliste sur le bruit et la gestion de l'environnement sonore
- **www.inrs.fr** : documents divers sur le bruit
- **www.ecoute-ton-oreille.com** : site consacré à la prévention des risques liés à l'écoute de la musique amplifiée
- **http://vosdroits.service-public.fr** : s'informer sur la répression des troubles de voisinage et des nuisances sonores
→ www.lienmini.fr/troubles-voisinage-et-nuisances-sonores

Maîtriser le module 7

Yohann, 18 ans, élève en baccalauréat professionnel, travaille durant les week-ends et les vacances d'été au bar d'une discothèque. Lors des pauses, il s'approche des enceintes pour mieux profiter de la musique, sa passion. Durant ses loisirs, il écoute encore de la musique dans sa chambre ou s'initie au mixage, toujours avec un volume sonore très élevé. Lorsqu'il se déplace, il écoute son MP3 au niveau sonore maximal. Yohann est de plus en plus souvent fatigué et énervé ; depuis quelque temps, il n'entend pas toujours très bien les cours.

Étudier la situation en mettant en œuvre la méthodologie de résolution de problèmes.

1 Identifier le problème posé C31 … / 1 pt

Yohann est fatigué, énervé et n'entend pas toujours très bien.

2 Identifier les éléments de la situation C32 … / 2,5 pts

Quoi : quelle est la nature du problème ?

Yohann a des problèmes de santé liés au bruit.

Qui : qui est la personne concernée ?

Yohann, élève de baccalauréat professionnel.

Où : en quel lieu le problème apparaît-il ?

Au lycée, où il n'entend plus très bien les cours.

Comment : quels comportements ont favorisé son apparition ?

Il écoute sans cesse de la musique à un niveau sonore élevé.

Pourquoi : quelle est la cause ?

C'est sa passion pour la musique.

3 Mettre en relation les éléments de la situation C32 … / 2,5 pts

1/ Souligner dans le texte de la situation, à l'aide de couleurs différentes, les deux familles de causes identifiées.

→ Cause liée aux contraintes professionnelles.
→ Causes liées au comportement.

2/ Indiquer l'effet sur Yohann à partir du classement effectué ci-dessus.

Yohann ressent les effets nocifs pour l'organisme d'une exposition constante au bruit.

4 Mobiliser des connaissances utiles C21 C23 … / 9 pts

1/ Donner une définition du son et du bruit.

Le son est une onde qui se déplace de proche en proche dans les fluides et qui est perçue par l'appareil auditif. Le son devient bruit lorsqu'il est perçu désagréablement.

2/ Expliquer le mécanisme de la perception du son.

L'onde sonore fait vibrer le tympan, les osselets, la fenêtre ovale puis les cellules ciliées de la cochlée. Celles-ci transmettent l'influx nerveux au cerveau qui décode le message.

3/ Indiquer les huit principales conséquences du bruit à différents niveaux.

Effets sur L'APPAREIL AUDITIF	Effets sur LES AUTRES ORGANES	Conséquences pour LA SOCIÉTÉ
• Acouphènes	• Système nerveux : perte du sommeil, stress, dépression…	• Accidents du travail
• Surdité de perception	• Appareil digestif (troubles digestifs)	• Agressions (= agressivité que peut provoquer le bruit)
• Surdité de transmission	• Troubles cardiaques et respiratoires	

5 Proposer des solutions C32 … / 4 pts

Proposer des conseils à Yohann pour préserver son audition.

- Profiter des pauses pour s'isoler dans une zone moins bruyante de la discothèque.
- Porter des bouchons d'oreilles permettant d'atténuer le niveau sonore.
- Écouter la musique avec un niveau sonore raisonnable (dans sa chambre, MP3 dans la rue).
- Faire un bilan de santé et un bilan auditif pour traiter rapidement le problème.

Sur son lieu de travail, Yohann trouve la brochure « dossier d'information communal sur les risques majeurs ».

Répondre aux questions C21 C24

1/ Indiquer le sigle qui désigne habituellement ce document ; justifier l'importance de ce dernier pour les citoyens. **… / 3 pts**

Ce document est le DICRIM. Il sert à informer les citoyens sur les risques majeurs qui menacent plus particulièrement leur commune et sur la conduite à tenir au cas où ils surviendraient.

2/ → Définir un risque majeur (utiliser les termes « aléa » et « enjeu »). **… / 4 pts**

On parle de risque majeur en cas d'événement gravissime et peu probable concernant un grand nombre de personnes. Il résulte de la confrontation d'un aléa (phénomène ou danger qui peut affecter notre environnement) et d'un enjeu (personnes, équipements, constructions susceptibles de subir les conséquences de l'événement).

→ Citer deux risques majeurs d'origine :

- naturelle : séisme, inondation, etc.
- technologique : catastrophe nucléaire, explosion, rupture de barrage, etc.

3/ Indiquer la conduite à tenir lorsque le signal d'alerte aux populations retentit. **… / 4 pts**

À faire	À ne pas faire
• Se confiner chez soi (ou en sortir : séisme, feu, inondation).	• Téléphoner (pour ne pas encombrer le réseau).
• Écouter les informations à la radio pour connaître la nature du problème.	• Sortir chercher les enfants à l'école.

Repérer les risques professionnels dans l'activité de travail

OBJECTIF

> Repérer les dangers potentiels présents dans la situation de travail.
> Proposer des solutions préventives pour supprimer la survenue d'un dommage.

Miguel, 43 ans, responsable d'une petite entreprise de menuiserie, doit rédiger le document unique. Obligatoire, ce document transcrit les résultats de l'évaluation des risques et liste les solutions à mettre en œuvre. Pour le réaliser, il faut utiliser l'approche par le risque, méthode d'analyse que Miguel ne maîtrise pas. Il doit, pour chaque risque professionnel, l'analyser en définissant les limites de la situation de travail, en repérant la situation dangereuse, en identifiant le danger potentiel, l'événement dangereux et le dommage possible ; évaluer les risques d'atteinte à la santé (faibles, moyens, élevés) ; proposer des mesures de prévention adaptées (intrinsèques, individuelles ou collectives, formation et information du personnel) si ce risque est élevé. L'élaboration du document unique, selon la méthode d'analyse des risques, permet de lancer une véritable démarche de prévention.

1 Identifier le problème posé

Utiliser l'approche par le risque pour élaborer le document unique.

2 Identifier les éléments de la situation

Qui : quelle est la personne concernée ?

Miguel, responsable d'une petite entreprise.

Quoi : que doit-elle rédiger ?

Le document unique obligatoire.

Où : en quel lieu se situe la problématique ?

Dans l'entreprise de Miguel.

Comment : quelle méthode la personne doit-elle utiliser ?

L'approche par le risque.

Pourquoi : quel est le but de cette action ?

Lancer une démarche de prévention.

3 Mettre en relation les éléments de la situation

Compléter le diagramme « causes-effet » à l'aide des éléments de la situation suivants :

individuelles / danger / intrinsèques / risque faible / risque moyen / dommage / limites de la situation de travail / collectives / situation dangereuse / risque élevé / formation - information du personnel / événement dangereux

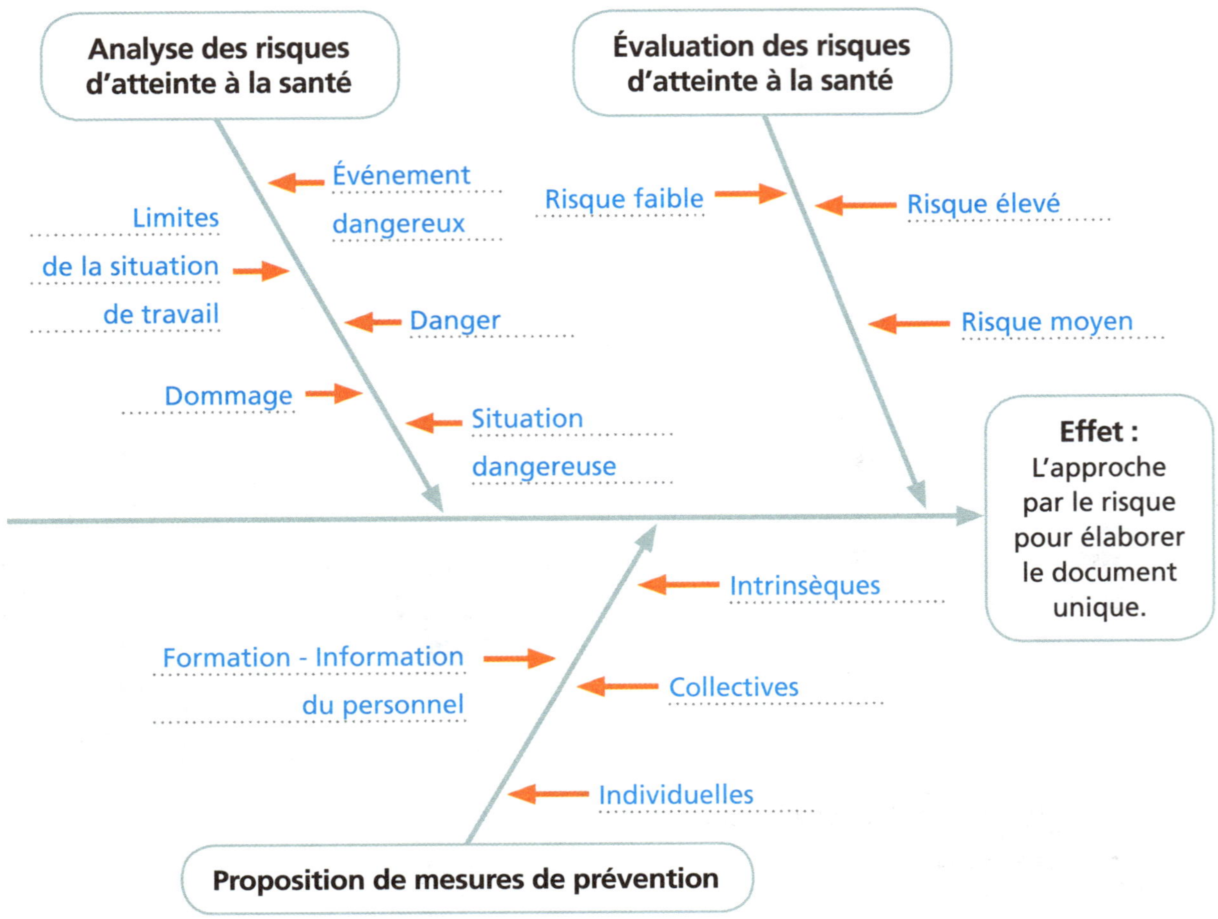

4 Mobiliser des connaissances utiles

Pour comprendre la situation et y apporter des solutions, en acquérant la méthode d'approche par le risque, je réalise les **Activités 1** à **4** de la séquence 17.

5 Proposer des solutions

1/ Proposer un exemple pour les activités professionnelles exercées dans l'entreprise de Miguel :

- de situation dangereuse : découper une planche avec une scie circulaire.
- de danger : la scie circulaire.
- d'événement dangereux : le contact avec la lame.
- de dommage : une coupure, une amputation.

2/ En fonction de la situation, proposer des mesures de prévention adaptées :

- intrinsèque : automatiser la découpe des planches.
- collective : mettre un carter de protection.
- individuelle : porter des gants adaptés.

MOBILISER DES CONNAISSANCES UTILES

L'évaluation des risques constitue le point de départ de la démarche de prévention. L'identification et l'analyse des risques permettent de définir les actions de prévention les plus appropriées. Évaluer les risques qui ne peuvent pas être évités est l'un des principes généraux de prévention présents dans le Code du travail. En effet, comment lutter efficacement contre les risques si on ne les connaît pas précisément ?

→ ACTIVITÉ 1 - Des exemples de risques professionnels C13 C23

1. Indiquer sous chaque photographie le risque professionnel représenté ; s'aider du **doc. 1**.

Risque électrique

Risque chimique

Risque lié à l'activité physique

2. Indiquer les trois risques professionnels auxquels vous êtes le plus exposé(e) dans votre secteur professionnel ; s'aider du **doc. 1**.

Risque ❶	Risque ❷	Risque ❸
Pas de corrigé type.	Pas de corrigé type.	Pas de corrigé type.

DOC. 1 Classification des risques professionnels (INRS)

Les risques professionnels sont des familles de dangers à l'origine des dommages (ou atteinte à la santé). On distingue les risques suivants :

1	Risques d'accident de plain-pied	10	Risques liés aux effondrements et aux chutes d'objet
2	Risques de chute de hauteur	11	Risques et nuisances liés au bruit
3	Risques liés aux circulations internes	12	Risques liés aux ambiances thermiques
4	Risque routier	13	Risques d'incendie, d'explosion
5	Risques liés à l'activité physique	14	Risques liés à l'électricité
6	Risques liés à la manutention mécanique	15	Risques liés à l'éclairage
7	Risques liés aux produits, aux émissions et aux déchets	16	Risques liés aux rayonnements
8	Risques liés aux agents biologiques	17	Risques psychosociaux
9	Risques liés aux équipements de travail	18	Autres risques

Attention aux confusions possibles avec le mot « risque » ! Il ne faut pas confondre les risques professionnels (familles de dangers) avec les risques d'atteinte à la santé (possibilité plus ou moins importante que le travailleur soit victime du danger).

© INRS.

→ ACTIVITÉ 2 - Risque professionnel et risque d'atteinte à la santé C13

• Préciser, pour chaque situation ci-dessous, si le risque désigne un risque professionnel ou un risque d'atteinte à la santé en cochant la bonne colonne du tableau. S'aider au besoin du **doc. 1** (p. 63).

Situations	Risque professionnel	Risque d'atteinte à la santé
A. Sébastien, boucher, manipule des couteaux qu'il laisse en permanence sur son plan de travail, s'exposant régulièrement à des risques de coupures.		✗
B. En boucherie, on utilise des couteaux et de nombreux robots tranchants ; le risque mécanique est présent dans tous les recoins de l'atelier.	✗	
C. L'atelier de menuiserie est particulièrement exposé au risque lié à la poussière de bois ; il est là dès que l'on scie, rabote ou ponce.	✗	
D. Lola, ébéniste, travaille sans masque et sans la ventilation dont elle ne supporte pas le bruit. Elle respire chaque jour de la poussière de bois et s'expose au risque de cancer de l'ethmoïde (os du visage) ou des sinus.		✗

→ ACTIVITÉ 3 - Les différentes mesures de prévention C13 C22

• Relever dans les descriptions ci-dessous les moyens de prévention utilisés puis préciser le nom du niveau mis en œuvre ; s'aider du **doc. 2** (p. 65).

	Moyen de prévention	Niveau de prévention
A. Véritable fléau dans l'industrie textile, le syndrome du canal carpien touche 30 % des ouvrières. En cause, la saisie des bobines de fil de plus de 3 kg à bout de doigts. Pour y faire face, deux mesures toutes simples : diminuer le poids des bobines (1 kg) et les équiper d'un dispositif qui en facilite la prise en main.	• Diminution du poids des bobines. • Dispositif de préhension.	• Niveau 1 Prévention intrinsèque par diminution du danger.
B. Une formation de sauveteur secouriste du travail vient de s'achever dans une entreprise du BTP. Son but : former le personnel à intervenir efficacement en cas d'accident et à participer à la prévention des risques professionnels.	• Formation SST.	• Niveau 3 Formation du personnel.
C. Le sol d'une cuisine collective a subi un traitement antidérapant pour limiter les risques de chute. Cela n'exclut pas l'obligation de porter des sabots de sécurité aux semelles adaptées.	• Sol antidérapant. • Chaussures de sécurité antidérapantes.	• Niveau 2 Protection collective. Protection individuelle.
D. Sur une chaîne de fabrication de boîtes de vitesse pour un constructeur automobile, opérateurs et chariots élévateurs circulent fréquemment. Pour éviter les risques de collision, ces derniers sont équipés d'avertisseurs lumineux et sonores.	• Avertisseurs lumineux et sonores.	• Niveau 3 Information du personnel.

DOC. 2 Principes de prévention

Les mesures de prévention sont classées en trois catégories :

Niveau 1 prévention intrinsèque (ou à la source)	Niveau 2 Protection collective et/ou individuelle	Niveau 3 Instructions/formations pour l'opérateur

Du plus efficace au moins efficace

Niveau 1

➤ **Supprimer le risque d'atteinte à la santé**

• En changeant le processus de fabrication ou le mode opératoire.
Exemple : automatiser un système.

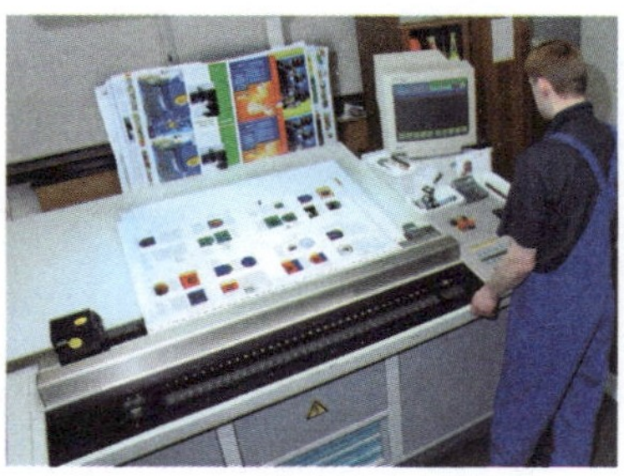

OU

➤ **Limiter le risque d'atteinte à la santé**

• En diminuant le danger.
Exemple : remplacer un produit dangereux par un autre qui l'est moins ou qui ne l'est pas.

• En diminuant la durée d'exposition de l'opérateur aux risques.
Exemples : organiser une rotation entre les opérateurs, diversifier les activités d'un opérateur.

Niveau 2

➤ **Collective**

• Moyens ou dispositifs appliqués à tout un local ou un atelier.
Exemples : hottes aspirantes, boutons d'arrêt d'urgence, encoffrement des machines, etc.

➤ **Individuelle**

• Mise à disposition de moyens de protection individuelle pour les opérateurs.
Exemples : chaussures de sécurité, bouchons d'oreille, casques, cotte de mailles, etc.

© INRS.

Niveau 3

➤ **Information du personnel**

- Fiches de poste
- Affiches informatives (INRS)
- Pictogrammes
- Voyants lumineux / sonores

© INRS.

➤ **Formation du personnel**

- au secourisme du travail
- à la prévention (habilitation électrique, prévention des risques liés à l'activité physique, habilitation au travail en hauteur)
- CACES
- …

SAUVETEUR SECOURISTE DU TRAVAIL

→ ACTIVITÉ 4 - La méthodologie de l'approche par le risque C33

La méthodologie de l'approche par le risque (ou analyse par le risque) est détaillée dans les **rabats nos 2** et **3** de l'ouvrage. Il est recommandé de s'y référer pour réaliser cette activité.

1. Repérer parmi les propositions soulignées s'il s'agit de danger, d'événement dangereux ou de dommage en cochant la bonne colonne du tableau. S'aider du **doc. 3**.

Exemples	Danger	Événement dangereux	Dommage
A. Pendant son travail, Julien est victime d'une brûlure thermique.			✗
B. Sur la plateforme logistique où elle travaille, Élisa manipule des charges lourdes.	✗		
C. Léa, employée dans un pressing, a, suite à un défaut de ventilation, inhalé des vapeurs toxiques.		✗	

2. Replacer les éléments surlignés de la situation dans le texte ci-après. S'aider du **doc. 3**.

Sébastien, employé boucher, désosse et découpe des pièces de viande pour la présenter à la vente au détail. Le samedi, jour de pointe, le magasin ne désemplit pas. À l'atelier de découpe et de fabrication, les cadences s'accélèrent.
Le maniement du couteau se fait moins précis ; s'il entre en contact avec la main de Sébastien, celui-ci risque une coupure ou pire le sectionnement d'un tendon.
La présence d'eau sur le sol rend la glissade presque inévitable. Sébastien se déplace avec précaution, ce n'est pas le moment de se faire une entorse !

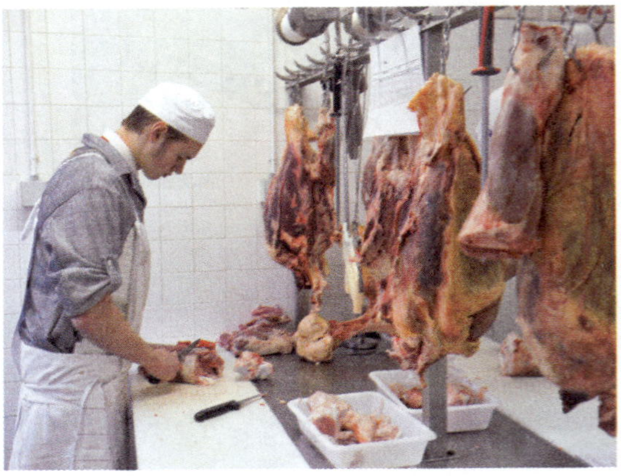

- Situation de travail dangereuse : Désosser et découper des pièces de viande.
- Dangers possibles : ❶ Couteau ❷ Eau sur le sol
- Opérateur : Sébastien
- Événements dangereux : ❶ Contact avec la main ❷ Glissade
- Dommages possibles : ❶ Coupure, sectionnement d'un tendon ❷ Entorse

DOC. 3 Définitions

- **Situation dangereuse** : toute situation dans laquelle l'opérateur est exposé à un ou plusieurs dangers. Exemples : travailler à proximité d'une pièce nue sous tension, manipuler des produits chimiques, travailler sous une charge en hauteur, etc.

- **Dommage** (ou risque d'atteinte à la santé) : se dit de la blessure physique ou atteinte à la santé. Exemples : brûlure, fracture, amputation, surdité, décès, etc.

- **Danger** : c'est la source potentielle de dommage. Exemples : outil coupant (fraise), charge en hauteur, atmosphère bruyante, etc.

- **Événement dangereux** : c'est un événement extérieur capable de provoquer un dommage. Sans sa survenue, il n'y a pas de situation d'accident. Exemples : contact de la pièce nue sous tension avec la peau, inhalation de vapeurs toxiques, exposition 8 heures par jour à un niveau sonore de 85 dB(A), etc.

3. Mettre en relation les éléments de la situation de travail de Sébastien en complétant le schéma de principe d'apparition du dommage (**PAD**) pour un seul danger.

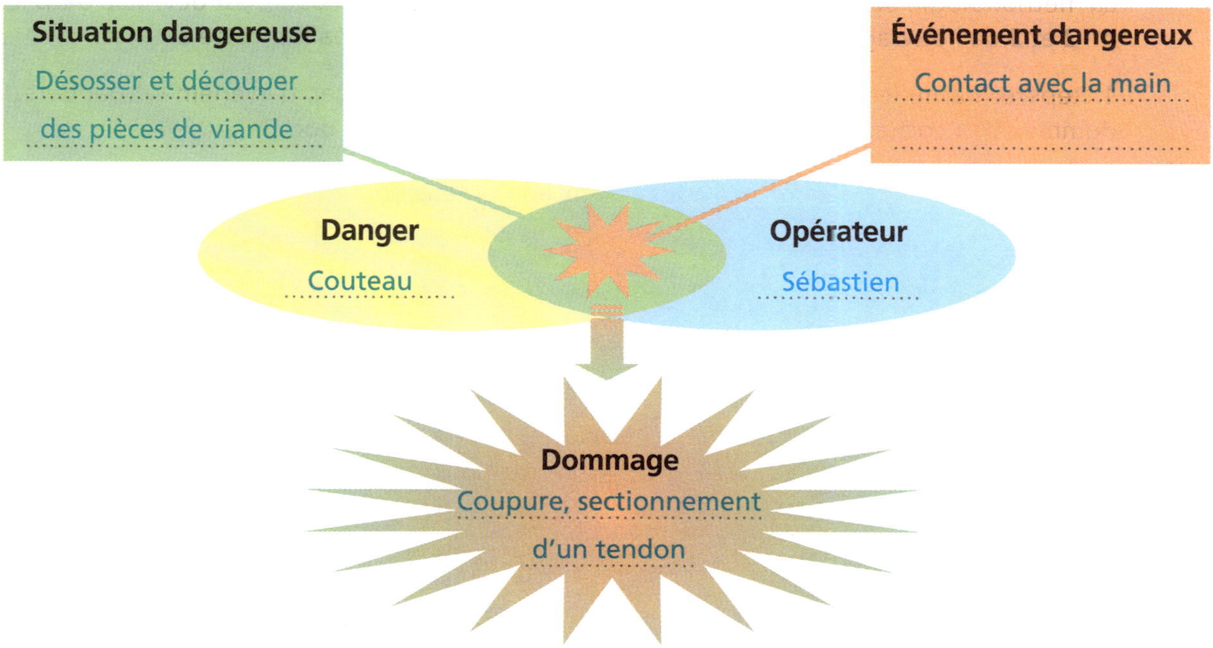

4. Évaluer les risques d'atteinte à la santé de Sébastien en cochant la case adéquate du graphique. S'aider des critères d'estimation du **rabat n° 3** de l'ouvrage.

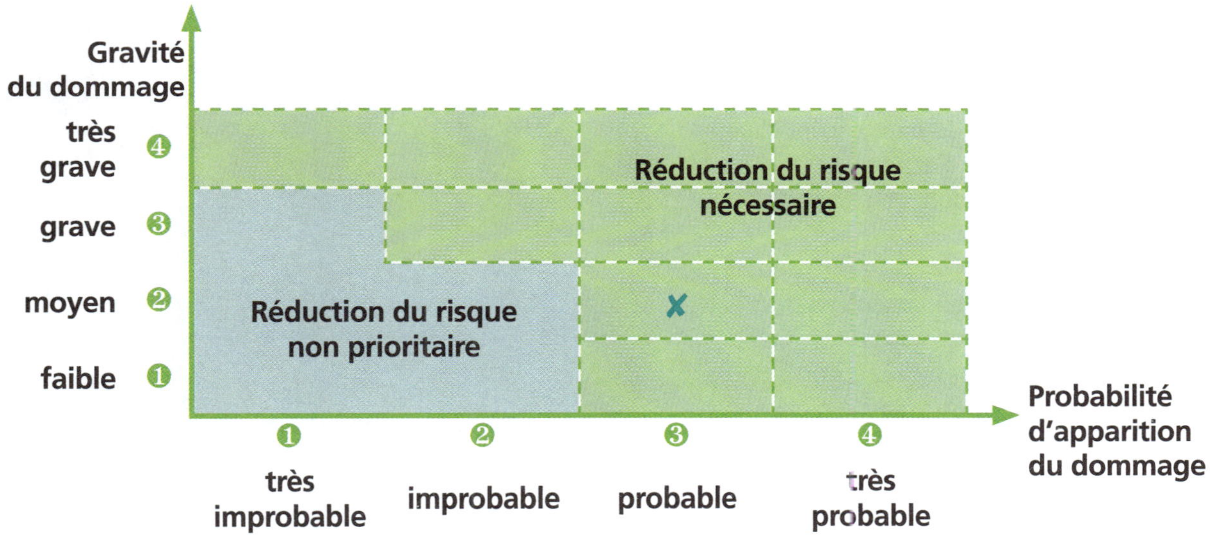

5. Interpréter la représentation schématique de l'évaluation des risques en complétant les phrases suivantes :

> Le dommage peut entraîner un accident avec arrêt de travail, il est estimé ...moyen... .

> L'exposition au danger est estimée fréquente et la probabilité d'apparition de l'événement dangereux est faible, la probabilité d'apparition du dommage est estimée ...probable... .

> La réduction du risque est ...nécessaire... .

6. Proposer des mesures de prévention. S'aider du **doc. 4** ainsi que de vos connaissances.

Niveau 1 Prévention intrinsèque (suppression du danger)	Niveau 2 Protection collective et/ou individuelle	Niveau 3 Instructions Formations
• Nettoyage régulier du sol et des plans de travail. • Préparation des pièces de viande en avance. • Rampes de distribution des pièces de viande.	• Sol antidérapant. • Couteaux en bon état. • Rangements pour les couteaux. • EPI adaptés (gants, cottes de mailles, chaussures anti-dérapantes).	• Affiches INRS. • Formation à l'affûtage et à l'affilage.

DOC. 4

Quelques mesures de prévention en boucherie

• **Une organisation du travail**

Pour éviter le coup de feu prévisible des heures de pointe, les artisans de la boucherie ont grand intérêt à anticiper la demande de la clientèle. Ainsi, ils n'en serviront que mieux leurs clients dont le temps d'attente sera considérablement réduit et la satisfaction augmentée.

• **Des locaux bien conçus**

De plus en plus, dans les grandes surfaces mais aussi chez les artisans, le laboratoire est vitré. La clientèle a vue directe sur les opérations de préparation. Les entreprises sont également soumises à des règles d'hygiène strictes et proposent des aménagements favorisant la sécurité du personnel. Citons, par exemple, des rangements pour les couteaux non utilisés (barre magnétique, armoire de stérilisation, tiroirs...), des sols antidérapants.

• **Des couteaux... qui coupent**

Faute de formation et de temps, les opérateurs de découpe peuvent mal entretenir leurs couteaux, qui perdent rapidement leur pouvoir de coupe. Les gestes deviennent plus nombreux, plus difficiles et la tâche prend plus de temps. Ceci peut favoriser les risques d'accidents. La formation des opérateurs à l'affûtage/affilage est donc primordiale.

Remarque : L'application de la démarche d'approche par le risque au secteur professionnel du diplôme préparé fait l'objet de la séquence 18.

Proposer maintenant des solutions pour Miguel (étape 5, p. 62).

Activités de synthèse

RÉCAPITULER

Compléter les textes à trous. Si besoin, se reporter à l'aide en bas de page.

Prévenir, pour quoi faire ?

- L'employeur est responsable de la santé et de la sécurité des salariés de son entreprise. Pour cela, il doit identifier les dangers liés à l'activité professionnelle, évaluer les risques d'atteinte à la santé, proposer et mettre en place des actions de prévention.
- Un décret du 5 novembre 2001 lui donne l'obligation de rédiger le document unique.

Une démarche identifiée : l'approche par les risques

- Analyser toute situation de travail permet d'en repérer les risques d'atteinte à la santé pour le travailleur. L'approche par les risques se décompose en trois étapes.

Étapes	Description
❶ Analyse des risques d'atteinte à la santé Objectif : mettre en évidence les dangers auxquels le salarié est exposé et les dommages potentiels.	Elle nécessite de délimiter la situation de travail en répondant aux questions : qui est l'opérateur ?, où ?, quoi ? Ensuite, il faut identifier les différents éléments de la situation de travail : la situation dangereuse, le danger, l'événement dangereux, le dommage.
❷ Évaluation des risques d'atteinte à la santé Objectif : évaluer les dommages en fonction de leur probabilité de survenue.	Elle combine la probabilité d'apparition du dommage et l'estimation de la gravité du dommage. Selon le résultat obtenu, la réduction du risque sera nécessaire ou non prioritaire.
❸ Propositions de mesures de prévention Objectif : proposer des mesures pour éviter ou limiter la survenue du dommage.	Elles sont faites selon un ordre chronologique défini : 1. prévention intrinsèque (ou à la source) : elle consiste à supprimer ou réduire le risque d'atteinte à la santé ; 2. protection collective et/ou individuelle : elle consiste à isoler le (les) opérateur(s) du risque d'atteinte à la santé ; 3. informations et formations de l'opérateur : elles consistent à sensibiliser les opérateurs aux situations dangereuses et à leur permettre de mieux maîtriser le risque.

AIDE : la situation de travail / évaluation des risques / sensibiliser / l'événement dangereux / des actions de prévention / collective / identifier les dangers / la gravité / salariés / le dommage / supprimer / individuelle / évaluer les risques / réduire / prévention / analyse des risques / document unique / d'atteinte à la santé / la situation dangereuse / trois / isoler / intrinsèque / apparition du dommage / nécessaire / informations / formations / le danger

RETENIR

L'approche par les risques : démarche et outils

Étape ❶ ANALYSE des risques d'atteinte à la santé
• Définition des limites de la situation de travail.
• Identification des dangers.

• Définition des limites de la situation de travail
– QUI est l'opérateur ? sexe, âge, etc.
– QUOI ? tâche professionnelle effectuée
– OÙ ? environnement professionnel
• Identification des éléments de la situation
– Danger
– Dommage
– Situation dangereuse
– Événement dangereux

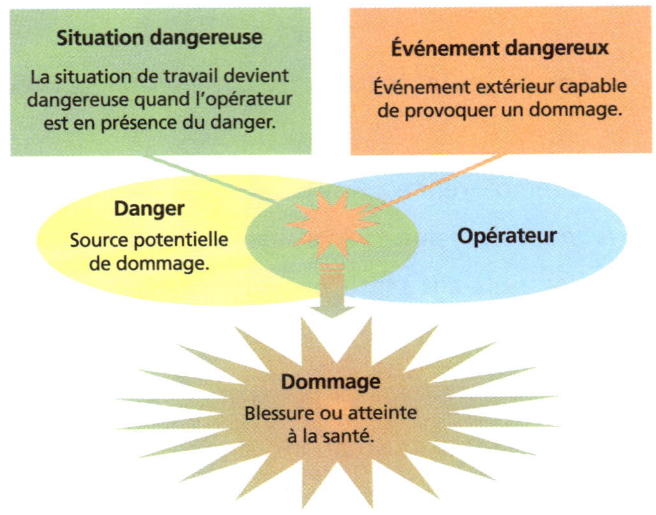

Étape ❷ ÉVALUATION des risques d'atteinte à la santé
• Estimation et évaluation des risques.

• Estimation de la gravité du dommage et de la probabilité d'apparition du dommage.
• Évaluation des risques pour déterminer la zone de réduction du risque nécessaire.

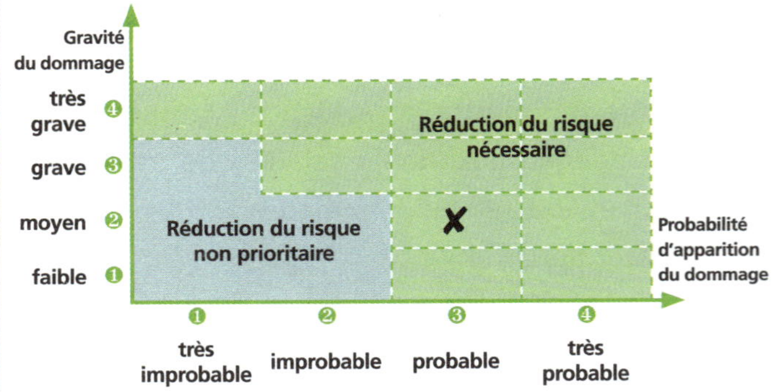

Étape ❸ PROPOSITIONS de mesures de prévention

• Conformément aux principes généraux de prévention (loi du 31/12/1991).
• Selon une hiérarchisation définie.

1. • Prévention intrinsèque
2. • Protection collective et individuelle
3. • Instructions/formations pour l'opérateur

Approfondir

• www.inrs.fr : brochures, articles, banque de données, vidéos courtes en téléchargement
• www.legifrance.gouv.fr : Code du travail
• Sites internet des CARSAT : guides et démarches locales appliquées à des métiers
• www.travailler-mieux.gouv.fr : site du ministère du Travail, « travailler mieux, la santé et la sécurité au travail »
• Vidéos INRS à la vente : DV 0375 « Situations de travail dans l'industrie », DV 0305 « Situations de travail dans le BTP - Construire la Prévention », DV 1575 « Santé et sécurité dans les métiers de la restauration »

séquence 18

Prévention des risques dans le secteur professionnel

Module 8

Appliquer l'approche par le risque à un risque spécifique du secteur professionnel

OBJECTIF

> Repérer les dangers potentiels présents dans la situation de travail.
> Proposer des solutions préventives pour éviter la survenue d'un dommage.

Coller ici la situation professionnelle correspondant à votre secteur, distribuée par l'enseignant.

1 Analyser les risques d'atteinte à la santé

• Définir les limites de la situation de travail

Qui est l'opérateur ? Réponse propre à la situation qui sera choisie.

Quelle est la tâche réalisée ? Réponse propre à la situation qui sera choisie.

Quel est le lieu ? Réponse propre à la situation qui sera choisie.

Il faut mobiliser des connaissances utiles pour comprendre la situation choisie et y apporter les solutions adaptées. À cette fin, je réalise les **Activités** (qui correspondent au risque professionnel identifié dans la situation) de la séquence 18.

• Identifier le danger et les dommages potentiels

Le danger : Réponse propre à la situation qui sera choisie.

La situation dangereuse : Réponse propre à la situation qui sera choisie.

L'événement dangereux : Réponse propre à la situation qui sera choisie.

Le dommage : Réponse propre à la situation qui sera choisie.

• Compléter le schéma du PAD en y reportant les informations identifiées à l'**étape** 1.

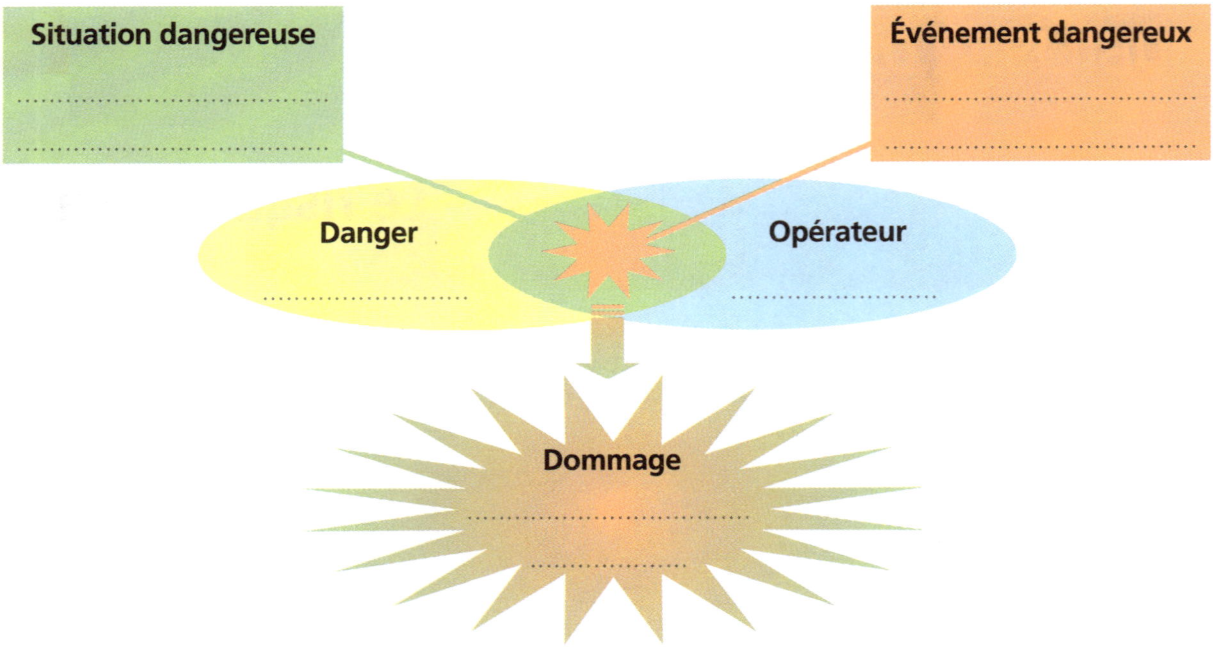

2 Évaluer les risques d'atteinte à la santé

• Indiquer à l'aide du schéma ci-dessous et en vous appuyant au besoin sur les échelles d'estimation du **rabat n° 3** de l'ouvrage :

– la gravité du dommage encouru : Pas de réponse type.

– la probabilité d'apparition du dommage : Pas de réponse type.

→ La réduction du risque est donc : Pas de réponse type.

• Cocher le schéma.

Représentation de l'évaluation du risque

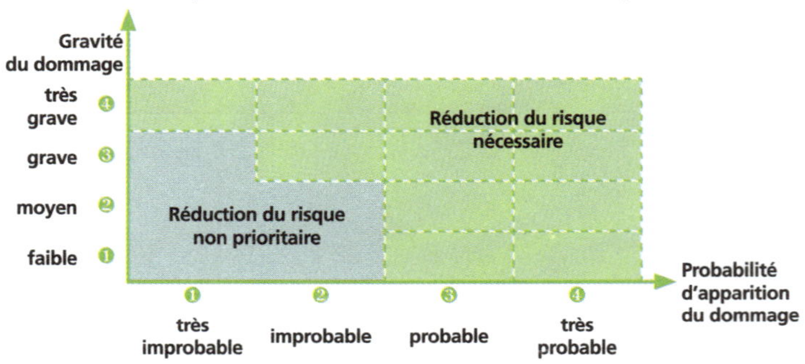

3 Proposer des mesures de prévention

Niveau 1 Prévention intrinsèque (suppression du danger)	Niveau 2 Prévention collective et/ou individuelle	Niveau 3 Instructions/Formations
Réponses propres à la situation qui sera choisie.	Réponses propres à la situation qui sera choisie.	Réponses propres à la situation qui sera choisie.

MOBILISER DES CONNAISSANCES UTILES

Le risque mécanique

Exemples de situations professionnelles exposant au risque mécanique

❶ Romain, titulaire d'un **Bac Pro boucher charcutier traiteur**, est employé dans l'atelier de découpe d'un abattoir. Il travaille toute la journée à l'aide d'outils tranchants.

❷ Samir, titulaire d'un **Bac Pro technicien menuisier agenceur**, est employé dans une entreprise de menuiserie. Il effectue des découpes à l'aide de machines à bois.

→ ACTIVITÉ 1 - Du danger à l'événement dangereux C13 C21 C23

1. Souligner dans le **doc. 1** :
> en rouge, le danger > en bleu, la situation dangereuse > en vert, l'événement dangereux

2. Indiquer pour votre secteur professionnel les sources de danger associées au risque mécanique.

La réponse à cette question étant bien spécifique à un secteur professionnel, un corrigé type ne peut être donné dans le cadre de cet ouvrage.

DOC. 1 Définition du risque mécanique

Ensemble de facteurs physiques qui peuvent être à l'origine d'une blessure par l'action mécanique d'éléments de machines, d'outils, de pièces ou de matériaux solides ou encore de fluides projetés.

Le risque mécanique est le risque lié à une défaillance humaine ou technique à l'occasion de l'utilisation d'une machine fixe ou mobile ou d'un équipement de travail.

© www.bossons-fute.fr

→ ACTIVITÉ 2 - Dommages dus au risque mécanique C21 C24

1. Compléter le schéma de la peau saine ci-dessous à l'aide de la liste de termes suivante :

hypoderme / vaisseaux sanguins / nerf / glande sudoripare / épiderme / glande sébacée / derme

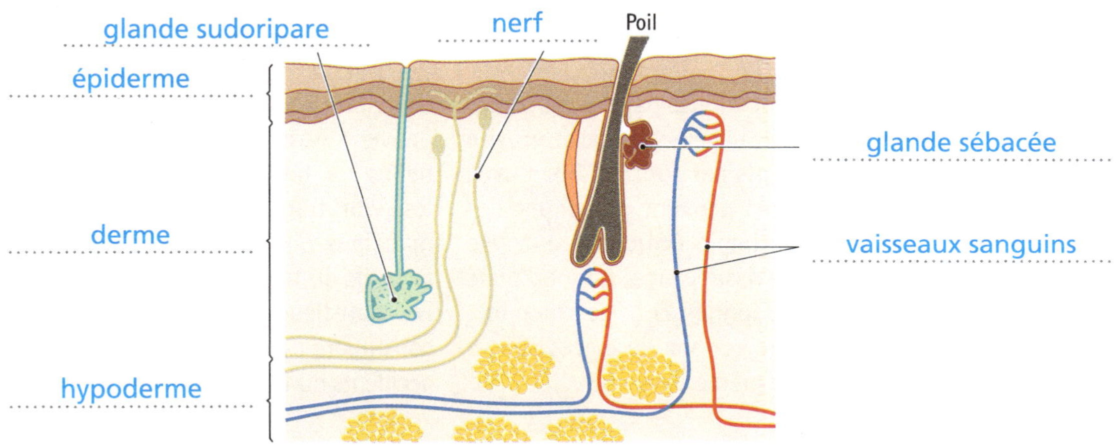

2. Indiquer, sous chaque schéma et chaque texte ci-dessous, la nature du dommage présenté en replaçant les termes surlignés dans le **doc. 2**.

Les dommages résultant du risque mécanique

❶

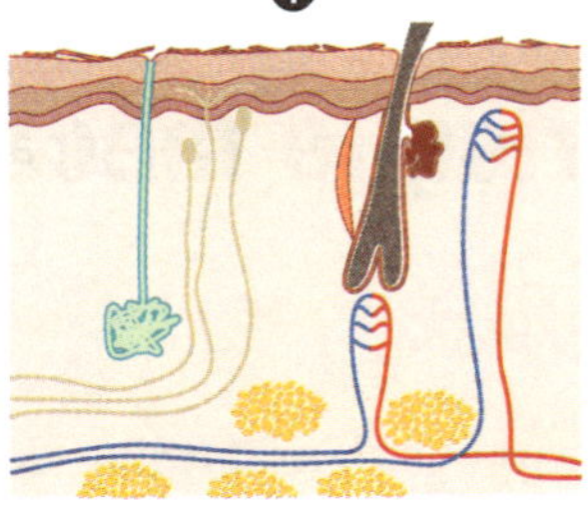

Écorchure

❷

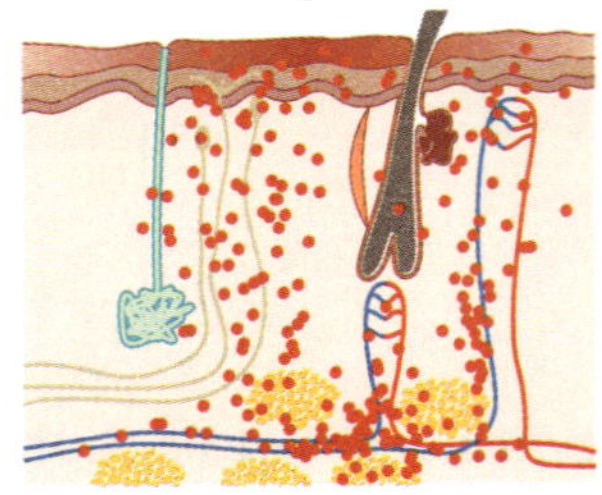

Contusion

❸

Aplatissement des tissus sous l'action d'un choc, d'une compression importante (engrenages, crémaillères, laminoirs...).

Écrasement

❹

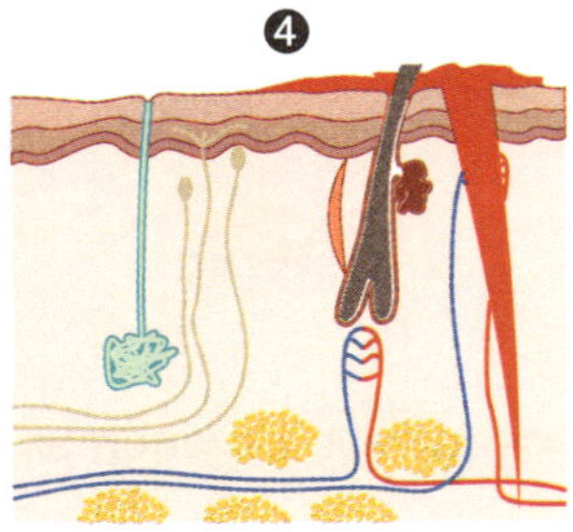

Coupure

❺

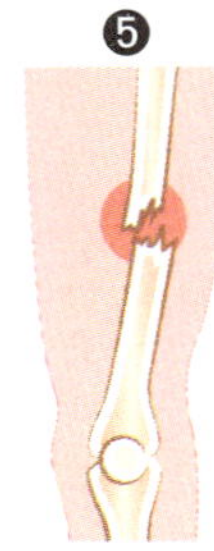

Fracture

❻

Amputation ou arrachement d'un doigt, d'un membre (hachoir, scie à ruban, cisaille...).

Sectionnement

3. Indiquer et justifier, à l'aide du **doc. 2**, des schémas ci-dessus et de vos connaissances, trois éléments qui contribuent à la gravité d'une plaie.

> Sa profondeur : plus elle est profonde, plus les nerfs et les vaisseaux sanguins sont atteints.

> Son étendue : c'est une porte d'entrée d'autant plus importante pour les micro-organismes.

> Sa localisation : articulations, yeux, proximité d'orifices naturels.

4. Justifier, à partir de vos connaissances, la nécessité de la présence de sauveteurs secouristes du travail (**SST**) dans les entreprises exposées au risque mécanique.

Ils sont les premiers maillons de la chaîne de secours ; de la rapidité de leur réaction dépend l'efficacité des secours. Ils peuvent souvent être conduits à faire des soins de plaies simples.

5. Indiquer, pour votre secteur professionnel, les dommages auxquels vous êtes plus particulièrement exposé(e).

La réponse à cette question étant bien spécifique à un secteur professionnel, un corrigé type ne peut être donné dans le cadre de cet ouvrage.

DOC. 2 Dommages résultant du risque mécanique

Les accidents du travail provoqués par des machines ou des équipements de travail peuvent être de gravité variable. Ainsi, les accidents par contact direct avec un organe en mouvement peuvent provoquer des dommages allant de la simple écorchure ou plaie bénigne à des lésions gravissimes (coupure ou plaie profonde, fracture, sectionnement de membre, écrasement, etc.). Des projections de pièces sont à l'origine de contusion ou même de brûlure.

Les vibrations provoquées par certaines machines peuvent être à l'origine de maladies professionnelles : « tableau 69 : affections provoquées par les vibrations et chocs transmis par certaines machines-outils, outils et objets et par les chocs itératifs du talon de la main sur les éléments fixes ». Les statistiques montrent que les plaies et coupures constituent par leur nombre le 3e type de lésion pour les accidents du travail ayant entraîné un arrêt de travail.

ACTIVITÉ 3 - Du risque mécanique au risque infectieux C12 C23

1. > Citer, à partir du **doc. 3**, les trois rôles de la peau dans la défense contre les micro-organismes.

→ barrière mécanique → barrière chimique → barrière biologique

> Souligner, en utilisant trois couleurs différentes, les éléments qui agissent pour chaque rôle.

2. Expliquer, à l'aide du **doc. 3**, pourquoi le risque mécanique ne peut pas être séparé du risque infectieux.

Le risque mécanique génère des lésions plus ou moins importantes au niveau de la peau ; ce sont des portes d'entrée pour les micro-organismes qui vont générer une infection.

3. Expliquer, à l'aide des **doc. 3** et **4**, pourquoi la moindre lésion doit être traitée par application d'un antiseptique.

Toute lésion est une porte d'entrée pour des micro-organismes et peut occasionner une infection. Le bacille tétanique, responsable du tétanos, maladie mortelle, peut notamment pénétrer.

DOC. 3 La peau : une barrière mécanique, chimique et biologique

La peau et les muqueuses* jouent un triple rôle dans la défense contre les micro-organismes en limitant leur pénétration dans le corps.
La couche cornée, qui constitue la surface de la peau, a un rôle de barrière mécanique. Le rôle de barrière chimique est assuré par le sébum qui imperméabilise la peau, rendant difficile la pénétration des micro-organismes et par la transpiration dont le pH leur est défavorable. Les flores résidentes sont des micro-organismes non pathogènes qui colonisent peau et muqueuses. Elles jouent le rôle de barrière biologique en s'opposant à la pénétration de micro-organismes étrangers.
Toutefois, ces barrières ont leurs limites ; une lésion de la peau constitue une porte d'entrée pour les micro-organismes. C'est pourquoi le risque mécanique ne peut pas être dissocié du risque infectieux.

* Muqueuse : tissu qui tapisse un organe communiquant avec l'extérieur et qui généralement sécrète du mucus.

DOC. 4 Le tétanos

- Le responsable du tétanos est une bactérie que l'on trouve dans la terre et, de ce fait, sur tout support ayant été à son contact (végétaux, épines de végétaux, métal rouillé ❶...).

- Sous forme de spores ❷, le bacille tétanique est particulièrement résistant. Une plaie, même bénigne, peut être une porte d'entrée pour ces spores. Celles-ci germent ; les bactéries formées se multiplient et sécrètent des toxines qui attaquent le système nerveux.

- Après une période d'incubation de durée variable apparaissent une certaine rigidité musculaire, des contractions des muscles de la mâchoire puis de nombreux muscles, occasionnant des crampes violentes et douloureuses qui peuvent être à l'origine de fractures. La maladie peut être mortelle lorsque les muscles respiratoires sont atteints.

❶

❷
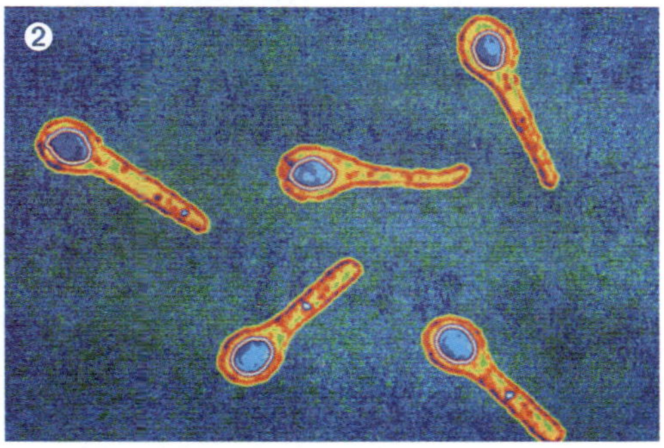

→ ACTIVITÉ 4 - Les défenses de l'organisme contre les micro-organismes C12 C13

1. Entourer dans le **doc. 5** les deux lignes de défense qui entrent en action lorsque les micro-organismes ont franchi la peau et/ou les muqueuses.

2. > Citer, à l'aide du **doc. 5**, les quatre signes de la réaction inflammatoire.

→ gonflement → rougeur → chaleur → douleur

> Expliquer pourquoi la réaction inflammatoire est bénéfique pour l'organisme.

Elle résulte de la dilatation des capillaires qui apportent des polynucléaires en grande quantité pour réaliser la phagocytose des micro-organismes ayant pénétré dans la plaie.

3. Expliquer pourquoi la peau et les muqueuses font partie des défenses non spécifiques.

Elles agissent sur tous les micro-organismes.

DOC. 5 Les trois lignes de défense de l'organisme

L'immunité est un dispositif complexe qui fait intervenir divers leucocytes (globules blancs) et divers organes. Les micro-organismes qui pénètrent dans l'organisme se heurtent à trois lignes de défense qui rentrent successivement en action en cas d'échec de la précédente.

❶ 1re ligne de défense : la peau et les muqueuses

Si franchie

❷ 2e ligne de défense : la phagocytose

Lorsque la peau et les muqueuses sont franchies, il y a dilatation des capillaires pour apporter des polynucléaires (globules blancs) qui vont réaliser la **phagocytose** (destruction des micro-organismes par ingestion).
Cette dilatation génère localement gonflement, rougeur, chaleur et douleur ; c'est la **réaction inflammatoire**.

Réaction inflammatoire

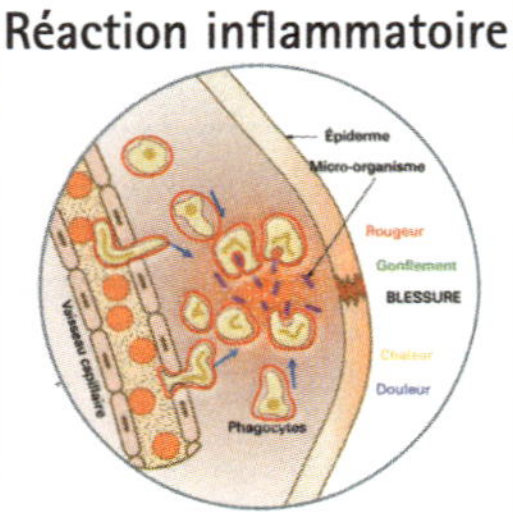

Détails de la phagocytose

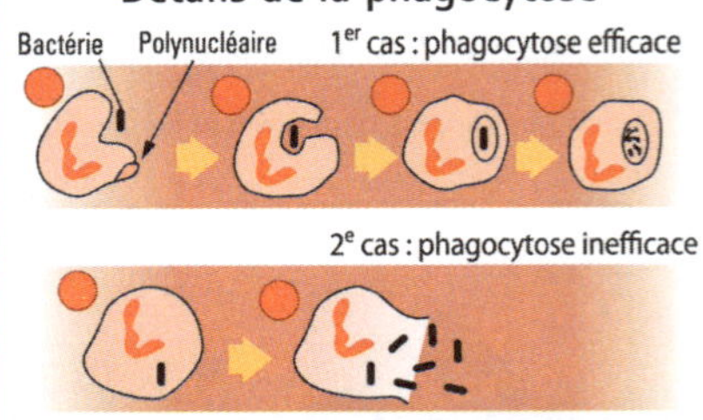

Peau, muqueuses et phagocytose sont des défenses non spécifiques qui agissent sur tous les micro-organismes.

Si franchie

❸ 3e ligne de défense : les anticorps

1er temps

❶ Les bactéries sont reconnues par les lymphocytes B qui se multiplient et se transforment en plasmocytes.

❷ Les plasmocytes libèrent les anticorps spécifiques.

❸ Les anticorps neutralisent et détruisent les bactéries.

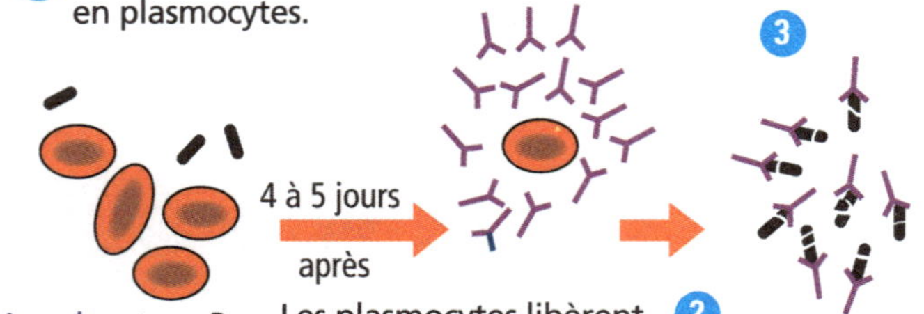

2e temps

Certains lymphocytes gardent la mémoire de la bactérie et au contact suivant, sa neutralisation et sa destruction sont immédiates.

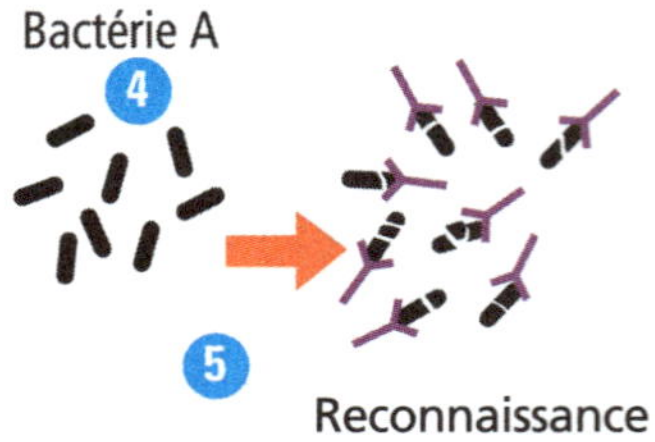

Les anticorps sont des défenses spécifiques qui n'agissent que sur un micro-organisme donné.

ACTIVITÉ 5 - Des moyens pour aider le système immunitaire C22 C23

1. Compléter, à l'aide du **doc. 6,** le tableau comparatif des vaccins et sérums qui sont les principaux auxiliaires (aides) du système immunitaire.

	VACCIN	SÉRUM
Rôle	Préventif (évite la maladie)	Curatif (soigne la maladie)
Composition	Antigènes (micro-organismes morts ou affaiblis)	Anticorps (ici : anti-tétanos)
Mode d'action	À leur contact, l'organisme fabrique des anticorps spécifiques et forme sa mémoire immunitaire.	Ils neutralisent les micro-organismes et les toxines responsables de la maladie.
Caractère de l'immunité (protection) assurée *Cocher*	☒ spécifique ❑ non spécifique	☒ spécifique ❑ non spécifique
	☒ active (l'organisme fabrique ses anticorps). ❑ passive (l'organisme reçoit des anticorps déjà prêts).	❑ active (l'organisme fabrique ses anticorps). ☒ passive (l'organisme reçoit des anticorps déjà prêts).
	☒ retardée (les anticorps sont fabriqués au bout de 4 à 5 jours). ❑ immédiate (les anticorps agissent dès l'injection).	❑ retardée (les anticorps sont fabriqués au bout de 4 à 5 jours). ☒ immédiate (les anticorps agissent dès l'injection).
	❑ passagère (les anticorps étrangers à l'organisme sont éliminés au bout d'un mois). ☒ durable (plusieurs années).	☒ passagère (les anticorps étrangers à l'organisme sont éliminés au bout d'un mois). ❑ durable (plusieurs années).

2. Justifier pourquoi le vaccin contre le tétanos est fortement recommandé pour le personnel exposé au risque mécanique.

Le personnel exposé au risque mécanique est souvent victime de petites plaies ou lésions qui sont autant de portes d'entrée pour le tétanos ; il est donc indispensable d'être protégé.

DOC. 6 Moyens pour éviter le tétanos

René, 58 ans, ouvrier dans le bâtiment, a marché sur un clou rouillé dans un chantier. Son médecin, consulté 3 jours après l'accident, le sermonne : « Monsieur X, ce n'est pas sérieux, votre dernier vaccin anti-tétanos remonte à plus de 30 ans, il ne joue plus son rôle préventif. Pour soigner le tétanos qui va probablement se déclarer car votre pied a dû être infesté par la bactérie, je vais vous injecter un sérum ; celui-ci a un rôle curatif, il est constitué d'anticorps anti-tétanos qui vont immédiatement neutraliser le micro-organisme et ses toxines ; l'organisme l'éliminera au bout d'un mois. Dès lors, je vous vaccinerai. Oui je sais, cela fait 2 piqûres et vous n'aimez pas cela ! Mais un vaccin ce n'est pas la même chose : il est constitué d'antigènes (micro-organismes morts ou affaiblis). À leur contact, l'organisme fabrique au bout de 4 à 5 jours des anticorps spécifiques (actifs contre le tétanos) et forme sa mémoire immunitaire ; ainsi vous êtes protégé pour de longues années. »

© Studio La vache qui meuh.

→ ACTIVITÉ 6 - Mesures de prévention adaptées au secteur professionnel C44

• Indiquer et justifier pour votre secteur professionnel des mesures de prévention contre le risque mécanique. S'aider de vos connaissances, du **doc. 7** et/ou du site www.bossons-fute.fr (fiche de risque « risque mécanique » et/ou fiche de métier concernant votre secteur professionnel).

		Mesures préventives
NIVEAU 1 Prévention intrinsèque		Le corrigé, spécifique à un secteur professionnel, ne peut être donné dans le cadre de cet ouvrage. Quelques pistes sont toutefois indiquées. • Remplacement par des machines ou des outils moins dangereux.
NIVEAU 2 Protection	Collective	• Protecteurs sur les machines. • Dispositifs de détection des personnes. • Arrêt d'urgence.
	Individuelle	• Tenue de travail avec chaussures de sécurité, gants, casque, lunettes et tout EPI adapté à la situation.
NIVEAU 3 Instructions (formation – information)		• Stages de formation. • Fiches de postes. • Affiches INRS.

DOC. 7 Quelques moyens de prévention

Protecteurs sur les machines et dispositifs de détection des personnes.

Bouton « Arrêt d'urgence ».

Affichage INRS.

PAD pour conclure

• **Danger :** énergie cinétique des machines, outils, etc.
• **Situation dangereuse :** travailler avec ou sur une machine, travailler avec un outil, etc.
• **Événement dangereux :** défaillance humaine ou technique lors de l'utilisation d'une machine ou d'un outil.
• **Dommage :** coupure, contusion, fracture, écrasement, amputation, etc.

Le risque électrique

Exemples de situations professionnelles exposant au risque électrique

❶ **Hannane**, titulaire d'un **Bac Pro esthétique cosmétique parfumerie,** est employée dans un institut de beauté. Des câbles électriques d'appareils anciens et encore utilisés sont dénudés.

❷ **Florian**, titulaire d'un **Bac Pro technicien du bâtiment,** constate que des fils électriques ont été endommagés par les fortes chaleurs et sont en contact avec le corps de la bétonnière.

ACTIVITÉ 1 - Le danger C13

• Souligner dans les **doc. 1** et **2** les raisons pour lesquelles l'électricité constitue un danger important.

DOC. 1 Triangles de sévérité (2011)

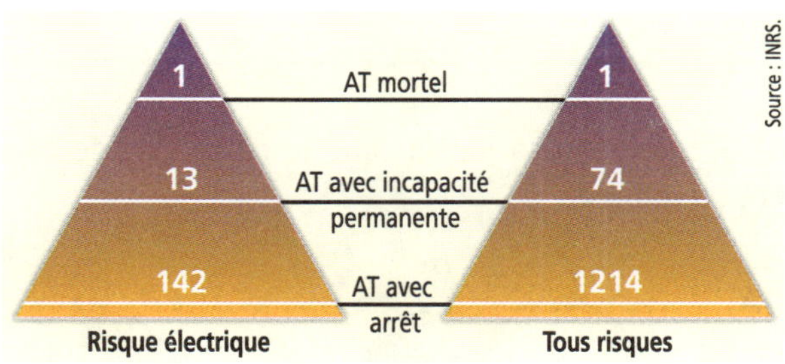

Les triangles de sévérité mettent en lumière la particulière gravité du risque électrique.
En 2011, 1 AT mortel pour 142 AT avec arrêt concerne le risque électrique ; c'est 8,8 fois plus important que tous les risques confondus.

DOC. 2 Accidents

• **Électrisations et électrocutions**

Lors d'un accident d'origine électrique, il arrive qu'une personne soit électrisée, c'est-à-dire que le courant électrique lui traverse le corps. En milieu de travail, de tels accidents du travail sont rares mais souvent graves : chaque année, une dizaine de travailleurs meurent électrocutés.

• **Incendies d'origine électrique**

Un incendie sur cinq serait d'origine électrique. Pour que survienne un incendie d'origine électrique, il faut qu'il y ait simultanément une source de chaleur ou une étincelle, un comburant (l'oxygène de l'air) et un combustible.

ACTIVITÉ 2 - Les situations dangereuses C13 C22

• Entourer dans le **doc. 3** le nombre d'AT d'origine électrique pour votre secteur professionnel, puis indiquer pour celui-ci des situations dangereuses liées à l'électricité.

DOC. 3 AT d'origine électrique par secteurs d'activité (2012)

→ ACTIVITÉ 3 - Les événements dangereux C22 C23 C24

1. Préciser, pour chaque situation ci-dessous, s'il s'agit d'un contact direct ou indirect, en cochant la case correspondante du tableau. S'aider du **doc. 4**.

Situations	Contact direct	Contact indirect
A. Un ouvrier pousse un échafaudage métallique qui entre en contact avec une ligne électrique.		✗
B. Le four d'une cuisine professionnelle n'est pas relié à la terre. Suite à une élévation en température anormale du four, un fil (phase) entre en contact avec sa masse métallique. Le cuisinier touche le four.		✗
C. À force de tirer sur le câble d'un aspirateur industriel, le câble s'est dénudé au ras de la prise. Un agent de propreté branche l'aspirateur.	✗	

DOC. 4 Contact direct ou indirect

L'électricité ne peut circuler qu'en circuit fermé. Il y a électrisation lorsque le corps sert de conducteur. L'électrisation peut se produire par contact direct ou indirect.

On distingue deux sources de risques d'accident :

- **Risque d'électrisation par contact direct (A)** : contact d'une personne avec une partie active du circuit électrique.
- **Risque d'électrisation par contact indirect (B)** : contact d'une personne avec une masse (métallique) mise accidentellement sous tension à la suite d'un défaut d'isolement d'un fil électrique.

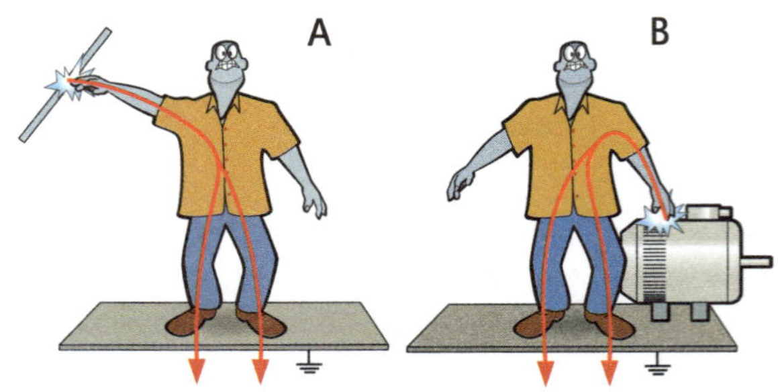

© Marque Jaune/Livret Éditions Mémoforma « Préparation à l'habilitation électrique ».

2. Indiquer, pour votre secteur professionnel, des circonstances pouvant vous exposer à l'électricité :

> par contact direct : La réponse à cette question étant bien spécifique à un secteur professionnel, un corrigé type ne peut être donné dans le cadre de cet ouvrage.

> par contact indirect : La réponse à cette question étant bien spécifique à un secteur professionnel, un corrigé type ne peut être donné dans le cadre de cet ouvrage.

3. > L'état de la peau (sèche, humide ou mouillée) influe sur le danger électrique. Calculer l'intensité qui traverse le corps en appliquant la loi d'Ohm (U = RI donc I = U/R).

Tension (U)	25 volts	220 volts
Peau sèche	Résistance (R) de la peau : 5 500 Ohms Intensité (I) qui traverse le corps : I = U/R = 25/5 500 = 0,0045 A = 4,5 mA	Résistance de la peau : 2 300 Ohms Intensité qui traverse le corps : I = 220/ 2 300 = 0,095 A = 95 mA
Peau humide	Résistance de la peau : 3 000 Ohms Intensité qui traverse le corps : I = 25/ 3 000 = 0,008 A = 8 mA	Résistance de la peau : 1 800 Ohms Intensité qui traverse le corps : I = 220/ 1 800 = 0,122 A = 122 mA

> Conclure après avoir comparé l'intensité, selon que la peau est sèche ou humide.

L'intensité du courant est, selon la tension, 1,5 à 2 fois plus importante lorsque la peau est humide. On peut en déduire que les dommages provoqués sont beaucoup plus graves dans ce cas, d'où les précautions particulières à prendre dans les locaux exposés à l'humidité.

ACTIVITÉ 4 - Les dommages dus au courant électrique C12 C13 C24

1. Dans les **doc. 5** et **6** :
> souligner d'un trait la définition de l'électrisation, de deux traits celle de l'électrocution ;
> entourer les éléments qui conditionnent le niveau de gravité de l'électrisation.

2. Indiquer, pour les schémas du **doc. 5**, dans quel cas les conséquences de l'électrisation sont les plus graves pour la victime ; justifier la réponse donnée.

Il s'agit du cas B ; le courant pénètre par le bras et descend par la jambe ; il traverse donc des organes vitaux (cœur, muscles respiratoires) et les dommages seront d'autant plus importants.

Après lecture du **doc. 6** :

3. Indiquer l'action du courant électrique sur :

> les muscles : tétanisation
> les tissus : brûlures
> l'appareil respiratoire: paralysie des muscles respiratoires
> le cœur : fibrillation

4. Justifier l'utilité d'un défibrillateur dans les ateliers particulièrement exposés au risque électrique.

L'électrisation pouvant provoquer la fibrillation cardiaque, un défibrillateur est utile pour relancer l'activité du cœur.

DOC. 5 L'électrisation

C'est le passage du courant électrique à travers le corps.

Elle a des effets plus ou moins graves pour l'organisme selon : l'intensité du courant ; le temps de passage dans le corps ; le trajet dans le corps humain (le passage par le cœur ou les muscles respiratoires crée plus de dommages qu'au travers des muscles moteurs) ; l'état de la peau (sèche ou mouillée) et la surface de la zone en contact ; la nature du sol (isolant ou conducteur).

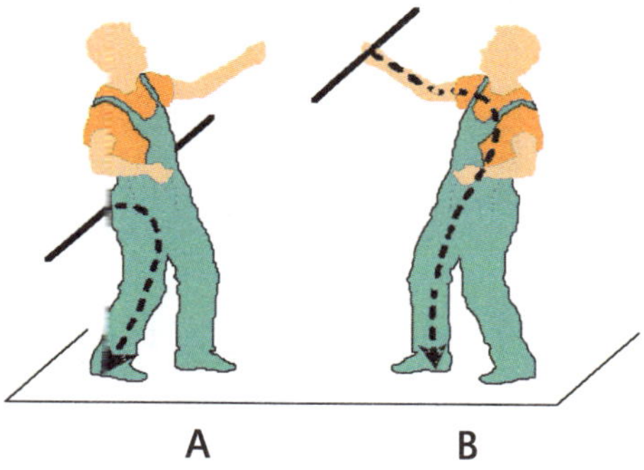

DOC. 6 Effets physiques et physiologiques de l'électrisation

L'électrisation peut provoquer les effets suivants (du moins grave au plus dangereux) :

❶ Picotements sans aucun danger.

❷ Choc au toucher sans effet dangereux.

❸ Brûlures (la production de chaleur par effet Joule provoque des brûlures externes au niveau du contact et de très graves brûlures internes au niveau des tissus situés sur le trajet du courant), tétanisation (contraction des muscles).

❹ Fibrillation cardiaque (contractions désordonnées et inefficaces du cœur ; même effet qu'un arrêt du cœur), paralysie des muscles qui assurent la respiration, arrêt du cœur, électrocution (mort de la victime par électrisation).

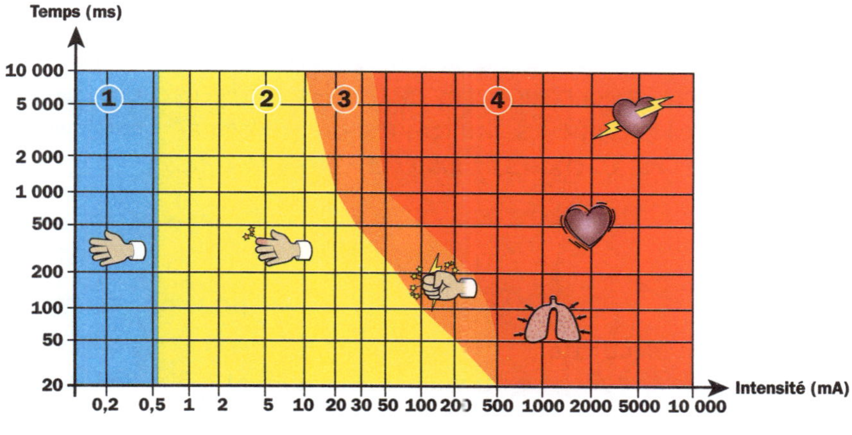

© Marque Jaune (*ibid.* p. 80).

ACTIVITÉ 5 - Mesures de prévention adaptées au secteur professionnel C44

• Indiquer et justifier pour votre secteur professionnel des mesures de prévention contre le risque électrique. S'aider de vos connaissances, du **doc. 7** et/ou du site www.bossons-fute.fr (fiche de risque « risque électrique » et/ou fiche de métier concernant votre secteur professionnel).

		Mesures préventives
NIVEAU 1 Prévention intrinsèque		Le corrigé, spécifique à un secteur professionnel, ne peut être donné dans le cadre de cet ouvrage. Quelques pistes sont toutefois indiquées. • Mise à la terre, disjoncteur différentiel, liaison équipotentielle, etc.
NIVEAU 2 Protection	Collective	• Réalisation des travaux hors tension lorsque c'est possible. • Respect des normes techniques réglementaires. • Respect des modalités et de la périodicité des vérifications. • Limitation de l'accès aux armoires électriques qui doivent rester fermées à clef.
	Individuelle	• Habilitation électrique correspondant au poste occupé. • Tenue de travail de sécurité adaptée (combinaison en coton ignifugé, casque isolant et antichoc, gants/protège-bras isolants, chaussures/bottes isolantes de sécurité, écran facial anti-UV pour se protéger des arcs électriques...).
NIVEAU 3 Instructions (formation – information)		• Stages de formation. • Fiches de postes. • Affiches INRS.

DOC. 7

Prévention : recommandations, normes et réglementation

• Pour éviter des accidents, il faut non seulement être formé au risque mais aussi organiser son travail, privilégier la mise hors tension des installations et interposer des obstacles là où l'éloignement est insuffisant. Pour les opérations sur ouvrages électriques, la meilleure prévention consiste à travailler hors tension. Lorsque les travaux ne peuvent être réalisés que sous tension, les intervenants doivent avoir suivi une formation relative aux risques électriques, posséder des EPI et l'outillage adapté ainsi qu'une habilitation en adéquation avec les opérations à effectuer.

© INRS – Revue « Travail et Sécurité » n° 663.

• Les parties sous tension des installations sont isolées par des boîtiers, des armoires, etc. La mise à la terre des masses avec coupure automatique de l'alimentation permet de se protéger des contacts indirects. Disjoncteur, relais et fusibles protègent les circuits contre les surintensités. La réglementation définit les classes de matériel électrique et les degrés de protection. Quatre décrets parus en 2010 précisent la prévention des risques électriques dans le Code du travail. Ils distinguent notamment les obligations des maîtres d'ouvrage pour la conception des installations électriques et celles des employeurs pour leur utilisation.

PAD pour conclure

- **Danger :** électricité.
- **Situation dangereuse :** travailler avec du matériel électrique, sur des installations électriques, etc.
- **Événement dangereux :** contact avec l'énergie électrique.
- **Dommage :** électrisation, électrocution.

Le risque biologique

Exemples de situations professionnelles exposant au risque biologique

❶ Antoine, élève en **Bac Pro assistant en soins et services à la personne**, effectue une PFMP en maison de retraite. Il doit changer la couche souillée et effectuer la toilette au lit d'un résident.

❷ Pauline, élève en **Bac Pro hygiène propreté stérilisation**, effectue une PFMP au service de stérilisation centrale d'un hôpital. Elle réceptionne et trie les instruments décontaminés provenant du bloc opératoire afin de préparer les opérations de stérilisation.

ACTIVITÉ 1 - Le danger C12 C21

Après lecture du **doc. 1** :

1. Indiquer la nature des agents biologiques majoritaires et préciser s'ils sont dangereux.

Ce sont des micro-organismes que l'on trouve partout.

Ils ne sont pas tous pathogènes.

2. Relever, lorsqu'il s'agit de « santé au travail », les catégories des agents biologiques.

Les agents biologiques sont alors des micro-organismes, des prions, des parasites ou des cultures cellulaires pouvant provoquer infection, allergie ou intoxication.

3. Indiquer, pour votre secteur professionnel, à quel(s) agent(s) biologique(s) vous êtes particulièrement exposé(e). S'aider de vos connaissances et/ou de la fiche métier qui vous correspond, téléchargée sur www.bossons-fute.fr

La réponse à cette question étant bien spécifique à un secteur professionnel, un corrigé type ne peut être donné dans le cadre de cet ouvrage.

DOC. 1 Agents biologiques

• Ce sont pour la plupart d'entre eux des êtres vivants microscopiques qui ont besoin de nourriture et de certaines conditions environnementales (eau, chaleur...) pour se reproduire. Indispensables à la vie, ils sont présents chez les êtres vivants (humain, animaux, plantes) et dans l'environnement (eaux, sols) où ils jouent un rôle essentiel dans le recyclage de la matière (ex. : transformation des feuilles mortes en compost). La plupart sont inoffensifs pour l'homme mais certains (pathogènes) peuvent être à l'origine de maladies. À l'inverse, d'autres présentent un intérêt et sont utilisés depuis des milliers d'années pour la transformation de produits alimentaires (pain, fromage, yaourt...) et plus récemment dans les biotechnologies (fabrication de vaccins, d'antibiotiques...).

Candida albicans (responsable de mycoses).

• En santé au travail, la notion « d'agents biologiques » regroupe selon la règlementation européenne :
- les micro-organismes (bactéries, virus, champignons, protozoaires), y compris ceux génétiquement modifiés ;
- les prions ou agents transmissibles non conventionnels (ATNC) ;
- les endoparasites humains (amibes, vers intestinaux...) ;
- les cultures cellulaires.

Ils sont susceptibles de provoquer une infection, une allergie ou une intoxication.

Source : dossier INRS « Les risques biologiques en milieu professionnel » (ED6034).

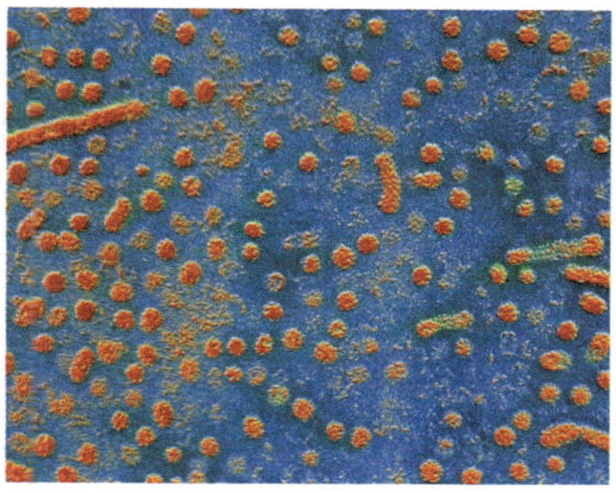
Virus de l'hépatite B.

→ ACTIVITÉ 2 - Les situations dangereuses C12 C22 C23

1. Indiquer à l'aide du **doc. 2** dans quel secteur d'activité se situe votre activité professionnelle.

Réponse spécifique de l'élève.

2. Décrire une situation dangereuse de votre secteur professionnel vous exposant à des agents biologiques ; justifier la dangerosité de cette situation à l'aide du **doc. 3.**

La réponse à cette activité étant bien spécifique à un secteur professionnel, le corrigé ne peut être donné dans le cadre de cet ouvrage.

3. > Indiquer à l'aide du **doc. 4** si le contact avec des agents biologiques au cours de votre activité professionnelle est dû à :

❏ une utilisation délibérée ❏ une exposition potentielle (cocher)

> Justifier votre réponse : La réponse à cette activité étant bien spécifique à un secteur professionnel, le corrigé ne peut être donné dans le cadre de cet ouvrage.

DOC. 2 Activités exposant à des risques biologiques

Elles sont généralement classées en quatre catégories :

- Travaux au contact d'humains ou de produits d'origine humaine ;
- Travaux au contact d'animaux ou de leurs produits ;
- Assainissement et maintenance ;
- Industries et laboratoire agro-alimentaires.

DOC. 3 Classification des agents biologiques pour le risque infectieux

Groupes	1	2	3	4
Pathogénicité chez l'homme	Non	Oui	Oui	Oui
Danger pour les travailleurs		Oui	Oui	Oui
Propagation dans la collectivité		Peu probable	Possible	Risque élevé
Prophylaxie et/ou traitement efficace		Oui	Oui	Non
Exemples de micro-organismes appartenant à ces groupes	• Vaccins	• Bacille tétanique	• Virus du SIDA • Virus de la rage	• Virus Ebola

Source : Dossier INRS « Les risques biologiques en milieu professionnel » (ED6034).

DOC. 4 Utilisation délibérée et exposition potentielle

- On parle d'**utilisation délibérée** (voulue) lorsque l'on utilise des agents biologiques dans un procédé industriel par exemple dans les biotechnologies (fabrication de médicaments...).

Depuis quelques années, on utilise aussi, de manière délibérée, des agents biologiques pour assurer la dépollution (traitement des marées noires) ou pour le nettoyage industriel (fontaines de dégraissage).

- On parle d'**exposition potentielle** (possible) lorsque les agents biologiques ne font pas partie du procédé industriel mais l'accompagnent, soit du fait de l'activité elle-même (métiers de santé, du traitement de l'eau ou des déchets...), soit du fait des caractéristiques de l'activité apportant chaleur, humidité et présence de nutriments qui favorisent l'installation et le développement d'agents biologiques (papeteries, industries du coton...).

© Source : Dossier INRS « Les risques biologiques en milieu professionnel » (ED6034).

ACTIVITÉ 3 - Les dommages causés par les agents biologiques C21 C22

1. Associer par des flèches les dommages dus aux agents biologiques aux schémas qui leur correspondent. (Attention ! le dommage ❹ n'a pas de schéma associé.)

❶ **L'infection (ou maladie infectieuse) :** elle est due à la pénétration et à la multiplication de micro-organismes dans le corps. Sa gravité dépend de la nature de l'agent infectieux, des perturbations qu'il entraîne (fièvre, douleur...) ainsi que des organes qu'il atteint. Le système immunitaire est chargé de le neutraliser.

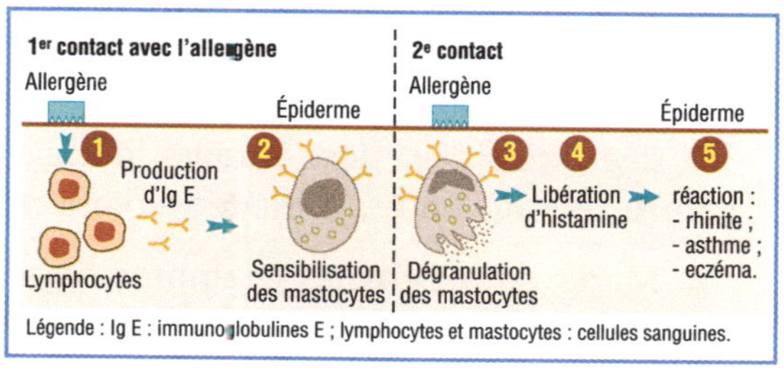

❷ **L'intoxication :** elle résulte de l'action dans l'organisme de toxines (ou poisons) sécrétées par des bactéries ou présentes dans le corps bactérien ou bien encore sécrétées par des moisissures (mycotoxines).
On parle aussi d'intoxination.

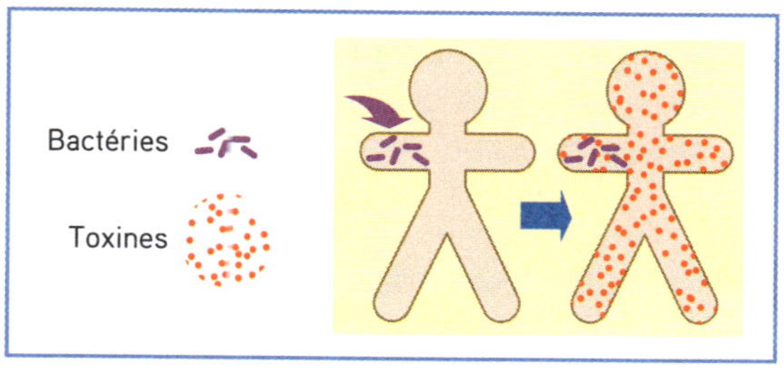

❸ **L'allergie :** les allergies ou réactions d'hypersensibilité sont dues à une réaction immunitaire excessive provoquée par un allergène pouvant provenir d'un agent biologique ; le seuil de déclenchement de ces effets est très variable d'un individu à l'autre. L'allergie ne se manifeste qu'au deuxième contact avec l'allergène.

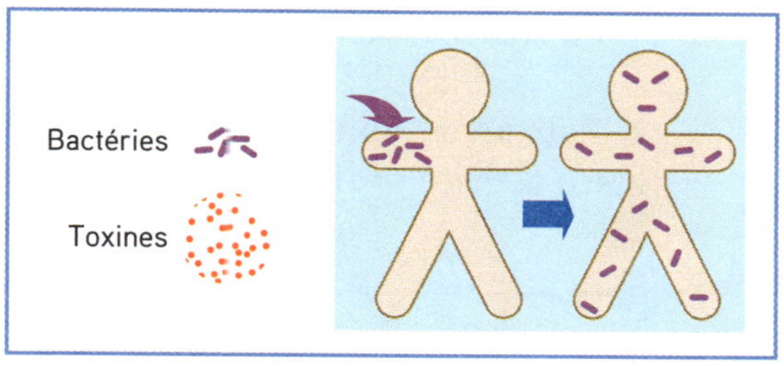

❹ **Le cancer :** un cancer est une tumeur maligne formée par la multiplication anarchique de cellules. Certaines mycotoxines peuvent entraîner des cancers, de même que certaines infections lorsqu'elles deviennent chroniques (exemple : cancer du foie dans le cas de l'hépatite B ou C).

Important ! 24 maladies professionnelles sont provoquées par des agents biologiques, parmi lesquelles 21 résultent du risque infectieux (voir page 37 de la brochure « Les risques biologiques en milieu professionnel » téléchargeable sur le site www.inrs.fr).

2. Expliquer, à l'aide de la consigne **1.**, pourquoi les micro-organismes restent le principal agent biologique constituant un danger ; donner deux raisons.

> 21 maladies professionnelles résultent du risque infectieux.

> Les micro-organismes sécrètent aussi des toxines responsables d'intoxinations ou de cancers.

3. Indiquer pour votre secteur professionnel, à l'aide de la consigne **1.**, de vos connaissances et/ou de la fiche métier téléchargée sur www.bossons-fute.fr :

> le type de dommage auquel vous êtes plus particulièrement exposé(e).

La réponse à cette question étant bien spécifique à un secteur professionnel, le corrigé ne peut être donné dans le cadre de cet ouvrage.

> la (les) maladie(s) professionnelle(s) qui menace(nt) particulièrement votre secteur professionnel.

La réponse à cette question étant bien spécifique à un secteur professionnel, le corrigé ne peut être donné dans le cadre de cet ouvrage.

→ ACTIVITÉ 4 - La chaîne épidémiologique C22 C23

Après lecture du **doc. 5** :

1. Indiquer, pour chaque situation ci-dessous, le réservoir de micro-organismes et la voie de pénétration dans l'organisme ; s'aider de l'exemple donné pour le cas **A**.

Situations	réservoir de m-o	voie de pénétration
A. Jean, cuisinier, s'est entaillé la main en épluchant des pommes de terre ; 8 jours après, le médecin diagnostique le tétanos.	Terre	Voie sanguine
B. Maria entretient les chambres de malades atteints de tuberculose pulmonaire qui toussent beaucoup ; elle ne porte pas de masque. Son médecin diagnostique une primo-infection, 1re phase de la tuberculose.	Malades	Voie aérienne
C. En vidant une poubelle d'une unité de soins, Patrick se pique avec une seringue non placée dans un collecteur approprié. Quelques mois plus tard, une analyse médicale montre qu'il est porteur du virus de l'hépatite B.	Malade soigné avec seringue	Voie sanguine
D. Anne travaille dans l'industrie de l'habillement. Elle coud des cols en fourrure de loutre sur des manteaux ; elle se pique accidentellement. Quelques jours après, le médecin diagnostique une tularémie.	Loutre	Voie sanguine
E. Ali est maître nageur dans une piscine. Le médecin diagnostique une mycose (maladie provoquée par des champignons microscopiques) au niveau des orteils résultant de son activité professionnelle.	Nageurs contaminés	Voie cutanée

2. Retrouver, pour l'agent biologique auquel vous êtes particulièrement exposé(e) au cours de votre activité professionnelle, les différents maillons de la chaîne de transmission.

AGENT BIOLOGIQUE : réponse spécifique de l'élève.

Réservoir →	Porte de sortie →	Transmission →	Porte d'entrée →	Hôte
réponse spécifique de l'élève	réponse spécifique de l'élève	réponse spécifique de l'élève	réponse spécifique de l'élève	Vous

DOC. 5 Chaîne de transmission des agents biologiques

Toute maladie infectieuse se propage selon la chaîne de transmission constituée de 5 maillons.

❶ **Réservoir :** personne malade (hépatite, SIDA...), animal malade (rage, grippe aviaire...), terre (tétanos), eau (poliomyélite), etc.

❷ **Porte de sortie :** pour qu'il y ait exposition, il faut que les agents biologiques puissent sortir du réservoir (toux, urine, sang...).

❸ **Transmission :** elle peut se faire par contact direct (morsure d'animal...) ou indirect (air, objet souillé...).

❹ **Porte d'entrée (ou voie de pénétration) :** outre la voie respiratoire, il y a la voie sanguine (plaie), cutanée (peau), digestive (main non lavée portée à la bouche), etc.

❺ **Hôte potentiel (ou récepteur) :** c'est l'individu (ici, le travailleur) qui se trouve au bout de la chaîne de transmission. Il va être contaminé et pourra développer la maladie si l'exposition est suffisamment importante et s'il n'est pas protégé.

La mise en œuvre d'une prévention méthodique se fait en agissant au niveau des 5 maillons de la chaîne.

Exemple de chaîne de transmission : la leptospirose.

ACTIVITÉ 5 - Mesures de prévention adaptées au secteur professionnel C24 C44

1. Justifier, à l'aide du **doc. 6**, pourquoi la prévention du risque biologique est essentielle pour le personnel concerné par les accidents avec exposition au sang (**AES**).

Le sang peut véhiculer des micro-organismes particulièrement pathogènes (SIDA, hépatite B) du groupe 3, voire 4. La pénétration de ces m-o dans le corps, par l'intermédiaire d'aiguilles ou d'instruments tranchants contaminés, ou encore lors de soins, est possible. Il est nécessaire de combiner les niveaux de protection pour une protection optimale. Par ailleurs, il existe des vaccins contre certaines maladies véhiculées par le sang (ex. : hépatite B).

2. Justifier l'utilité d'une surveillance médicale particulière et importante par la médecine du travail de tout personnel exposé au risque biologique. S'aider du **doc. 6**.

Elle permet de repérer une éventuelle contamination, mais aussi de s'assurer que la personne prend toutes les mesures de prévention utiles et de la sensibiliser régulièrement à la prévention.

Pictogramme de signalisation des risques liés à la présence d'agents biologiques

DOC. 6 Prévention des AES

Définition

On appelle AES, Accident avec Exposition au Sang, les accidents survenant en contact avec du sang ou un liquide biologique contaminé par le sang.

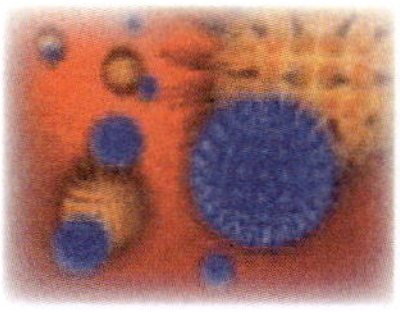

Les risques encourus

Les AES exposent au risque de transmission de maladies infectieuses.

On recherchera le risque de transmission des virus :

- virus Hépatite B (VHB)
- virus Hépatite C (VHC)
- virus immunodéficience humaine (VIH)

Conduite à tenir

1ers soins

- NE PAS FAIRE SAIGNER
- NETTOYER IMMEDIATEMENT la plaie à l'eau et au savon puis rincer
- DESINFECTER AVEC DU DAKIN pendant au moins 5 minutes (ou à défaut alcool à 70°)
- En cas de projection sur les muqueuses ou les yeux, rincer abondamment à l'eau ou au sérum physiologique pendant au moins 10 minutes

Evaluation des risques infectieux

- Un avis médical est indispensable si possible dans l'heure qui suit. Contacter le médecin du travail ou le médecin traitant
- Déclaration d'accident de travail dans les 24 heures et contact avec le médecin du travail pour assurer un suivi sérologique adapté
- Analyser les circonstances de l'accident

Prévention

- Information sur le risque
- Port de gants
- Port de lunettes, masque, surblouse, ...
- Matériel à usage unique
- Elimination immédiate des déchets dans des conteneurs adaptés (aiguilles, linge, ...)
- Afficher les procédures*

(*se référer au protocole de prise en charge des cas d'AES existant dans l'entreprise)

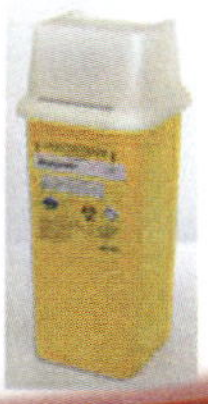

© Service de Santé au Travail – SMIA – Angers.

3. Indiquer et justifier pour votre secteur professionnel des mesures de prévention contre le risque biologique. S'aider de vos connaissances, des **doc. 6** (p. 87) et **7**, et/ou du site www.bossons-fute.fr (fiche de métier concernant votre secteur professionnel).

		Mesures préventives
NIVEAU 1 Prévention intrinsèque *Réservoir et porte de sortie*		Le corrigé, spécifique à un secteur professionnel, ne peut être donné dans le cadre de cet ouvrage. Quelques pistes sont toutefois indiquées. • Substitution des agents biologiques dangereux. • Dépistage et traitement des malades et des porteurs sains. • Élimination des déjections animales.
Transmission NIVEAU 2 Protection *Porte d'entrée*	Collective	• Traitement de l'air pour éviter toute aéro-contamination. • Désinsectisation, dératisation.
	Individuelle	• Tenue de travail protectrice : combinaison, masque, gants, lunettes. • Ne pas manger sur les lieux de travail. • Désinfections des plaies même bénignes. • Comportements : pas de main portée à la bouche, lavage régulier des mains, solutions hydro-alcooliques. • Vaccins réglementaires.
NIVEAU 3 Instructions (formation – information) *Hôte*		• Instructions au poste de travail portant sur la procédure à suivre : – en cas de manipulation d'agents biologiques dangereux ; – en cas de contamination ; – pour la collecte, le tri et l'évacuation des déchets biologiques.

DOC. 7

Quelques moyens de prévention

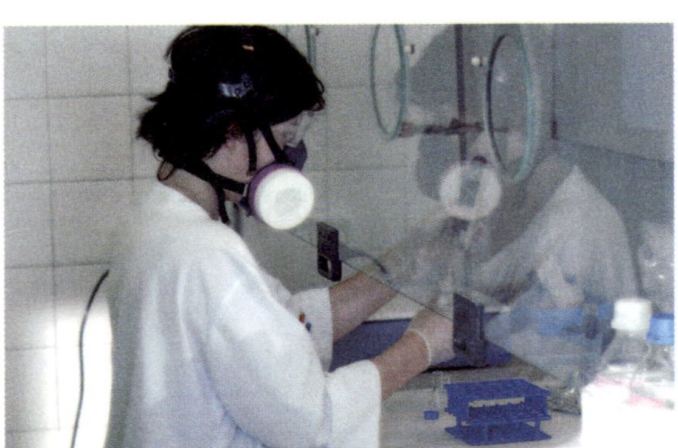

Les EPI protègent l'hôte ; un dispositif de ventilation empêche la transmission des agents biologiques.

© INRS

Le lavage fréquent des mains et/ou la friction hydro-alcoolique sont indispensables.

PAD pour conclure

- **Danger :** agents biologiques.
- **Situation dangereuse :** travailler en présence d'agents biologiques dangereux.
- **Événement dangereux :** pénétration dans l'organisme de l'agent.
- **Dommage :** dommage spécifique selon l'agent biologique.

Le risque lié à l'ambiance thermique

Exemples de situations professionnelles exposant au risque lié à l'ambiance thermique

❶ Pablo, titulaire d'un **Bac Pro boucher charcutier traiteur,** est employé dans l'atelier de découpe réfrigéré d'un abattoir. Il travaille toute la journée dans ce local à 7 °C.

❷ Erwann, titulaire d'un **Bac Pro technicien du bâtiment,** travaille sur un chantier en plein été. Il est souvent en plein soleil et à la mi-journée, la température atteint 30 °C.

ACTIVITÉ 1 - L'ambiance thermique et la situation dangereuse C14 C24

Après lecture du **doc. 1** :

1. > Cocher la case qui correspond aux conditions thermiques dans lesquelles vous exercez le plus souvent votre activité professionnelle.

❑ bon confort thermique ❑ travail au chaud ❑ travail au froid

> Justifier la réponse donnée.

La réponse à cette activité étant bien spécifique à un secteur professionnel, le corrigé ne peut être donné dans le cadre de cet ouvrage.

2. Indiquer et justifier si travailler dans cette ambiance thermique est une situation dangereuse.

La réponse à cette activité étant bien spécifique à un secteur professionnel, le corrigé ne peut être donné dans le cadre de cet ouvrage.

DOC. 1 Confort thermique en milieu professionnel

• On est en état de confort thermique lorsque l'on ne perçoit ni sensation de froid ni sensation de chaud ; il s'agit donc d'une sensation subjective de bien-être.

• Ce confort résulte d'un certain nombre de paramètres dont les principaux sont :
– **La température de l'air** : plus l'activité physique est importante, plus la température ambiante du local où elle s'effectue doit être basse. On recommande 21 à 23 °C pour un travail de bureau et 15 à 16 °C pour un travail physique intense.
– **L'humidité :** pour les températures de l'air mentionnées ci-dessus, l'humidité relative de confort est d'environ 40 à 60 %. Une humidité excessive empêche l'évaporation de la transpiration ; une humidité insuffisante est irritante pour les voies respiratoires.
– **La vitesse de l'air :** plus ou moins bien supportée selon la température, elle rafraîchit lorsque la température est élevée et refroidit lorsque la température est basse (courant d'air). On préconise de 0,1 à 0,2 m/s pour le travail sédentaire et de 0,2 à 0,5 m/s pour le travail physique. La circulation de l'air favorise l'évaporation de la transpiration et l'élimination de la chaleur par convection.

• Le travail au chaud ou au froid n'a pas de définition réglementaire ; toutefois on considère que :
– **le travail à des températures < 10 °C** peut être considéré comme du travail au froid : il génère des risques de bilan thermique négatif pour l'organisme et de possibles dommages ;
– **le travail à des températures > 30 °C** pour une activité sédentaire, et **28 °C** pour un travail nécessitant une activité physique, peut être considéré comme du travail à la chaleur : il génère des risques de bilan thermique positif pour l'organisme.

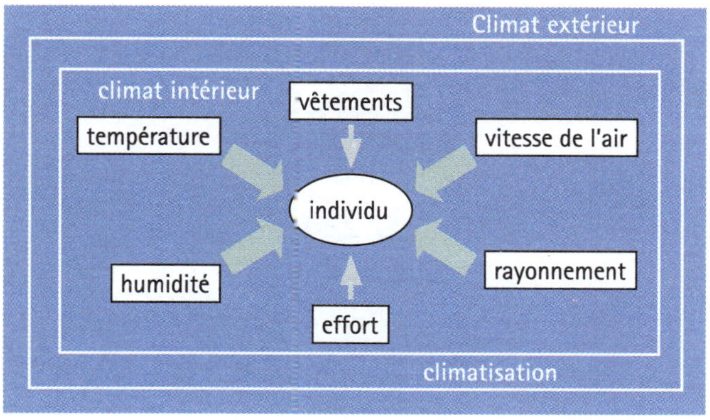

Ensemble des facteurs qui influent sur le confort thermique. Cette notion est subjective et dépend des conditions de travail et des vêtements portés.

ACTIVITÉ 2 - Les mécanismes de régulation de la température du corps C13 C23

À partir du **doc. 2** :

1. Indiquer la particularité de la température interne du corps humain.

Elle est constante : 37 °C.

2. Nommer le mécanisme qui intervient dans cette régulation puis l'organe qui la commande.

C'est la thermorégulation. L'organe qui la commande est l'hypothalamus.

3. Entourer sur le schéma du **doc. 2** les deux réactions de l'organisme que vous pouvez observer lors de votre activité professionnelle et souligner leur effet sur l'organisme.

4. Préciser dans quelles circonstances l'ambiance thermique constitue un danger.

Lorsque les températures sont trop chaudes ou trop froides, la thermorégulation ne se fait plus correctement car l'organisme est dépassé ; la température du corps augmente ou diminue et des dommages sont possibles.

DOC. 2 Mécanisme de la thermorégulation

La thermorégulation est l'ensemble des processus qui permettent à l'homme de maintenir sa température corporelle centrale constante à 37 °C malgré les variations de la température extérieure.
Les températures trop chaudes ou trop froides constituent un danger lorsque les capacités d'adaptation de l'organisme sont dépassées.

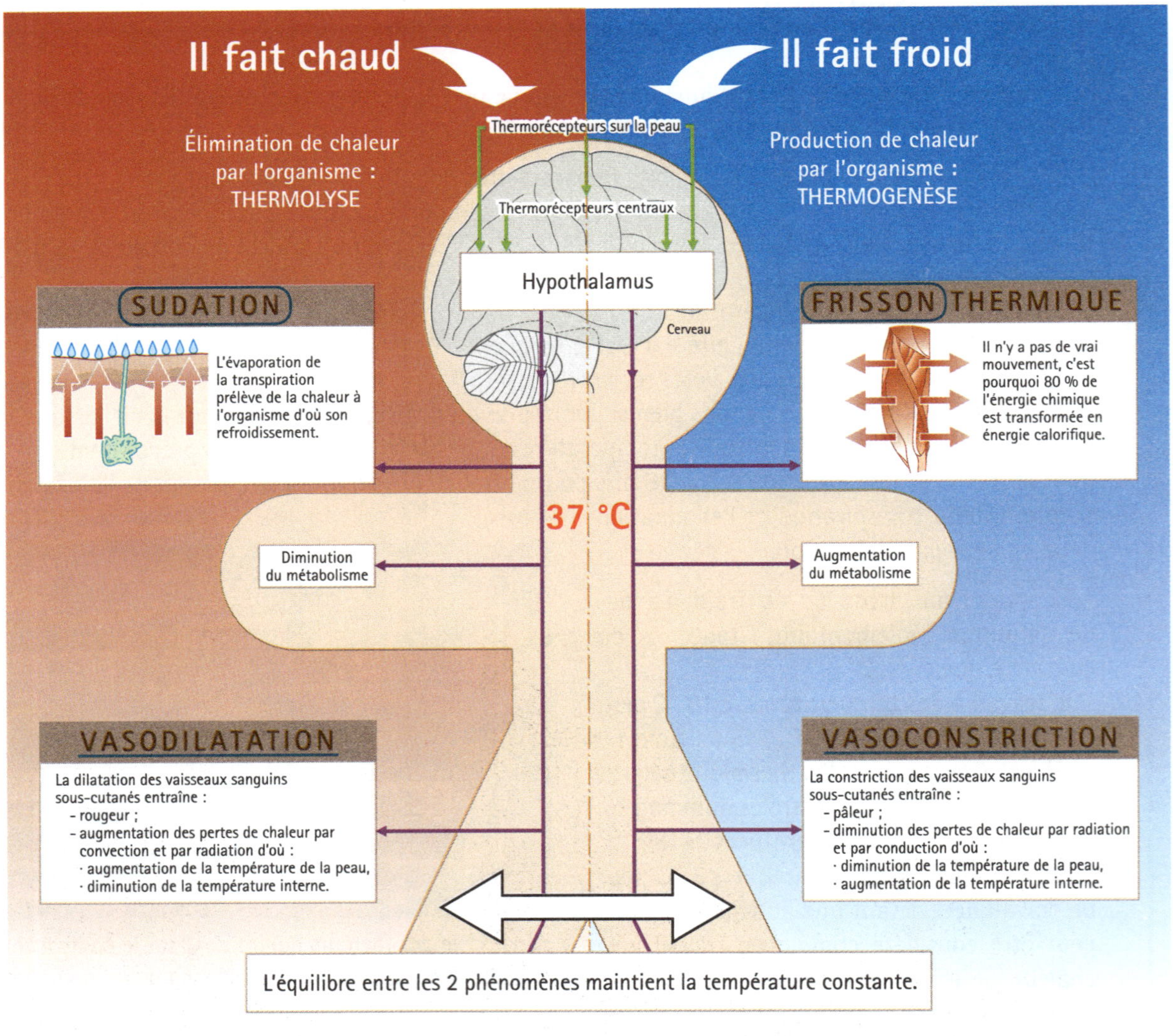

→ ACTIVITÉ 3 - Les dommages résultant du travail à la chaleur ou au froid C13 C22

1. Souligner dans le **doc. 3,** en vous aidant au besoin du **doc. 2** (p. 90) :
> en bleu, les phénomènes qui montrent que la thermorégulation est trop sollicitée.
> en vert, les atteintes provoquées par le chaud ou le froid (maladies, lésions, aggravation de troubles existants).

2. Expliquer à l'aide du **doc. 3** pourquoi l'ambiance thermique de votre secteur professionnel peut être à l'origine d'accidents du travail.

La réponse à cette question étant bien spécifique à un secteur professionnel, le corrigé ne peut être donné dans le cadre de cet ouvrage.

DOC. 3 Effets liés au travail au chaud et au froid

Outre l'inconfort qu'elle génère, l'exposition répétée et prolongée à des ambiances thermiques chaudes ou froides, lors d'activités professionnelles, peut provoquer des dysfonctionnements de l'organisme, des maladies ou l'aggravation des maladies existantes : la thermorégulation ne fonctionne pas correctement ou est trop sollicitée.

Dommages dus à la chaleur	Dommages dus au froid
• Élévation de la température superficielle de la peau • Transpiration excessive pouvant entraîner une déshydratation • Augmentation du rythme cardiaque et baisse de la tension artérielle • Perturbations stimulus/réponse : les mouvements perdent de leur précision (risques en terme de sécurité) • Œdème (gonflement) des chevilles et des pieds • Insuffisance veineuse (varices) • Érythèmes (rougeurs) • Atteinte des yeux • Coup de chaleur • Accidents généraux de déshydratation • Crampes de chaleur • État d'épuisement • Syncope de chaleur • Maladies professionnelles (tableaux n°s 58, 71)	• Abaissement de la température superficielle de la peau : sensation de froid notamment aux extrémités d'où une perte de la dextérité • Baisse du temps de réaction lors de manipulations ; • Frissons continus • Troubles du rythme cardiaque • Atteinte des réflexes • Crampes • Engelures, gelures • Phénomène de Raynaud • Aggravation des affections rhumatismales • Affections des voies respiratoires favorisées • Pertes de mémoire, confusion mentale • Assoupissement • Hypothermie (baisse de la température corporelle) • Lésions si contact répété avec des produits surgelés

Remarque : dans les deux cas, il y a baisse de rendement ; le travailleur utilise une partie de son énergie pour réguler sa température corporelle.

ACTIVITÉ 4 - Mesures de prévention adaptées au secteur professionnel C44

- Indiquer et justifier pour votre secteur professionnel des mesures de prévention contre le risque lié à l'ambiance thermique. S'aider de vos connaissances, du **doc. 4** et/ou du site www.bossons-fute.fr (fiche de risque « travail à la chaleur » ou « travail au froid » et/ou fiche de métier concernant votre secteur professionnel).

		Mesures préventives	
		FROID	**CHAUD**
NIVEAU 1 Prévention intrinsèque		• Limitation de la circulation extérieure en cas d'intempéries. • Chauffage des locaux de travail (usine, entrepôts...).	• Automatisation des tâches en ambiance thermique élevée. • Climatisation des véhicules, des locaux.
NIVEAU 2 Protection	Collective	• Chambres frigorifiques équipées d'une ouverture intérieure. • Suppression des courants d'air dans les locaux. • Pauses fréquentes avec mise à disposition de locaux tempérés et de boissons chaudes.	• Isolation thermique des locaux. • Rafraîchissement d'ambiance (humidificateurs, ventilateurs...). • Pauses fréquentes en ambiance rafraîchie. • Aménagement d'horaires. • Mise à disposition d'eau potable, de sel.
	Individuelle	• Trois couches de vêtements recommandées : sous-vêtement coton, vêtement laine, vêtement isolant (anorak, pantalon). • Équipements de protections individuelles isolants.	• Pauses, sieste, décalage des heures de travail. • Réhydratation avec prise de sel.
NIVEAU 3 Instruction (formation - information)		• Information sur les risques liés au froid et symptômes d'alarme, consignes de sécurité, hygiène alimentaire (boissons chaudes), hygiène vestimentaire. • Éviter qu'un salarié travaille seul dans une enceinte froide ou dispositif de surveillance.	• Information sur l'hygiène alimentaire (pas d'alcool, repas légers et fractionnés, eau toutes les 20 min), sur l'hygiène vestimentaire (vêtement léger, non ajusté et en fibre naturelle). • Aménagement d'horaires.

DOC. 4 **Quelques moyens de prévention**

CHAUD

Affichage INRS

FROID

Un local chauffé pour se changer et se réchauffer

Se protéger du froid avec plusieurs couches de vêtements

PAD pour conclure

- **Danger :** ambiance chaude / ambiance froide.
- **Situation dangereuse :** travailler à la chaleur / travailler au froid.
- **Événement dangereux :** exposition quotidienne aux ambiances thermiques extrêmes.
- **Dommage :** dommages dus à la chaleur / dommages dus au froid.

Le risque lié à l'ambiance lumineuse

Exemples de situations professionnelles exposant au risque lié à l'ambiance lumineuse

❶ Audrey, titulaire d'un **Bac Pro comptabilité**, est employée dans un cabinet comptable. Elle travaille toute la journée derrière l'écran de son ordinateur.

❷ Alexis, élève en **Bac Pro gestion des pollutions et protection de l'environnement**, effectue une PFMP dans les égouts de Paris. La zone où il travaille est mal éclairée.

→ ACTIVITÉ 1 - Les caractéristiques et grandeurs physiques de la lumière C13

À partir du **doc. 1** :

1. Souligner la nature physique de la lumière.

2. Définir :

> la lumière naturelle : rayonnement lumineux produit par le solei .

> la lumière artificielle : rayonnement lumineux produit par une lampe.

> l'éclairage naturel : apport de lumière naturelle.

> l'éclairage artificiel : apport de lumière artificielle.

3. Préciser la nature des recommandations du Code de travail en matière d'éclairement des locaux professionnels (ex. : travail de bureau = 200 lux).

Elles précisent la quantité de lumière (ou éclairement) que doivent recevoir divers lieux de travail pour un bon confort visuel.

4. Expliquer l'importance de l'indice de rendu des couleurs (**IRC**).

Plus cet indice est proche de 1, plus l'éclairage fera ressortir les couleurs comme le soleil ; plus on s'en éloigne, plus le rendu des couleurs sera mauvais.

DOC. 1 Unités spécifiques à la lumière

• Le rayonnement lumineux visible est un rayonnement électromagnétique dont la longueur d'onde est comprise entre celle des ultraviolets et celle des infrarouges. Les rayons solaires produisent de la lumière naturelle ; divers types de lampes produisent de la lumière dite artificielle.

• Diverses unités permettent de quantifier lumière et éclairage :

– **La luminance**, appelée aussi luminosité, mesure la quantité de lumière réfléchie par une surface. Elle dépend de la couleur et de la brillance d'une surface. Exemple d'un papier blanc sur une table noire : tous deux reçoivent le même éclairement mais ne réfléchissent pas la même quantité de lumière.

– **Le contraste** entre un objet et une surface est la façon dont le premier est vu par rapport à la seconde. S'il est trop faible, on ne voit pas bien la différence ; s'il est trop élevé, l'œil peut se fatiguer.

– **L'indice de rendu des couleurs** (IRC) est de 100 % lorsque l'objet est éclairé par une lumière semblable à celle du soleil qui est constituée des 7 couleurs (rendu idéal). Lorsque la lumière est différente, le rendu des couleurs est mauvais et l'indice inférieur.

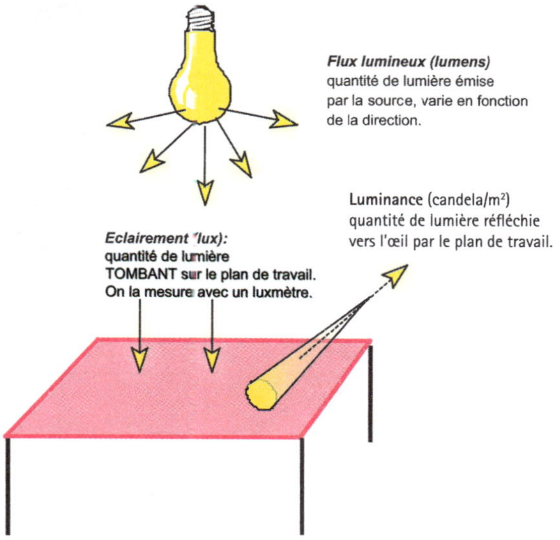

Source : L'éclairage – Série Stratégie SOBANE – Gestion des risques professionnels (www.sobane.be).

→ ACTIVITÉ 2 - Les moyens de produire et diffuser de la lumière C13 C22

1. > Indiquer, à partir du **doc. 2**, le type de lampe qui a la plus grande efficacité lumineuse.

C'est la lampe fluocompacte ou certaines lampes dites LED.

> Retrouver l'inconvénient majeur de ce type de lampe par rapport aux deux autres catégories.

L'indice de rendu des couleurs est moins bon.

2. Justifier, à l'aide du **doc. 2**, la disparition de la vente des ampoules à incandescence.

Elles ont une efficacité lumineuse très faible et consomment donc pour un même éclairement beaucoup plus d'énergie que d'autres types de lampes.

3. Retrouver pour votre environnement professionnel, à l'aide des **doc. 2** et **3** :

> Le type de lampe utilisé, ses avantages et ses inconvénients.

La réponse à cette activité étant bien spécifique à un secteur professionnel, le corrigé ne peut être donné dans le cadre de cet ouvrage.

> Les types d'éclairages utilisés.

La réponse à cette activité étant bien spécifique à un secteur professionnel, le corrigé ne peut être donné dans le cadre de cet ouvrage.

DOC. 2 Différents types de lampes

	Fluocompacte	Halogène ES	LED	Incandescence*

Efficacité lumineuse (en lumens/watt)	60 à 80 lm/w	18 à 25 lm/w	12 à 100 lm/w	12 à 20 lm/w
Économie d'énergie	Jusqu'à 80 %	Jusqu'à 30 %	Jusqu'à 90 %	
Durée de vie moyenne	De 6 000 à 15 000 heures	De 2 000 à 5 000 heures	De 15 000 à 25 000 heures	1 000 heures
IRC	80 – 85	100	+/– 80	100

* Retirées de la vente ; ne sont plus commercialisées depuis décembre 2012.

DOC. 3 Différents types d'éclairage

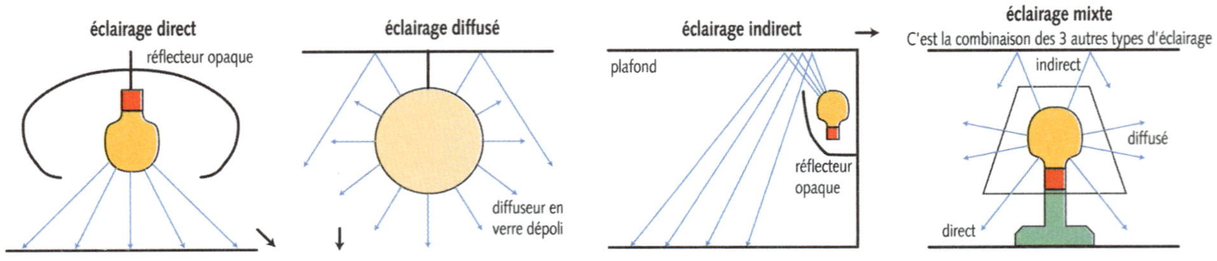

→ ACTIVITÉ 3 - L'anatomie de l'œil et le mécanisme de la vision C22 C23

1. Compléter le schéma de l'œil à l'aide des termes surlignés dans le **doc. 4**.

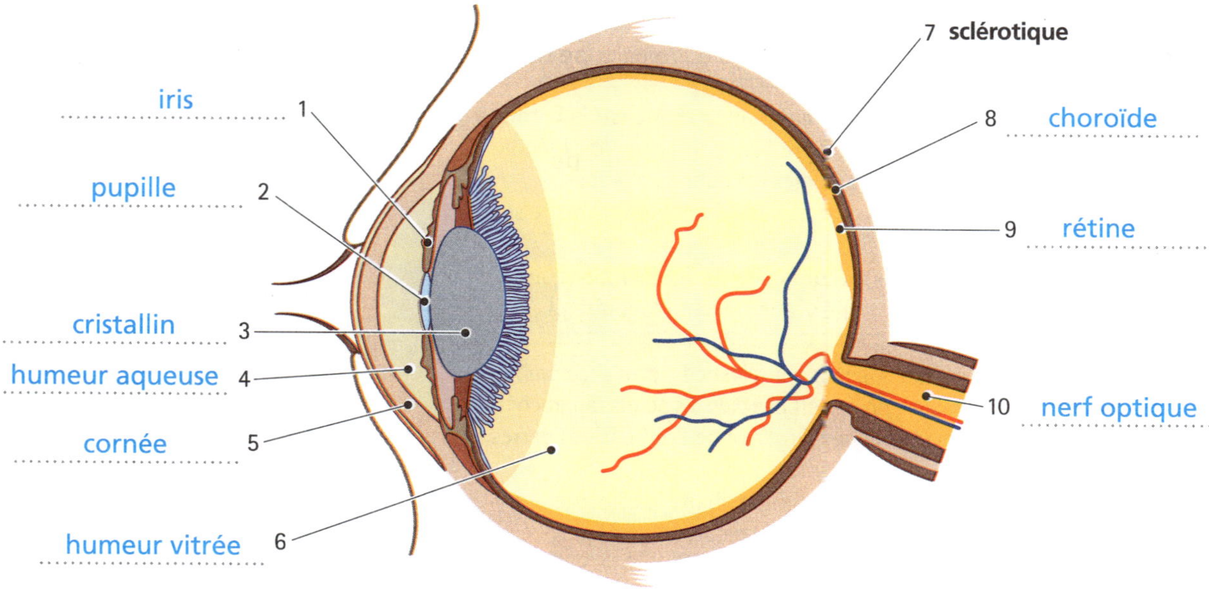

2. Souligner dans le **doc. 4** les informations qui concernent le fonctionnement de l'œil.

3. Rédiger à partir de ces informations un texte expliquant le mécanisme de la perception visuelle.

La pupille adapte son diamètre pour doser la quantité de lumière qui pénètre dans l'œil et le cristallin modifie sa courbure pour que l'image se projette à l'envers sur les cellules visuelles de la rétine qui contiennent des pigments visuels. Sous l'action de la lumière, des réactions chimiques transforment l'image en influx nerveux. Le nerf optique transmet ce dernier à l'aire visuelle du cerveau qui décrypte alors l'image reçue.

DOC. 4 Description et fonctionnement de l'œil

Chaque œil comporte :

- **Des membranes.** On distingue de l'extérieur vers l'intérieur :
  - la sclérotique, une membrane protectrice dure qui délimite le globe oculaire et qui se prolonge à l'avant par la cornée bombée et transparente ;
  - en dessous, la choroïde qui se prolonge à l'avant par l'iris dont la couleur diffère selon les personnes ; au centre de l'iris se trouve un orifice, la pupille, qui peut changer de diamètre pour régler la quantité de lumière que l'œil va recevoir ;
  - en dessous se trouve la rétine constituée en partie de cellules visuelles où se projettent les images. Ces cellules contiennent des pigments visuels. Sous l'action de la lumière, des réactions chimiques les transforment en influx nerveux.
- **Un nerf optique** qui est le prolongement des cellules visuelles de la rétine, il transmet l'influx nerveux à l'aire visuelle du cerveau qui décripte l'image reçue à l'envers.
- **Des milieux transparents** qui laissent passer image et lumière :
  - l'humeur aqueuse entre cornée et iris ;
  - l'humeur vitrée dans le globe oculaire ;
  - le cristallin, lentille biconvexe élastique et déformable ; il modifie sa courbure en fonction de l'éloignement de l'objet (accommodation) et renvoie l'image à l'envers, sur la rétine.
- **Des organes protecteurs** que sont les sourcils, les paupières et les cils, l'appareil lacrymal (producteur de larmes).

4. Relier par une flèche chaque type de vision au schéma qui lui correspond.

❶ **Vision normale** : l'iris se dilate pour doser la quantité de lumière ; le cristallin s'accommode (se déforme) pour projeter l'image à l'envers au fond de la rétine. Les cellules visuelles, par un processus chimique, transmettent l'image au cerveau qui la décode.

❷ **Myopie** : l'image se forme en avant de la rétine car la cornée est trop bombée ou le globe oculaire trop court ; on voit bien de près mais on ne voit pas distinctement les objets éloignés.
Correction : verres concaves divergents qui replacent l'image sur la rétine.
Conséquences professionnelles : difficulté à effectuer sans correction des travaux nécessitant une vision de loin (conduite...).

❸ **Presbytie** : le cristallin a perdu son élasticité et n'accommode plus correctement l'image ; on ne voit pas bien les objets rapprochés.
Correction : on augmente la convergence de l'œil par des verres convergents.
Conséquences professionnelles : impossibilité d'effectuer sans correction des travaux de précision (électronique, micromécanique...).

❹ **Hypermétropie** : l'image se forme en arrière de la rétine car la cornée est trop plate ou le globe oculaire trop court ; on a une vision floue des objets proches et nette des objets éloignés.
Correction : verres convexes convergents.
Conséquences professionnelles : impossibilité d'effectuer sans correction des travaux de précision (électronique, micromécanique...).

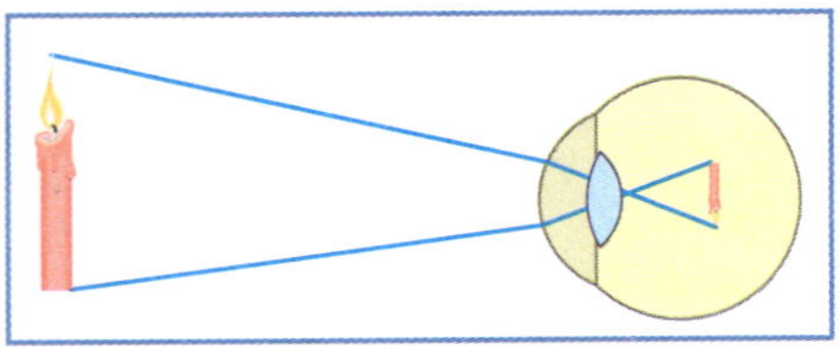

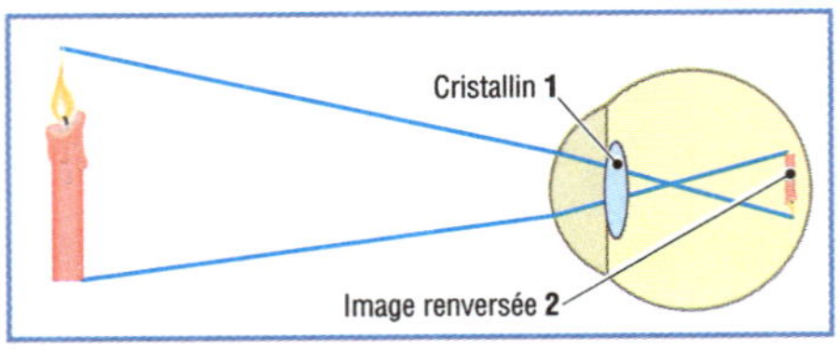

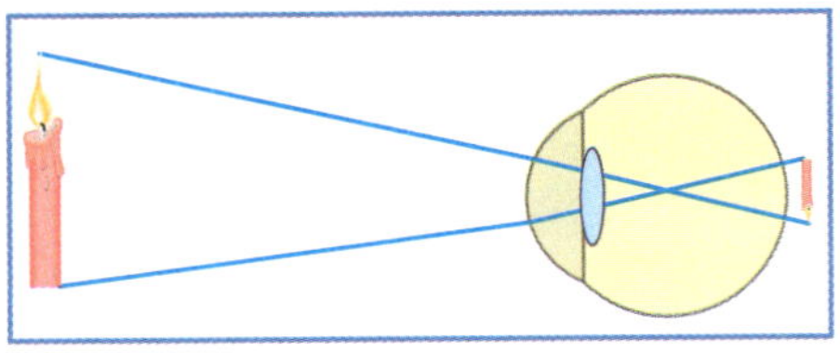

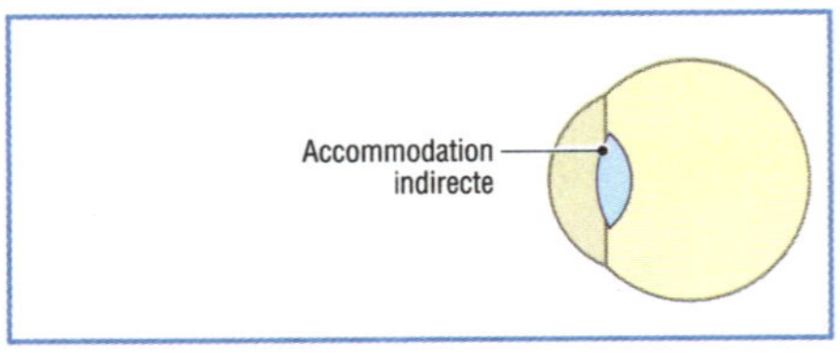

ACTIVITÉ 4 - Les dommages résultant d'une ambiance lumineuse inadaptée C12

• Souligner dans le **doc. 5** :
> en vert, les effets à court terme d'un éclairage inadapté.
> en rouge, les effets à long terme d'un éclairage inadapté.

DOC. 5 Un mauvais éclairage n'est pas anodin

• Les dommages résultant de mauvaises conditions d'éclairage varient selon la qualité et la quantité de lumière diffusée, la sensibilité de chaque travailleur et le type d'activité réalisé (travail minutieux, travail sur écran...).

• Un éclairage inadapté génère dans un premier temps de la fatigue :
- fatigue oculaire : l'œil doit fournir des efforts, soit pour distinguer des détails, soit pour se protéger des éblouissements. ; celle-ci se traduit par des rougeurs, des picotements, des maux de tête ;
- fatigue intellectuelle : des efforts supplémentaires sont nécessaires pour comprendre et analyser les perceptions (images) moins précises reçues par le cerveau ;
- fatigue physique : les postures parfois nécessaires à la vision peuvent générer des contractures, des douleurs (nuque) et générer à long terme des troubles musculo-squelettiques (TMS).

• L'exposition régulière à un éclairage inadapté peut entraîner :
- une baisse de l'acuité visuelle (pouvoir de séparation des objets) ;
- une diminution du champ visuel (angle de vision) ;
- une baisse de la vision du relief et de la vision des couleurs.

• De ce fait, les éclairages insuffisants, trop puissants ou éblouissants sont des sources potentielles d'accidents du travail ; des informations mal perçues peuvent être à l'origine d'erreurs, des obstacles non repérés peuvent provoquer des chutes. Le travail sur écran génère de la fatigue visuelle ; il révèle et accentue des anomalies de la vision passées auparavant inaperçues.

→ ACTIVITÉ 5 - Les situations dangereuses C23

1. Expliquer, à l'aide du **doc. 6**, pourquoi l'absence de confort visuel constitue une situation dangereuse.

Un éclairement insuffisant ou un éblouissement régulier peuvent générer des dommages (fatigue oculaire, baisse de l'acuité visuelle…) qui peuvent être à l'origine d'accidents du travail : chutes, collisions, blessures dues au non-repérage des informations.

2. Décrire une situation dangereuse rencontrée lors de vos PFMP liee au manque de confort visuel.

La réponse à cette activité étant bien spécifique à un secteur professionnel, le corrigé ne peut être donné dans le cadre de cet ouvrage.

3. Décrire une situation dangereuse propre au travail sur écran à l'aide de vos connaissances et du **doc. 6**.

Écran mal réglé (trop sombre ou contraste trop important), éclairage du local inadapté (non compris entre 300 et 500 lux), fauteuil ne permettant pas d'être face à son écran et à la bonne distance, etc.

DOC. 6 Confort visuel

• On peut définir le confort visuel comme un environnement qui permet d'accomplir sans gêne ni fatigue l'activité visuelle nécessaire à la réalisation d'une tâche (ex. : travail sur ordinateur).

• Pour un bon confort visuel, il faut :

- assurer un éclairement suffisant : le niveau d'éclairement est fixé par les normes en fonction du type de tâche à effectuer ;
- éviter l'éblouissement : il est la conséquence d'une luminance excessive. Il peut être direct (source lumineuse dans le champ visuel) ou indirect (réflexion sur des objets ou des surfaces) ;
- éviter des contrastes trop importants dans le champ visuel : le contraste est le résultat d'une différence de luminance émise par deux surfaces ; un bon contraste est nécessaire entre ce qui est à percevoir et le fond. Toutefois un contraste trop élevé diminue l'efficacité de la vision et provoque une fatigue ;
- assurer un rendu des couleurs compatible avec la tâche à accomplir : le rendu des couleurs varie en fonction des lampes choisies ; certains secteurs professionnels (peinture par exemple) nécessitent un éclairage assurant un excellent rendu des couleurs.

© ACMS, 2012.

Remarque : quand la différence de niveaux d'éclairement représente un contraste trop important, l'accommodation n'a pas le temps de se faire et l'on est soit ébloui, soit aveugle ; ce phénomène est à l'origine de chutes, de collisions, etc.

→ ACTIVITÉ 6 - Mesures de prévention adaptées au secteur professionnel C44

• Indiquer et justifier pour votre secteur professionnel des mesures de prévention contre le risque lié à l'ambiance lumineuse. S'aider de vos connaissances, des **doc. 6** (p. 97) à **8** et/ou du site www.bossons-fute.fr (fiche de risque « éclairage – ambiance lumineuse » et/ou fiche de métier concernant votre secteur professionnel).

		Mesures préventives
NIVEAU 1 Prévention intrinsèque		La réponse à cette activité étant bien spécifique à un secteur professionnel, le corrigé ne peut être donné dans le cadre de cet ouvrage. Quelques pistes sont toutefois indiquées.
NIVEAU 2 Protection	Collective	• Intégrer l'éclairage et éclairer convenablement les équipements de travail chaque fois que possible ; assurer l'entretien régulier du matériel d'éclairage. • Adapter l'éclairage à l'environnement de travail afin d'éviter la fatigue visuelle par une lumière naturelle suffisante, par un éclairage artificiel suffisant selon la tâche à effectuer, par une protection contre le rayonnement solaire direct, par un éclairage adapté pour un bon rendu des couleurs, pour éviter les éblouissements. • Rendre l'accès aux organes de commande d'éclairage facile avec voyants lumineux.
	Individuelle	• Écran adapté, bien orienté pour le travail administratif avec un niveau d'éclairement adapté à la tâche, à l'état visuel et à l'âge du sujet. • EPI adapté : lunettes appropriées (soudage, travaux extérieurs...), vêtements réfléchissants en cas de travail nocturne.
NIVEAU 3 Instructions (formation – information)		• Formation à la sécurité relative à l'exécution de la tâche.

DOC. 7 Obligations de l'employeur

• Éviter la fatigue visuelle et les affections de la vue par un éclairage suffisant, adapté et non gênant.
• Donner la priorité à la lumière naturelle.
• Protéger contre l'éblouissement et la fatigue visuelle.
• Protéger contre les effets thermiques des rayonnements et les risques de brûlure par contact.
• Faciliter l'accès aux organes de commande d'éclairage.
• Entretenir le matériel d'éclairage.

© INRS.

DOC. 8 Éclairements recommandés

Selon le Code du travail :

Travail de bureau	200 lux
Bureau de dessin, mécanographie	300 lux
Mécanique fine, gravure, dessin difficile, couture	400 lux
Mécanique de précision, électronique fine, contrôles	600 lux
Tâches très difficiles dans l'industrie et les laboratoires	800 lux

© INRS.

PAD pour conclure

• **Danger :** ambiance lumineuse inadaptée.
• **Situation dangereuse :** travailler dans une ambiance lumineuse inadaptée.
• **Événement dangereux :** exposition prolongée à une ambiance lumineuse inadaptée.
• **Dommage :** fatigue visuelle, maux de tête, chutes, etc.

Maîtriser le module 8

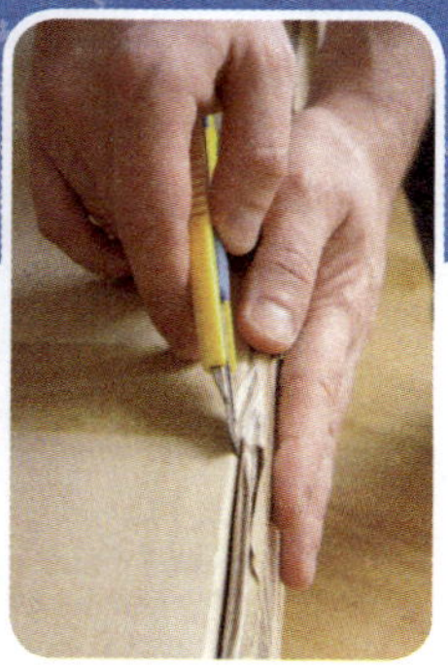

Alexandre, élève en Bac Pro commerce, effectue une période de formation en milieu professionnel (PFMP) dans un hypermarché.
Sa journée de travail débute dans l'entrepôt du magasin par l'ouverture des cartons livrés, à l'aide d'un cutter, afin de vérifier la conformité de la livraison.
Il faut travailler vite et il ne possède aucun équipement de protection individuelle.

1 Analyser la situation C21 C23

1/ Nommer le risque professionnel auquel est exposé l'opérateur dans cette situation. **... / 1 pt**

C'est le risque mécanique (Alexandre travaille avec un outil tranchant).

2/ Expliquer pourquoi Alexandre est aussi exposé au risque infectieux. **... / 1 pt**

Il s'expose à des coupures et de ce fait à la pénétration de micro-organismes dans l'organisme.

3/ Justifier pourquoi il est souhaitable qu'Alexandre soit vacciné contre le tétanos. **... / 2 pts**

Les cartons qu'il déballe ont été en contact avec le sol où peuvent se trouver les spores du bacille tétanique. S'il venait à se couper avec le cutter, ces spores pourraient pénétrer dans son organisme, y germer et provoquer le tétanos qui est une maladie grave, parfois mortelle.

2 Appliquer l'approche par le risque à la situation C33

Étape 1 : Analyse des risques d'atteinte à la santé

Définir les limites de la situation de travail. **... / 1,5 pt**

- Qui est l'opérateur ? Alexandre.
- Quelle est la tâche réalisée ? Ouvrir des cartons à l'aide d'un cutter.
- Quel est le lieu ? Entrepôt de l'hypermarché.

Identifier le danger et les dommages potentiels **... / 1,5 pt**

- Danger : le cutter.
- La situation dangereuse : ouvrir des cartons à l'aide d'un cutter.
- L'événement dangereux : contact de la main avec le cutter.
- Le dommage : coupure.

Compléter le schéma du PAD à partir des informations recueillies à l'étape 1. **... / 2,5 pts**

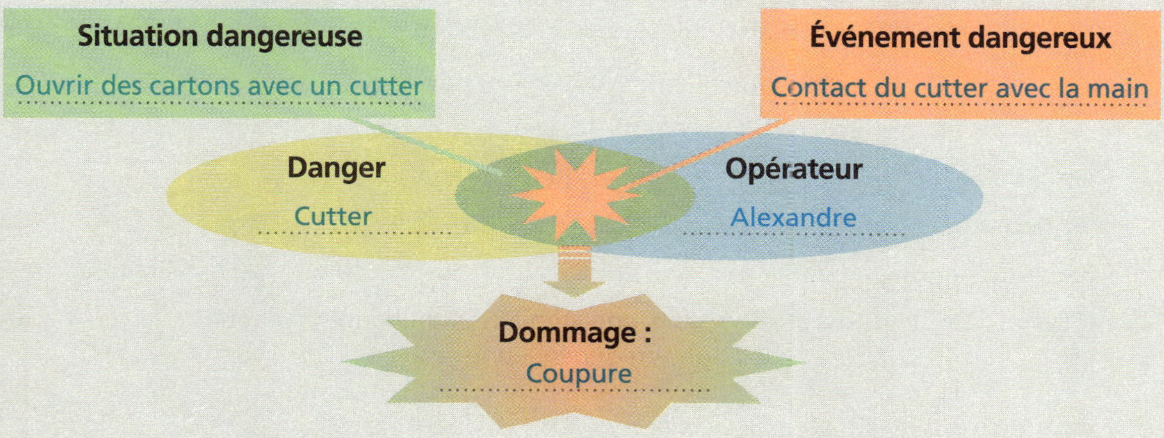

Étape 2 : Estimer et évaluer le risque ... / 2,5 pts

• Indiquer, à l'aide du schéma ci-contre et en vous appuyant au besoin sur les échelles d'estimation du **rabat n° 3** de l'ouvrage :

– la gravité du dommage encouru : faible à moyen.

– la probabilité d'apparition du dommage : probable à très probable.

→ La réduction du risque est donc nécessaire.

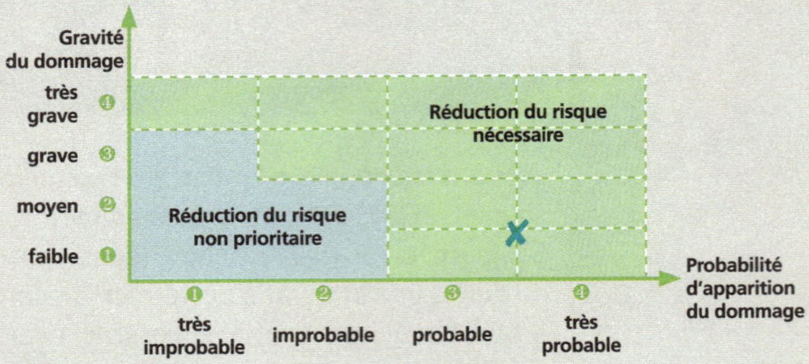

• Cocher le schéma.

Étape 3 : Proposer des mesures de prévention ... / 3 pts

Niveau 1 Prévention intrinsèque (suppression du danger)	Niveau 2 Protection collective et/ou individuelle	Niveau 3 Instructions Formations
Supprimer l'utilisation du cutter : cartons avec languettes d'ouverture ou ruban adhésif facilement détachable.	Utiliser des gants de protection.	Formation du personnel à la sécurité.

En ouvrant un carton, Alexandre s'entaille profondément le poignet avec le cutter. Le sang coule abondamment. Son collègue Samir, SST, intervient aidé par Nadia, une autre employée.

3 Présenter les secours entrepris par le SST dans la situation C44 C45

1/ Indiquer, pour chaque action, l'ordre chronologique à respecter lors de l'intervention du SST.

2/ Décrire précisément les trois actions à mettre en œuvre.

❶ **Protéger** ... / 1 pt

Il faut mettre le cutter en lieu sûr, faire éponger le sang sur le sol.

❸ **Alerter** ... / 2 pts

Samir doit envoyer Nadia alerter les secours (SAMU : n° 15) en respectant la procédure en vigueur dans l'entreprise, s'assurer qu'elle a bien compris le contenu du message, lui recommander de ne pas raccrocher en premier, de venir lui rendre compte de l'entretien téléphonique puis aller accueillir les secours afin de les guider jusqu'à Alexandre.

❷ **Secourir** ... / 2 pts

Samir doit immédiatement appuyer sur la coupure avec la paume de la main après s'être protégé à l'aide d'un gant (prévention SIDA, hépatite B), faire allonger Alexandre, le couvrir, le surveiller, le rassurer et maintenir la pression jusqu'à l'arrivée des secours.

La prévention dans l'entreprise

OBJECTIF

> Avoir conscience de ses droits et devoirs en matière de sécurité au sein de l'entreprise.
> Être capable d'expliquer l'organisation de la prévention au sein de l'entreprise.

La prévention des risques professionnels est un système qui a pour finalité d'assurer la santé et la sécurité au travail. Il est régi par le Code du travail qui précise le cadre juridique de la prévention au sein de l'entreprise en explicitant les principes généraux de la prévention d'où découle concrètement l'organisation de sa mise en œuvre. Il précise les missions de deux catégories d'acteurs, les organismes de prévention d'une part et les acteurs au sein même de l'entreprise d'autre part qui œuvrent en étroite collaboration. Dans l'entreprise sont concernés en premier lieu l'employeur, mais aussi l'IPRP, le médecin du travail, le CHSCT, les délégués du personnel et les salariés. Les instances actives sont l'inspection du travail, la CNAMTS et la CARSAT, des organisations professionnelles, des organismes techniques (INRS, ANACT...).

1 Identifier la finalité du système

- Système : prévention des risques professionnels
- Finalité : santé et sécurité au travail

2 Identifier les éléments du système

1/ Retrouver :

> le pilote du système : le cadre juridique de la prévention.

> les deux catégories d'acteurs du système :

- Catégorie 1 : les acteurs au sein de l'entreprise.
- Catégorie 2 : les organismes de prévention.

> les personnes ou instances de chaque catégorie :

- Catégorie 1 : employeur, IPRP, médecin du travail, CHSCT, DP, salariés.
- Catégorie 2 : inspection du travail, CNAMTS, CARSAT, organisations professionnelles, organismes techniques (INRS, ANACT...).

3 Mettre en relation les éléments du système

Compléter le schéma du système à l'aide des éléments suivants :

inspection du travail / salariés / médecin du travail / organisations professionnelles / délégués du personnel / principes généraux de la prévention / employeur / IPRP / CNAMTS et CARSAT / organismes techniques (INRS, ANACT…) / CHSCT

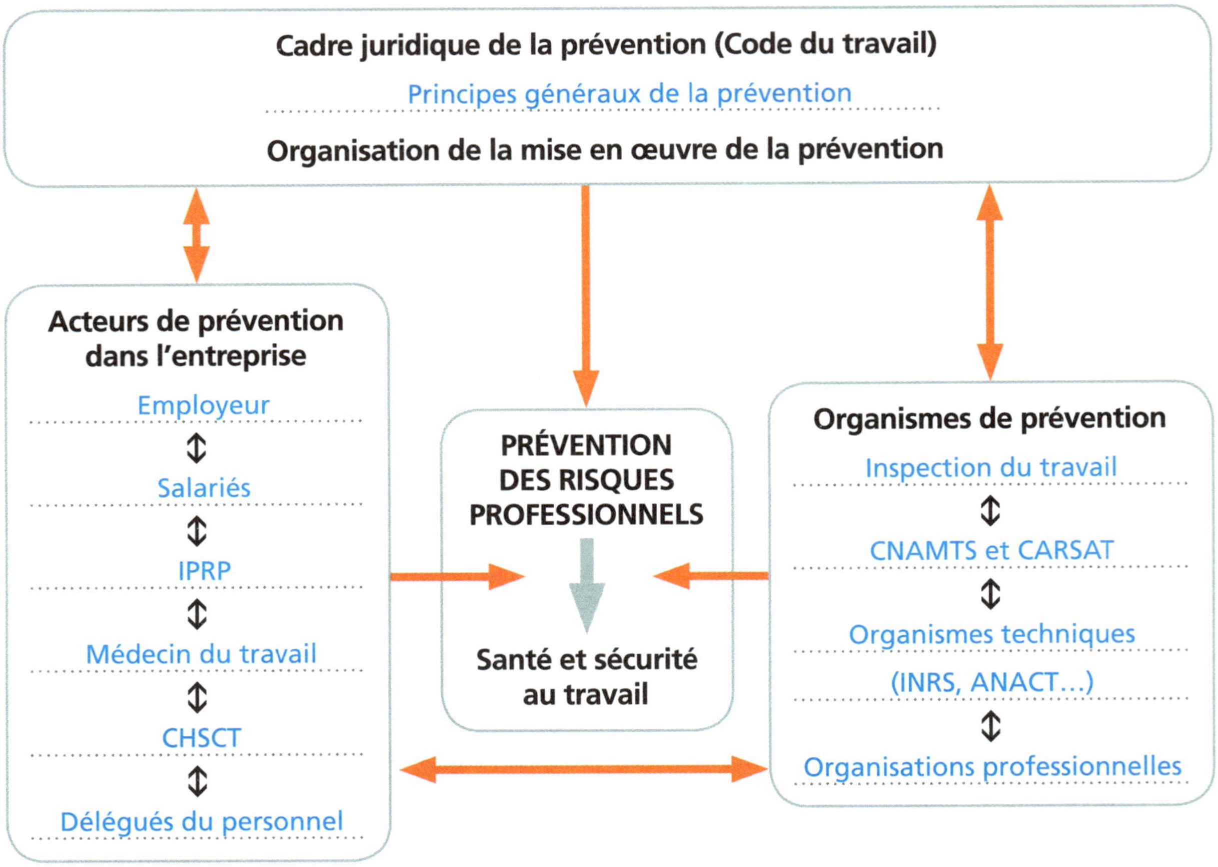

4 Mobiliser les connaissances utiles

Pour comprendre le système, je réalise les **Activités 1** à **6** de la séquence 19.

5 S'inscrire dans le système

Proposer des actions et des comportements pour s'inscrire dans le système de prévention des risques professionnels en salarié responsable et actif :

1/ Au niveau de son comportement au travail.

- Respecter le règlement intérieur et les consignes de sécurité mentionnées.
- Veiller à sa sécurité et à celle de ses collègues.
- Alerter la hiérarchie en cas de danger grave et imminent ; exercer son droit de retrait.

2/ Dans la participation à diverses instances.

- Participer à l'élaboration ou à l'actualisation du document unique.
- Voter aux diverses élections dans l'entreprise (CE, membres du CHSCT) ou encore se présenter aux élections pour exercer ces fonctions.
- Communiquer à ces instances ses remarques concernant l'hygiène et la sécurité.

3/ Au niveau de la surveillance de la santé au travail.

- Se rendre aux convocations des services de santé au travail.

MOBILISER DES CONNAISSANCES UTILES

La prévention des accidents du travail et des maladies professionnelles, inscrite dans le Code du travail, relève de la responsabilité du chef d'entreprise assisté dans cette mission par divers interlocuteurs au sein même de l'entreprise ainsi que par différents organismes extérieurs.

A. Appréhender le cadre juridique de la prévention

→ ACTIVITÉ 1 - Droits et obligations de l'employeur et du salarié concernant la sécurité C13 C24

1. Reporter dans le tableau les droits et les obligations de l'employeur et du salarié à l'aide du **doc. 1** et du **doc. 2** (p. 104).

	DROITS	OBLIGATIONS
Employeur	• Sanction disciplinaire envers tout employé n'ayant pas respecté l'obligation de sécurité	• Obligation générale de sécurité • Organiser la sécurité au travail • Informer sur les risques • Prévenir la pénibilité
Salarié	• Droit de retrait en cas de danger grave et imminent	• Veiller à sa santé et à sa sécurité et à celle des autres salariés (obligation de sécurité) • Respecter le règlement intérieur • Alerter l'employeur en cas de danger ou de défectuosité dans les systèmes de protection

DOC. 1 **Obligation de sécurité pour employeurs et salariés**

• **Tout employeur** doit organiser un véritable « système » de management de la sécurité et de la santé au travail afin de répondre à son obligation générale de sécurité et de santé envers ses salariés, que lui impose le Code du travail.
Il doit également informer les salariés sur les risques pour leur sécurité et leur santé, puisque chaque salarié est acteur de sa propre sécurité.
Depuis 2010, l'employeur a dans ses obligations de prévenir la pénibilité, tracer les expositions professionnelles grâce à la réalisation de fiches d'exposition.

Sanctions : en cas d'accident de travail, l'employeur peut être condamné en justice à indemniser le salarié pour faute inexcusable. Le non-respect de ses obligations par l'employeur peut entraîner des sanctions pénales.

• **Les salariés** sont tenus de respecter les instructions de l'employeur, dans les conditions prévues au règlement intérieur. Ces instructions précisent, en particulier lorsque la nature des risques le justifie, les conditions d'utilisation des équipements de travail, des moyens de protection, des substances et préparations dangereuses. Elles sont adaptées à la nature des tâches à accomplir.
Chaque salarié est tenu de prendre soin, en fonction de sa formation et selon ses possibilités, de sa santé et de sa sécurité ainsi que de celles des autres personnes concernées par ses actes ou ses omissions au travail.

Sanctions : en cas de non-respect des consignes, le salarié engage sa responsabilité et une faute grave peut être retenue contre lui.

DOC. 2 Droit de retrait (article L 4131-1 du Code du travail)

• Le travailleur alerte immédiatement l'employeur de toute situation dont il a un motif raisonnable de penser qu'elle présente un danger grave et imminent pour sa vie ou sa santé ainsi que de toute défectuosité qu'il constate dans les systèmes de protection. Il peut se retirer d'une telle situation.

• L'employeur ne peut demander au travailleur qui fait usage de son droit de retrait de reprendre une activité dans une situation de travail où persiste un danger grave et imminent résultant notamment d'une défectuosité de protection.

© INRS.

2. Souligner dans le tableau de la **consigne 1** (p. 103) les droits et les devoirs du salarié en cas de danger grave et imminent puis les justifier.

Ils font partie intégrante de son obligation de sécurité ; le salarié est sur le terrain et de ce fait, il est le premier à repérer un danger.

3. Justifier à partir du **doc. 3** l'utilité d'un accueil et d'une formation à la sécurité pour les nouveaux embauchés.

Tout nouvel embauché ignore les dangers présents au sein de l'entreprise ; il doit en être informé lors de l'accueil et il doit être formé à l'utilisation de tous les matériels et dispositifs de prévention utilisés.

DOC. 3 Obligation de formation à la sécurité

• **Article L. 4141-2 du Code du travail (extrait)** : « L'employeur organise une formation pratique et appropriée à la sécurité au bénéfice :
1. des travailleurs qu'il embauche ;
2. des travailleurs qui changent de poste de travail ou de technique ;
3. des salariés temporaires [...]. »

• **Article L. 4141-3 du Code du travail** : « L'étendue de l'obligation d'information et de formation à la sécurité varie selon la taille de l'établissement, la nature de son activité, le caractère des risques qui y sont constatés et le type d'emploi des travailleurs. »

© INRS.

• **Article L. 4154-2 du Code du travail (extrait)** : « Les salariés titulaires d'un contrat de travail à durée déterminée, les salariés temporaires et les stagiaires affectés à des postes de travail présentant des risques particuliers pour leur santé ou leur sécurité bénéficient d'une formation renforcée à la sécurité ainsi que d'un accueil et d'une information adaptés dans l'entreprise dans laquelle ils sont employés. »

→ ACTIVITÉ 2 - Les principes généraux de la prévention C21

• Indiquer pour chaque mesure le numéro du principe de prévention énoncé dans le **doc. 4** qui a été appliqué.

Mesure A = principe n° 3 Le dispositif de ventilation d'un atelier de peinture a été intégré dès la conception du local.	**Mesure B = principe n°** 9 Le personnel a été formé aux règles de sécurité concernant l'utilisation d'une nouvelle machine. Une fiche rappelant ces règles a été fixée dessus.	**Mesure C = principe n°** 1 Le travail de l'opérateur sur une machine dangereuse a été supprimé ; l'opération de découpe a été entièrement robotisée et est pilotée par ordinateur.
Mesure D = principe n° 8 Un dispositif de ventilation aspire les poussières de bois assurant la protection collective des ouvriers menuisiers. Les équipements de protection individuelle ne sont plus nécessaires.	**Mesure E = principe n°** 4 Les postes de travail ont été conçus afin de limiter les mouvements du dos et les torsions de la colonne vertébrale. L'organisation vise à limiter les gestes répétitifs.	**Mesure F = principe n°** 5 De nouvelles hottes de laboratoires plus performantes garantissent une totale asepsie et isolent totalement le personnel des cultures, ce qui n'est pas le cas des becs Bunsen.
Mesure G = principe n° 6 Le perchloréthylène, solvant volatil hautement toxique utilisé pour dégraisser les pièces, a été remplacé par un nouveau produit qui ne présente pas ces inconvénients.	**Mesure H = principe n°** 2 La nature des risques et leur importance ont été estimées au niveau de chaque secteur de travail afin d'envisager quelles actions de prévention doivent être prioritairement menées.	**Mesure I = principe n°** 7 L'entreprise a intégré la prévention dans les postes de travail, au niveau de l'organisation du travail et de l'environnement ; elle a aussi envisagé celle-ci lors des prestations d'entreprises de services qu'elle sollicite.

DOC. 4

Neuf principes généraux de prévention

La prévention des risques professionnels repose sur 9 principes généraux inscrits dans le Code du travail (article L. 4121-2) pour évaluer, anticiper, protéger et informer. Ils guident l'employeur dans la mise en œuvre obligatoire de la prévention dans l'entreprise.

© Extrait de l'animation « Les 9 principes généraux de prévention », 2008, Réf. anim-044, www.inrs.fr

→ ACTIVITÉ 3 - L'élaboration du document unique C12 C24 C33

À partir du **doc. 5** :

1. Indiquer l'intérêt de cette mesure réglementaire.

Elle oblige chaque entreprise à réaliser une analyse fine des dangers présents dans les unités de travail et à réfléchir aux mesures de prévention appropriées à mettre en place.

2. > Souligner dans le **doc. 5** les quatre principales étapes de la réalisation d'un document unique.

> En déduire, en cochant la bonne réponse, la méthode d'analyse à utiliser pour élaborer ce document.

- ☐ méthodologie de résolution de problèmes
- ☒ approche par le risque
- ☐ approche par l'accident

DOC. 5 Cadre réglementaire du document unique

Le 5 novembre 2001, il est introduit dans l'article R.230-1 du Code du travail une nouvelle disposition : « désormais les résultats de l'évaluation des risques pour la sécurité et la santé des travailleurs devront être transcrits dans un document unique ». Cette évaluation doit conduire à faire un inventaire des dangers dans chaque unité de travail, à analyser les situations de travail à risque, à évaluer et hiérarchiser ces risques et à proposer des actions de prévention.

Les résultats de l'évaluation des risques et le programme de prévention doivent être transcrits sur le document unique. Ce document est révisable chaque année et/ou en cas d'information complémentaire notable. Cette réglementation est applicable depuis le 8 novembre 2002. Tout établissement qui ne se soumet pas à cette réglementation est passible d'une amende de 1 500 € (3 500 € en cas de récidive).

Exemple de document unique (extrait)

Il n'existe pas de modèle standard de document unique ; l'exemple ci-dessous est préconisé par la Chambre des Métiers et de l'Artisanat du Limousin pour les métiers du bois.

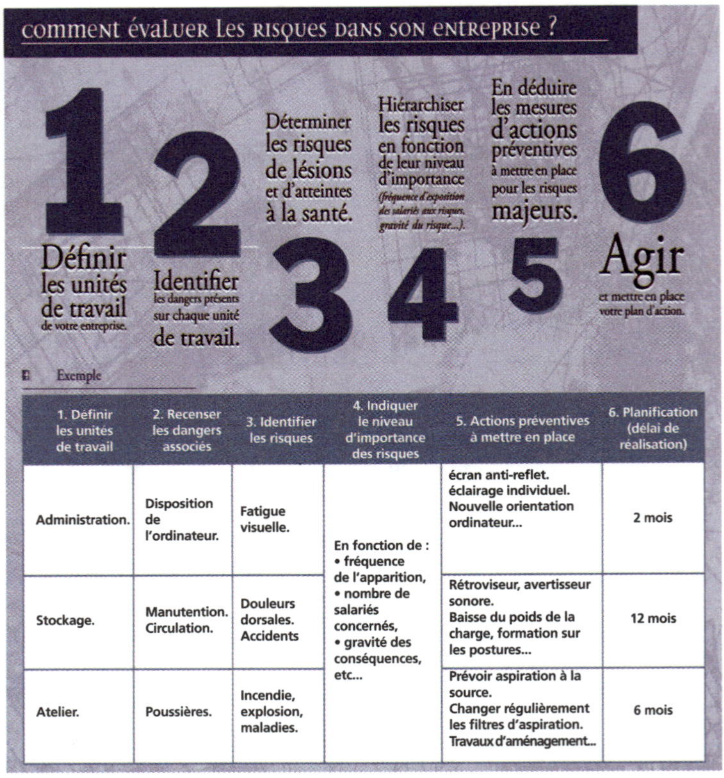

Exemple

1. Définir les unités de travail	2. Recenser les dangers associés	3. Identifier les risques	4. Indiquer le niveau d'importance des risques	5. Actions préventives à mettre en place	6. Planification (délai de réalisation)
Administration.	Disposition de l'ordinateur.	Fatigue visuelle.	En fonction de : • fréquence de l'apparition, • nombre de salariés concernés, • gravité des conséquences, etc...	écran anti-reflet. éclairage individuel. Nouvelle orientation ordinateur...	2 mois
Stockage.	Manutention. Circulation.	Douleurs dorsales. Accidents		Rétroviseur, avertisseur sonore. Baisse du poids de la charge, formation sur les postures...	12 mois
Atelier.	Poussières.	Incendie, explosion, maladies.		Prévoir aspiration à la source. Changer régulièrement les filtres d'aspiration. Travaux d'aménagement...	6 mois

© Chambre régionale des Métiers et de l'Artisanat du Limousin.

3. Pour un secteur de votre atelier pédagogique ou d'une entreprise où vous avez effectué une PFMP, réaliser avec un camarade une partie du document unique en vous limitant à deux dangers. Pour cela, compléter le tableau fourni par votre professeur en mettant en œuvre la démarche d'approche par le risque étudiée en Première (se reporter aux **rabats n°s 3** et **4** de l'ouvrage).

B. Identifier les acteurs de la prévention dans l'entreprise

→ ACTIVITÉ 4 - L'interlocuteur adapté à chaque situation C22

• Indiquer l'acteur de la prévention concerné par chaque situation en cochant la bonne colonne du tableau (possibilité de cocher plusieurs cases pour la même entrée) ; s'aider des **doc. 6** à **10** (p. 109 à 110).

Situations	DP	IPRP	Médecin du travail	SST	Membres du CHSCT
A. Soigner une coupure à la main.				✗	
B. Mettre en œuvre la sécurité dans l'entreprise.		✗			
C. Le niveau sonore de l'atelier dépasse 85 dB(A) depuis l'installation d'une nouvelle machine.	✗	✗	✗	✗	✗
D. Une femme enceinte a de plus en plus de difficultés à travailler à son poste actuel.			✗		
E. Réaliser une enquête suite à un accident du travail.	✗				✗
F. Former un groupe de SST.		✗			
G. Présenter à l'employeur les demandes d'un groupe de salariés qui demandent l'installation de douches supplémentaires.	✗				✗
H. Depuis qu'il occupe un nouveau poste de travail, un employé a mal au dos tous les soirs.			✗		
I. Saisir l'inspecteur du travail.	✗				✗
J. Assurer une information sur les méfaits de l'alcoolisation qui touche régulièrement quelques salariés.		✗	✗		
K. Assurer les premiers secours en cas d'accident du travail.				✗	
L. Donner son avis sur l'aménagement des nouveaux horaires de travail.	✗				✗
M. Évaluer les résultats de la politique sécurité de l'entreprise et proposer des actions correctives.		✗			
N. Assurer les visites médicales d'embauche.			✗		
O. S'assurer que le défibrillateur est en bon état de marche.				✗	
P. S'assurer que l'installation du nouveau poste de travail n'est pas contraignante pour la colonne vertébrale.			✗		
Q. Voter au CHSCT.					✗

→ ACTIVITÉ 5 - Les missions des acteurs de la prévention dans l'entreprise C13 C22

• Compléter le tableau récapitulatif à l'aide des **doc. 6** à **10** (p. 109 à 110).

Rôle des différents acteurs de la prévention dans l'entreprise			
Acteurs		Missions principales	Conditions d'existence Sont-ils toujours présents dans l'entreprise ? À partir de combien d'employés ?
Personnel chargé de l'hygiène et de la sécurité	IPRP	• S'occuper, sur délégation du chef d'entreprise, de toute la mise en œuvre de la prévention, conformément aux principes généraux de la prévention énoncés par la loi.	• Obligatoire. • Interne à l'entreprise ou bien intervenant extérieur.
	SSTI / Médecin du travail	• Assurer la surveillance médicale des salariés : visite d'embauche, de reprise, surveillance des salariés vulnérables ou exposés à un risque particulier à leur poste. • Assurer les actions de prévention en milieu de travail : expertise du milieu de travail et proposition d'actions pour améliorer les postes et les conditions de travail. • Coordonner les équipes pluridisciplinaires des services de santé au travail.	• Toute entreprise doit avoir un service de santé au travail ou adhérer à un service interentreprises.
Délégués du personnel (DP)		• Représenter le personnel auprès de l'employeur et présenter les réclamations. • Saisir l'inspecteur du travail en cas de non-application du droit du travail. • Faire des suggestions sur l'organisation de l'entreprise.	• Présents dans les entreprises à partir de 11 salariés. • Nombre variable selon la taille de l'entreprise.
Sauveteurs secouristes du travail (SST)		• Faire alerter et réaliser les premiers secours en cas d'accident. • Assurer la maintenance du matériel de premiers secours. • Contribuer à la prévention par le repérage de risques et la transmission d'informations.	• 1 SST par atelier ou chantier de plus de 20 personnes faisant des travaux dangereux pendant plus de 15 jours. • 10 à 15 % de l'effectif de l'atelier est souhaitable.
Comité d'hygiène, de sécurité et des conditions de travail (CHSCT)		• Contribuer à la santé physique et mentale des salariés. • Contribuer à la sécurité. • Contribuer à la prévention des risques professionnels et à l'amélioration des conditions de travail.	• Dans toute entreprise à partir de 50 salariés. Y siègent l'employeur, les membres élus et, à titre consultatif, le médecin du travail, l'inspecteur du travail, des représentants de la CARSAT.

DOC. 6 Intervenant en prévention des risques professionnels (IPRP)

Le Code du travail instaure l'obligation aux chefs d'entreprise de désigner un salarié compétent (technicien ou ingénieur) pour s'occuper de la santé au travail dans son entreprise. Lorsque ces compétences n'existent pas, il doit faire appel aux compétences d'un IPRP habilité pour remplir notamment son obligation d'évaluation des risques professionnels en respectant les principes d'une approche pluridisciplinaire.

Selon l'article R.4623-38, l'IPRP se doit d'assurer des missions de diagnostic et de conseil, des missions d'accompagnement et de suivi, la communication des résultats de ses études au médecin du travail.

DOC. 7 Services de santé au travail interentreprises (SSTI)

L'arrêté du 2 mai 2012 précise que « désormais, les missions de prévention des risques professionnels et de suivi de la santé des salariés sont assurées notamment par les services de santé au travail interentreprises (SSTI) et par leurs équipes pluridisciplinaires animées et coordonnées par le médecin du travail* ».

Les SSTI doivent « éviter toute altération de la santé des travailleurs du fait de leur travail ». Cette mission préventive nécessite des actions en milieu de travail développées par l'équipe pluridisciplinaire et le suivi médical des salariés qui relève essentiellement du médecin du travail. Celui-ci ne dispense pas de soins à l'exception des situations d'urgence.

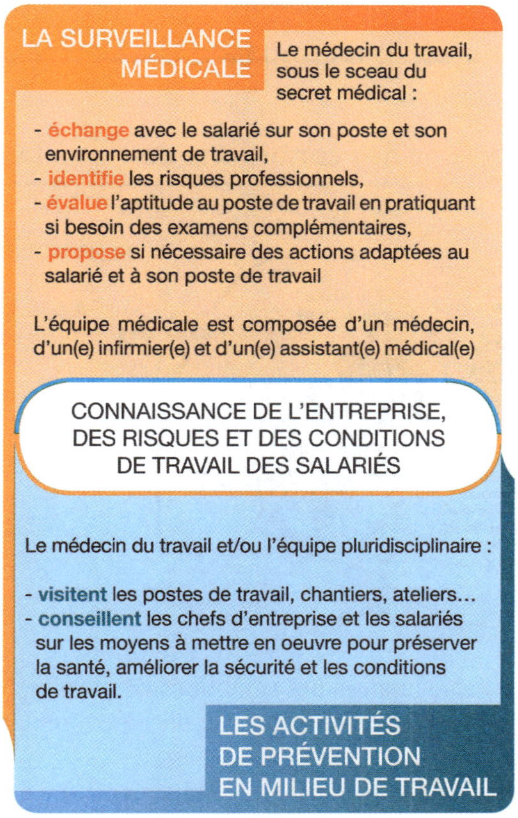

* Les grosses entreprises peuvent avoir un service interne.

© Service de Santé au Travail – SMIA – Angers.

DOC. 8 Délégués du personnel (DP)

DP
Présents dans les entreprises à partir de 11 salariés (nombre variable selon l'effectif de l'entreprise).
Élus* tous les 4 ans.

Peuvent faire des suggestions sur l'organisation générale de l'entreprise.

Assument les missions dévolues au CE, au CHSCT lorsque ceux-ci n'ont pas été mis en place.

Représentent le personnel auprès de l'employeur et lui font part des réclamations en matière de réglementation du travail.

Interlocuteurs de l'inspection du travail qu'ils peuvent saisir pour tout problème d'application du droit du travail.

* Pour être élu, il faut avoir au moins 18 ans et 1 an d'ancienneté dans l'entreprise.

Les DP, tout comme les membres du personnel élus au CE, les membres du CHSCT, les délégués syndicaux, sont des salariés protégés. Leur licenciement ne peut se faire qu'après une procédure spécifique. L'employeur qui les empêche d'effectuer correctement leurs fonctions commet le délit d'entrave.

DOC. 9 Sauveteurs secouristes du travail (SST)

Un SST est un membre du personnel qui a reçu la formation nécessaire pour donner les premiers secours en cas d'urgence en attendant l'arrivée des secours spécialisés. Le Code du travail rend obligatoire la présence de secouristes dans chaque atelier où sont effectués des travaux dangereux, dans chaque chantier occupant 20 personnes au moins pendant plus de 15 jours, où sont effectués des travaux dangereux. Le SST connaît son atelier et les risques qui lui sont propres. Il a un rôle essentiel dans la prévention, notamment en faisant remonter des observations (état du matériel par exemple) à l'encadrement et aux instances chargées de la prévention.

DOC. 10 Comité d'hygiène, de sécurité et des conditions de travail (CHSCT)

Désignés pour 2 ans par les membres élus du CE et les DP. Nombre variable selon la taille de l'entreprise.

Obligatoire dans toute entreprise à partir de 50 salariés.

Le CHSCT contribue à la protection de la santé et à l'amélioration des conditions de travail :
- il analyse les risques et les conditions de travail, participe à l'élaboration du document unique ;
- il élabore des enquêtes après accidents du travail et maladies professionnelles ;
- il donne son avis sur le règlement intérieur, avant nouvel aménagement ou changement d'organisation ;
- il participe à la formation à la sécurité des salariés de l'établissement.

C. Identifier les organismes de prévention

ACTIVITÉ 6 - Rôles et conditions d'intervention des principaux organismes de prévention C13

• Compléter le tableau récapitulatif suivant à l'aide des **doc. 11** à **17** (p. 112 à 114).

Organismes		Rôles	Conditions d'intervention
Organismes dépendant du ministère des Affaires sociales, de la Santé et des Droits des femmes	CNAMTS	• Animer et coordonner divers organismes : INRS, CARSAT, CGSS, etc. • Définir la politique de prévention des AT et des MP. • Établir le taux de cotisations payées par les employeurs. • Intervenir en prévention au sein des entreprises par les ingénieurs-conseils de la CARSAT. • Inciter à la mise en œuvre de la prévention en modulant les taux de cotisation selon les efforts réalisés.	• Les ingénieurs de la CARSAT peuvent pénétrer dans les entreprises, participer au CHSCT.
	INRS	• Conduire des recherches pour améliorer santé et sécurité au travail. • Concevoir des produits d'information. • Assurer des formations, des aides techniques. • Participer à la rédaction de textes réglementaires ou normatifs.	
Organismes dépendant du ministère du Travail, de l'Emploi, de la Formation professionnelle et du Dialogue social	ANACT	• Aider les entreprises à développer des projets innovants sur l'organisation du travail. • Informer sur les conditions de travail. • Élaborer des outils de formation.	• Elle peut apporter une aide financière à des actions pilotes menées par les entreprises.
	Inspection du travail	• Veiller à l'application de la loi. • Enquêter après un AT. • Conseiller employeur et salariés. • Verbaliser en cas d'infraction à la législation. • Faire stopper des travaux si danger grave et imminent.	• Les inspecteurs peuvent pénétrer librement dans les entreprises et faire réaliser les investigations utiles.
Organismes agréés		• Réaliser certains contrôles réglementaires sur les locaux ou les machines. • Assurer des formations.	• À la demande des entreprises ou suite à la mise en demeure de l'inspection du travail.
Organisations professionnelles		• Siéger auprès d'un certain nombre d'instances, notamment celles qui organisent la politique sécurité auprès des entreprises. • Défendre les intérêts de la profession qu'elles représentent.	• Les représentants élus sont désignés pour siéger dans les différentes instances.

DOC. 11 Lien entre les principales instances de prévention

En France, la prévention des risques professionnels est placée sous la responsabilité de deux ministères. Tandis que la direction générale du travail mène une action qui s'exprime essentiellement par voie réglementaire, les actions initiées par la CNAMTS s'articulent autour de recommandations pratiques, d'incitations financières, de contrôles, d'assistance technique et de conseils aux entreprises pour la mise en œuvre de mesures de prévention adaptées, ou de promotion de la formation et de l'information en matière de santé et de sécurité au travail. Les missions de surveillance et de contrôle, ainsi que d'information et de conseil, pour tout ce qui concerne l'application des dispositions législatives et réglementaires relatives aux conditions de travail, à la santé et la sécurité en milieu de travail, sont principalement assurées par l'Inspection du travail.

Schéma simplifié des principales instances de prévention

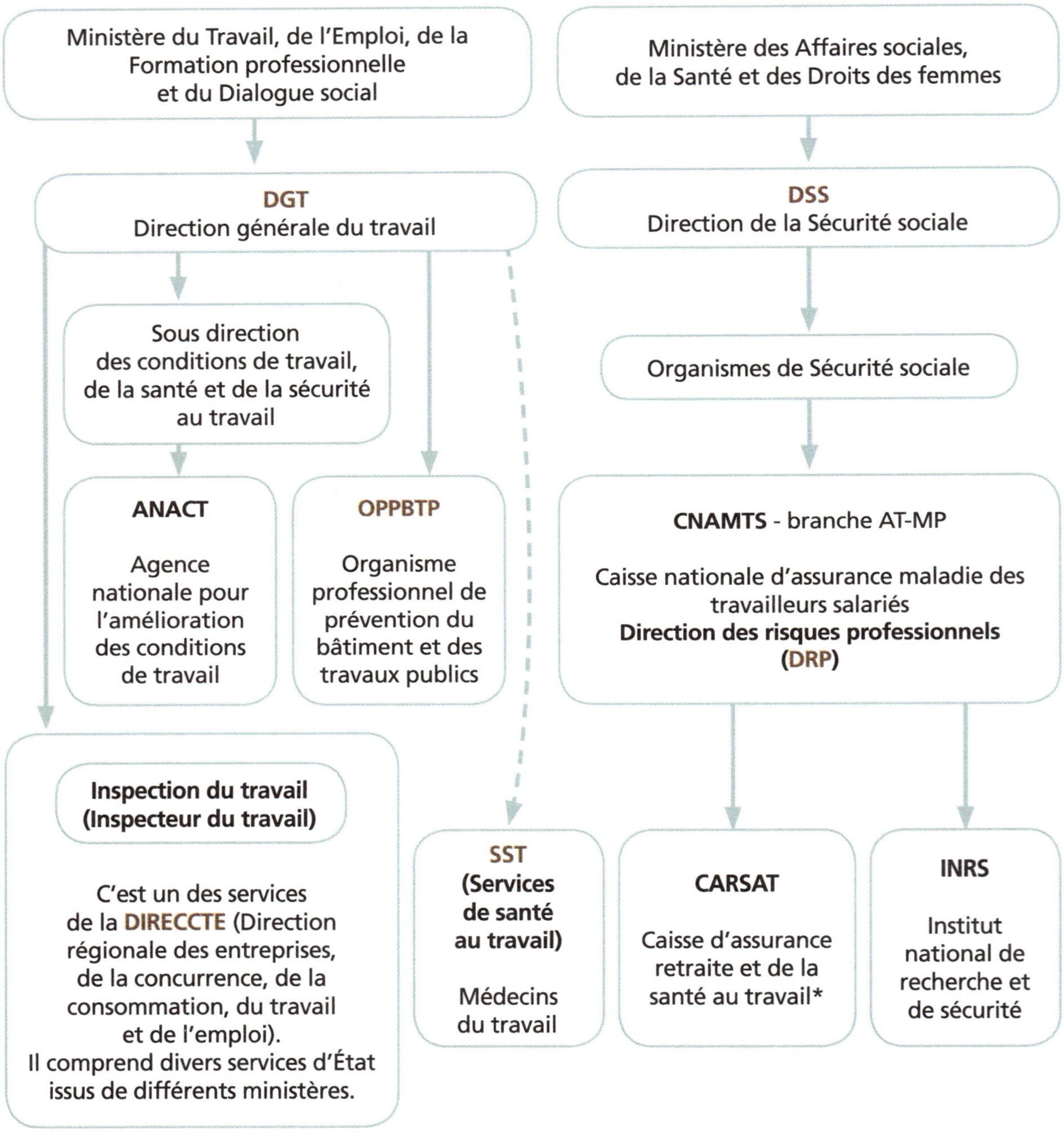

* Depuis 2010, les CARSAT remplacent les CRAM à l'exception de la CRAM Île-de-France et Alsace-Moselle et des CGSS Martinique, Réunion et Guadeloupe.

DOC. 12 Les CARSAT sous l'autorité de la CNAMTS

Moyens techniques : ingénieurs-conseils et techniciens de prévention ont le droit de pénétrer dans les établissements assujettis au régime général de Sécurité sociale. Ils sont invités aux réunions des CHSCT, effectuent des enquêtes à la suite d'accidents, des études techniques, des journées d'information et des sessions de formation destinées aux employeurs et aux salariés.

Moyens réglementaires
Les organismes de Sécurité sociale peuvent :
– inviter tout employeur à prendre des mesures de prévention ;
– adopter des dispositions générales applicables à l'ensemble des employeurs exerçant une même activité.

Les CARSAT
– développent et coordonnent la politique de prévention des AT et des MP ;
– concourent à l'application des règles de tarification.

Moyens d'incitation
En cas de risques graves ou de carences des entreprises, les CARSAT peuvent augmenter les cotisations. À l'inverse, les entreprises ayant accompli un effort particulier en faveur de la prévention peuvent bénéficier d'une minoration de leur taux de cotisation.

DOC. 13 Missions de l'institut national de recherche et de sécurité (INRS)

La principale mission de l'INRS est de développer et de promouvoir une culture de prévention des accidents du travail et des maladies professionnelles. Une mission qui répond à des exigences économiques, sociales et politiques et qui s'articule autour de trois axes majeurs :

- **Anticiper** : il identifie, à travers ses travaux, les dangers et met ainsi en évidence les risques professionnels qu'ils pourraient représenter pour les salariés ;
- **Sensibiliser et informer** : il conçoit de nombreux produits d'information afin de sensibiliser et d'informer les entreprises et tous ceux qui sont concernés par les problématiques de prévention ;
- **Accompagner** : il aide les entreprises à résoudre les problèmes auxquels elles sont confrontées en matière de santé et de sécurité. Pour cela, il apporte aux acteurs de la prévention assistance, formation et information.

Ses actions sont destinées aux spécialistes de la prévention et aux entreprises et salariés du régime général de la Sécurité sociale.

© INRS.

DOC. 14 Agence nationale pour l'amélioration des conditions de travail (ANACT)

- Le réseau ANACT a pour vocation d'améliorer à la fois la situation des salariés et l'efficacité des entreprises, ainsi que de favoriser l'appropriation des méthodes correspondantes par tous les acteurs concernés. Il aide les entreprises et les autres organisations à développer des projets innovants touchant au travail.
- L'ANACT a signé avec l'État le contrat d'objectifs et de performance 2014-2017 afin d'amener les conditions de travail au rang des facteurs de performance et de compétitivité des entreprises. Parmi les objectifs de ce contrat :

1. Favoriser et accompagner les expérimentations en matière de qualité de vie au travail ;
2. Renforcer la prévention des risques professionnels et encourager les politiques de promotion de la santé au travail ;
3. Prévenir la pénibilité pour favoriser un maintien durable en emploi.

anact
Agence Nationale pour l'Amélioration des Conditions de Travail

DOC. 15 Inspection du travail

Les inspecteurs du travail sont chargés de veiller à l'application des dispositions législatives et réglementaires. Ils effectuent des enquêtes à la suite d'accidents graves. Ils jouent également un rôle de conseil et d'information auprès des employeurs et des salariés.
Pour mener à bien ces différentes missions, les inspecteurs du travail peuvent pénétrer librement dans tous les établissements soumis à leur contrôle et demander toutes les investigations jugées utiles : mesures de bruit, prélèvements, analyses de produits, etc. S'ils constatent des infractions à la législation, ils peuvent faire des observations ou dresser un procès-verbal qu'ils transmettent au ministère public. En cas de danger grave et imminent, sous certaines conditions, les inspecteurs du travail peuvent prescrire l'arrêt temporaire des travaux sur un chantier.

DOC. 16 Organismes agréés

Le recours à des organismes agréés par le ministère chargé du Travail résulte de dispositions réglementaires. Ce recours n'est pas obligatoire pour l'ensemble des vérifications périodiques réalisées dans les entreprises ; en revanche il sera prescrit en cas de contrôle effectué sur mise en demeure de l'inspection du travail, ou bien pour vérifier le respect des valeurs limites de concentration dans l'atmosphère de certaines substances.
Les organismes agréés sont peu à peu supprimés au profit d'organismes accrédités.
Des agréments concernent le contrôle des éléments suivants : aération et assainissement, benzène, éclairage, installations électriques, machines et appareils de levage, plomb, poussière de bois, silice, etc.

Remarque : APAVE, VERITAS sont des organismes connus ayant des agréments pour divers secteurs.

L'entreprise peut aussi solliciter des organismes agréés pour certaines actions de formation.

DOC. 17 Organisations professionnelles

Les organisations professionnelles ont pour mission de défendre et d'aider les entreprises exerçant un même métier ou appartenant à un même secteur d'activité. Elles sont regroupées en confédérations correspondant à trois grandes branches de métiers : alimentation, bâtiment, production et services. Elles sont elles-mêmes réunies en organisations interprofessionnelles :

- L'UPA (union professionnelle artisanale) ;
- La FFB (fédération française du bâtiment) qui regroupe les métiers du bâtiment ;
- Le CIDUNATI (confédération intersyndicale de défense et d'union nationale d'action des travailleurs indépendants) ;
- Le MPCIA Aquitaine (mouvement patronal du commerce, de l'industrie et de l'artisanat d'Aquitaine).

Chaque organisation professionnelle siège au sein de nombreux organismes publics où elle porte la voix des métiers qu'elle représente : Conseil de prud'hommes, Caisses d'assurance maladie, Caisse d'assurance vieillesse des artisans, CAF, Direction départementale du travail, de l'emploi et de la formation professionnelle, Éducation nationale, Chambre de métiers et de l'artisanat, etc.

Indiquer maintenant comment s'inscrire dans le système de prévention des risques professionnels en salarié responsable et actif (étape 5, p. 102).

Activités de synthèse

RÉCAPITULER

1. Retrouver les termes correspondant à ces définitions.

Principes généraux de la prévention	Inscrits dans le Code du travail et au nombre de neuf, ils guident l'employeur dans la mise en œuvre de la sécurité au sein de l'entreprise.
Document unique	C'est une obligation réglementaire. Il comporte une analyse fine des dangers par secteur de l'entreprise, une estimation de la probabilité d'apparition du dommage et des solutions préventives planifiées.

2. Compléter les tableaux récapitulant les acteurs de la prévention des risques professionnels.

Acteurs dans l'entreprise	Rôle au niveau de la prévention dans l'entreprise
Employeur	Responsable de la sécurité au sein de l'entreprise, il a une obligation générale de sécurité.
Salarié	Il a une obligation de sécurité notamment en respectant le règlement intérieur et dispose du droit de retrait.
Médecin du travail	Assure la surveillance médicale des salariés et propose des mesures pour améliorer les conditions de travail.
Délégué du personnel	Représente le personnel auprès de l'employeur et présente les réclamations individuelles et collectives.
IPRP	Met en œuvre la prévention dans l'entreprise sur délégation du chef d'entreprise.
Sauveteur secouriste du travail	Alerte et réalise les premiers secours en cas d'accident.
CHSCT	Contribue à l'hygiène et à la sécurité des conditions de travail.

Acteurs institutionnels	Rôle au niveau de la prévention dans l'entreprise
CARSAT	Ses ingénieurs conseillent les entreprises et modulent le taux des cotisations selon les efforts de prévention réalisés.
INRS	Réalise recherches, formations et produits d'information à disposition des entreprises pour améliorer la sécurité.
ANACT	Aide les entreprises à développer des projets innovants dans l'organisation du travail ; élabore des outils d'information.
Inspection du travail	Veille à l'application du Code du travail.
Organisme agréé	Réalise certains contrôles réglementaires sur les locaux ou les machines.
Organisation professionnelle	Défend les intérêts de la profession qu'elle représente en siégeant dans certaines instances.

RETENIR

La prévention des risques professionnels est réglementée par le Code du travail. Elle repose sur les 9 principes de la prévention.

POUR SA MISE EN ŒUVRE :

Des acteurs au sein de l'entreprise + **Des acteurs institutionnels**

Sanction si non respect de cette obligation → **Employeur** Obligation globale de sécurité

Salariés
- Obligation de sécurité
- Droit de retrait en cas de danger grave et imminent

Service de santé au travail interentreprises (SSTI) dont médecin du travail
- Suivi médical des salariés
- Expertise sur la sécurité

IPRP

Comité d'hygiène, de sécurité et des conditions de travail (CHSCT)

Délégués du personnel (DP)

Sauveteurs secouristes du travail (SST)

Santé et sécurité au travail

Inspecteur du travail

CNAMTS
CARSAT

Organisations professionnelles
UPA Union Professionnelle Artisanale
FFB Fédération Française du Bâtiment

Organismes techniques
- Organismes agréés : apave, Bureau Veritas
- INRS
- ANACT : Agence Nationale pour l'Amélioration des Conditions de Travail
- OPPBTP : La prévention BTP

Approfondir

- **www.rffst.org** : réseau francophone de formation en santé au travail ; site de référence qui présente les rôles et missions des principaux acteurs en santé et sécurité au travail
- **www.inrs.fr** : site de référence présentant les principes généraux de la prévention, l'élaboration du document unique, les missions des différents acteurs de prévention
- **www.atousante.com** : portail internet de santé au travail
- **www.risquesprofessionnels.ameli.fr** : site de la caisse primaire d'assurance maladie

séquence 20

Cadre réglementaire de la prévention dans l'entreprise

Module 9

Distinguer accidents du travail et maladies professionnelles

OBJECTIF

> Être capable d'indiquer les conséquences des AT et des MP et leur mode d'indemnisation.
> Prendre conscience de la contribution nécessaire de chacun à la collectivité.

Guillaume, 22 ans, vient de glisser sur de la graisse dans l'atelier de mécanique où il est en train de travailler. Il est tombé sur son avant-bras qu'il ne peut plus bouger et qui a doublé de volume. Un SST s'occupe de lui en attendant les secours. Malgré sa douleur, Guillaume est inquiet ; la gravité de sa blessure va entraîner un long arrêt de travail avec perte de revenus et par conséquent engendrer des difficultés pour rembourser le crédit de sa voiture et de son home cinéma. Il y aura des dépenses de santé conséquentes : médecin, chirurgien, radiologue, pharmacie, kinésithérapeute, etc. De plus, il ne pourra plus pratiquer le football et devra se faire aider pour se laver ou pour s'habiller. Guillaume doit faire les démarches appropriées pour obtenir l'indemnisation de son accident du travail.

1 Identifier le problème posé

Guillaume doit faire les démarches appropriées pour obtenir l'indemnisation de son AT.

2 Identifier les éléments de la situation

Quoi : quelle est l'origine du problème ?

Une blessure importante va générer de lourdes dépenses de santé et un long arrêt de travail.

Qui : qui est la personne concernée ?

Guillaume, ouvrier mécanicien.

Où : dans quel lieu ?

dans l'atelier de mécanique.

Comment : quels éléments ont favorisé sa survenue ?

De la graisse dans l'atelier de mécanique.

Pourquoi : quels sont les éléments qui font que ce problème risque d'être à l'origine de complications importantes ?

Guillaume craint de ne plus pouvoir rembourser ses crédits suite à son arrêt de travail, de devoir arrêter le sport et redoute la dépendance (aide nécessaire pour la toilette ou l'habillage).

3 Mettre en relation les éléments de la situation

Compléter le diagramme « causes-effet » à l'aide des éléments de la situation suivants :

difficultés à rembourser les crédits / plus de football / perte de revenus / médecin / chirurgien / au cours du travail / radiologue / aide à la toilette et l'habillage / pharmacie / kinésithérapeute / dans l'atelier de mécanique

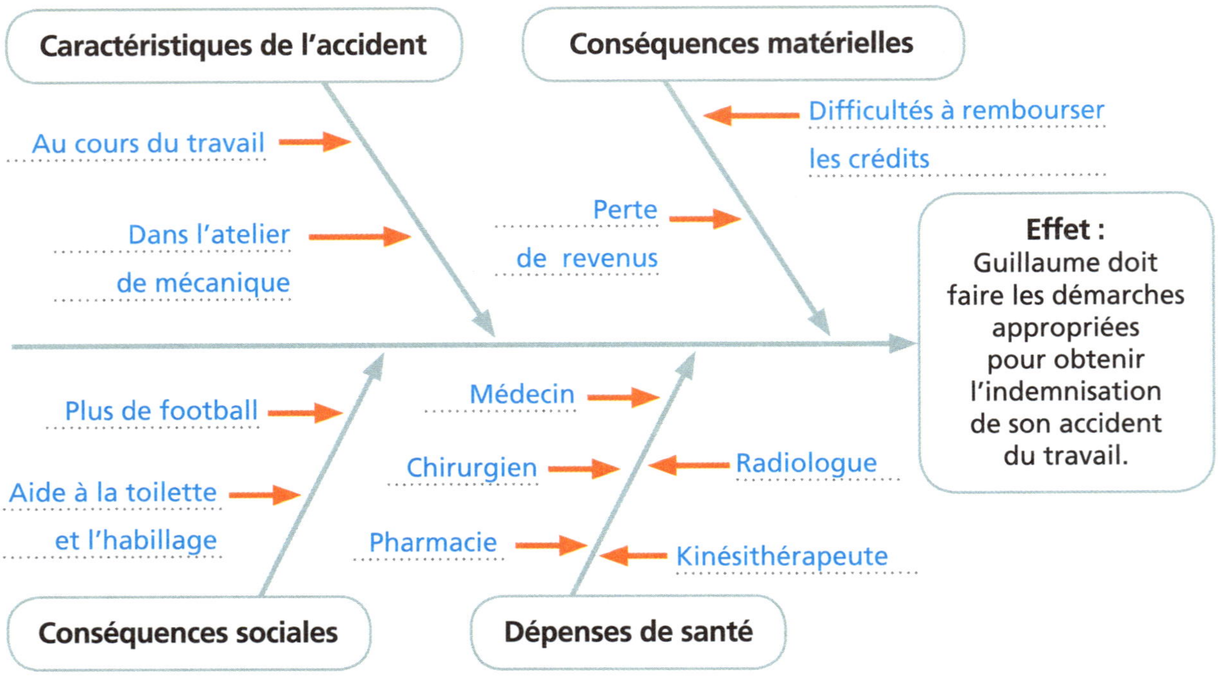

4 Mobiliser des connaissances utiles

Pour comprendre la situation et y apporter des solutions, je réalise les **Activités 1** à **6** de la séquence 20.

5 Proposer des solutions

1/ Indiquer les démarches que doit faire Guillaume pour être indemnisé de son accident du travail.

> Il doit prévenir son employeur dans les 24 h (celui-ci doit prévenir la CPAM dans les 48 h).

> Il doit envoyer le certificat médical initial remis par le médecin à la CPAM.

> Il doit présenter la feuille d'AT remise par l'employeur à tous les praticiens pour être dispensé d'avancer les frais.

2/ Indiquer par quoi sera remplacé son salaire sachant qu'il a 3 mois d'arrêt de travail (90 jours).

Il percevra des indemnités journalières de :

> 60 % de son salaire brut jusqu'à 28 jours d'arrêt de travail ;

> 80 % de son salaire brut à partir du 29e jour d'arrêt.

3/ Citer l'action qu'il peut intenter contre son employeur sachant que le sol de l'atelier n'est pas conforme aux normes de sécurité en vigueur malgré les injonctions de l'inspection du travail.

Il peut intenter une action en justice car l'accident met en cause la responsabilité pénale de l'employeur qui s'expose à des sanctions. Sa responsabilité civile est aussi en cause et il peut obtenir une réparation complémentaire si la faute inexcusable est prouvée.

MOBILISER DES CONNAISSANCES UTILES

En 2013, 618 000 salariés ont été victimes d'un accident du travail (AT) 541 en sont décédés ; les maladies professionnelles (MP) ont tué 430 personnes. Outre le coût humain, AT et MP génèrent un coût financier élevé. Il faut connaître leurs procédures de déclaration et d'indemnisation si l'on en est victime sans perdre de vue qu'il vaut mieux prévenir que guérir.

ACTIVITÉ 1 - Les caractéristiques des AT et des MP C11 C13 C21

À l'aide du **doc. 1** :

1. Compléter le tableau en cochant la bonne colonne.

Caractéristiques	AT	MP
A. Résulte d'une action soudaine.	✗	
B. Se déclare lentement.		✗
C. Se produit lors du travail.	✗	
D. Résulte d'une longue exposition à des conditions de travail.		✗
E. Provoque une lésion (blessure) du corps.	✗	
F. Doit être reconnue par la Sécurité sociale (inscription dans un tableau).		✗

2. Proposer une définition simple :

> d'un accident du travail (AT) : accident survenant par le fait ou à l'occasion du travail ; il résulte d'une action soudaine et provoque des lésions.

> d'une maladie professionnelle (MP) : maladie se déclarant lentement et résultant d'une exposition plus ou moins longue à un danger dans le cadre de son travail. Elle doit être reconnue comme telle par la Sécurité sociale, notamment en figurant sur un tableau de MP.

DOC. 1 Accident du travail et maladie professionnelle

Accident du travail

« Est considéré comme accident du travail, quelle qu'en soit la cause, l'accident survenu par le fait ou à l'occasion du travail à toute personne salariée ou travaillant, à quelque titre que ce soit, pour un ou plusieurs employeurs ou chefs d'entreprise. »
(Article L.411.1. du Code de la Sécurité sociale.)
Suite à des jugements de tribunaux (jurisprudence), trois conditions complètent les règles légales : une action soudaine a provoqué une ou plusieurs lésions ; l'accident est intervenu au temps et au lieu de travail ; un rapport de cause à effet existe entre l'accident et les lésions.

Maladie professionnelle

« Pour être reconnue comme professionnelle, une maladie doit correspondre aux caractéristiques énoncées par l'un des 112 tableaux des maladies professionnelles ; elle doit être contractée dans les conditions mentionnées dans le tableau correspondant. »
« Peut être également reconnue d'origine professionnelle une maladie [...] lorsqu'il est établi qu'elle est essentiellement et directement causée par le travail habituel de la victime [...] »
(Article L.461.1. du Code de la Sécurité sociale.)

3. Télécharger les « tableaux de synthèse des statistiques nationales de la sinistralité 2013 de la branche AT-MP du régime général » sur le site **www.risquesprofessionnels.ameli.fr**. En imprimer la page 3 puis y surligner le CTN (comité technique national) dont relève votre secteur professionnel et les données qui le concernent.

→ ACTIVITÉ 2 - Le coût humain des AT et des MP C21 C22

1. Souligner dans le **doc. 2** :

> en bleu, le nombre de victimes décédées d'un AT ou d'une MP.

> en vert, le nombre de victimes d'un AT ou d'une MP atteintes d'une incapacité permanente (IP).

DOC. 2 Statistiques AT et MP pour 18 314 269 salariés (2013)

AT					
AT avec arrêt	618 263	AT avec incapacité permanente (IP)	39 078	Décès	541
Jours d'incapacité temporaire (IT)	37 495 807	Durée moyenne de l'IT	60,6	Indice de fréquence (IF[1])	33,8
Taux de fréquence (TF[2])	22,7	Taux de gravité (TG[3])	1,4	Indice de gravité (IG[4])	14,7

MP			
MP réglées	51 452	MP avec IP	27 450
Décès	430	Jours d'IT	10 196 080

Accidents du trajet			
Accident avec arrêt	93 363	Accident avec IP	7 865
Décès	306	Jours d'IT	6 206 593

1. IF : nombre d'AT par millier de salariés.
2. TF : nombre d'AT avec arrêt par million d'heures de travail.
3. TG : nombre de jours d'arrêt par millier d'heures de travail.
4. IG : somme des taux d'IPP par million d'heures de travail.

Source : INRS.

2. Définir, à partir de la **consigne 1.** et du **doc. 3**, le coût humain des AT et des MP.

Il représente les dommages physiques subis par les victimes d'AT et de MP, mais aussi toutes les conséquences générées au niveau de leur vie personnelle, familiale, sociale et professionnelle.

3. Compléter le **doc. 3** en ajoutant une conséquence possible pour chaque ligne du tableau.

DOC. 3 Coût humain des AT et des MP

Quelques conséquences possibles des AT et des MP...	
... sur la vie quotidienne	• Sentiment de perte de l'intégrité physique en cas d'accident, de maladie. • Souffrances physique et morale liées au traumatisme. • Repli sur soi, dépression.
... sur la vie familiale	• Diminution des revenus lors de l'arrêt de travail (les prestations en espèces sont inférieures au salaire) d'où des problèmes de budget possibles. • Difficultés relationnelles dans la famille consécutives à l'état de déprime.
... sur la vie sociale	• Impossibilité de pratiquer certains sports à cause du handicap. • Perte d'intérêt pour toute activité sociale.
... sur la vie professionnelle	• Difficultés dans la réalisation du travail. • Changement de poste. • Arrêt de toute activité professionnelle.

→ ACTIVITÉ 3 - Le coût financier des AT et des MP C22 C23

1. Définir, à partir des **doc. 4** et **6**, les coûts direct et indirect des AT et des MP.

> coût direct : correspond aux dépenses liées aux soins, indemnités journalières et rentes, etc.

> coût indirect : coûts résultant des dysfonctionnements ou de détériorations au sein de l'entreprise provoqués par l'accident (dégradation de machines, arrêt ou retard de production, etc.).

2. Expliquer à l'aide du **doc. 5** comment est financé le coût direct des AT et des MP.

Ce sont les cotisations patronales AT et MP versées par les entreprises qui le financent.

3. Expliquer pourquoi des bons résultats en matière de sécurité constituent aussi un enjeu financier important pour l'entreprise.

Les entreprises qui ont peu d'AT et de MP paient un taux de cotisations AT et MP plus bas.

DOC. 4 Coûts direct et indirect des AT et MP

Remplacement du salarié, arrêt de production, diminution du rendement, matériels et produits détériorés, retard de livraison, insatisfaction du client, perte de marchés, temps passé à gérer l'accident, etc.

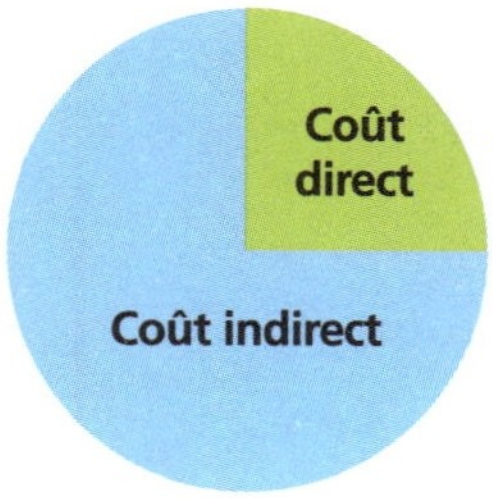

Frais de médecin, d'hôpital, de médicaments, de radiologie, de rééducation, etc.
Indemnités journalières
Pension, rente
Fond de prévention

DOC. 5 Calcul des taux de cotisation AT et MP pour l'entreprise

La fixation du taux des cotisations dues au titre des AT et des MP fait l'objet d'une réglementation propre, absolument distincte des cotisations dues au titre de l'assurance maladie. Le taux de cotisation « AT et MP » est calculé chaque année en fonction du risque et fait l'objet d'une notification aux entreprises par les CARSAT. Il repose sur les résultats de l'établissement en matière de sécurité.

Source : www.ameli.fr

DOC. 6 Répartition des prestations versées

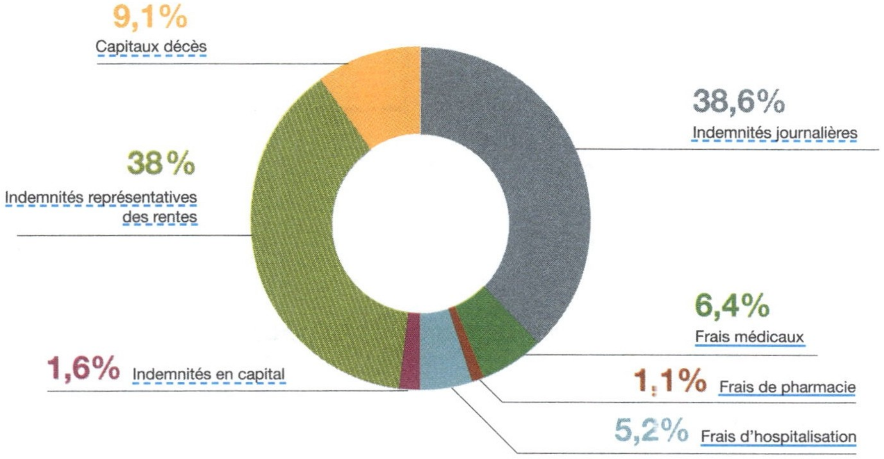

Source : Cnamts, direction des risques professionnels – extrait du rapport de gestion 2013 de l'Assurance Maladie – Risques professionnels.

→ ACTIVITÉ 4 - Les procédures de déclaration et d'indemnisation d'un AT C22 C23

1. Indiquer pour l'**exemple A** ci-après et à l'aide du **doc. 7** :

> La démarche que doit faire Patrick.

Il doit informer son employeur dans les 24 h.

> La démarche que doit faire son employeur.

Il doit informer la CPAM dans les 48 h.

> Le document que Patrick va recevoir :

– du médecin : le certificat médical initial (en 3 exemplaires).

– de l'employeur : la feuille d'AT à 3 volets.

> Indiquer l'utilité de ces documents.

Ils vont permettre de percevoir les prestations en nature (gratuité des soins).

Exemple A : Un parpaing mal scellé tombe ; **Patrick**, ouvrier maçon, a la main écrasée. Le traitement de sa blessure a nécessité une intervention chirurgicale, une semaine d'hospitalisation, deux mois de rééducation chez un kinésithérapeute, sans oublier de nombreux médicaments et examens médicaux et radiologiques entièrement pris en charge par sa CPAM. Pendant son traitement, Patrick perçoit des indemnités journalières. À la fin de son traitement, le médecin-conseil de la CPAM constate que son pouce et son index sont définitivement paralysés. Une rente d'incapacité lui est attribuée.

DOC. 7 Déclaration d'un AT

Ce que je fais en tant qu'assuré

Je retrouve ci-après les démarches que je dois effectuer pour bénéficier de mes prestations.

JE DÉCLARE MON ACCIDENT

24h — Je préviens rapidement mon employeur de mon accident, en précisant les circonstances et l'identité du ou des témoin(s) éventuel(s).

J'envoie le « certificat médical initial » remis par mon médecin après mon accident à ma caisse d'assurance maladie.

JE M'ASSURE QUE MON EMPLOYEUR A FAIT LES DÉMARCHES DE SON CÔTÉ

Une fois informé de mon accident, mon employeur doit remplir plusieurs obligations :

sous 48h — déclarer à ma caisse d'assurance maladie, l'accident que j'ai eu sur mon lieu de travail ou sur le trajet, en renvoyant la « déclaration d'accident du travail »,

- me remettre une « feuille d'accident du travail » dès que possible,
- en cas d'arrêt de travail, il doit remplir une attestation de salaire et l'envoyer au plus tôt à ma caisse d'assurance maladie, qui calculera ainsi le montant de mes indemnités journalières.

J'UTILISE MA FEUILLE D'ACCIDENT DU TRAVAIL

- Je la présente aux professionnels de santé que je consulte. Elle me dispense de l'avance des frais.
- À la fin de mon traitement ou dès qu'elle est entièrement remplie, je la renvoie à ma caisse d'assurance maladie.

Source : Cnamts, 2012 – © Agence Australie / Cristof Echard.

2. Souligner, à l'aide du **doc. 8**, dans l'**exemple A** et dans le **doc. 6** (p. 121) :
> en bleu, les prestations en nature ;
> en vert, les prestations en espèces.

DOC. 8 Prestations en nature et en espèces

- Les prestations en nature constituent la prise en charge des dépenses de santé.
- Les prestations en espèces correspondent aux indemnités journalières, aux rentes d'incapacité en cas d'infirmité, aux rentes aux ayants droit (veuve, enfants ou parents) en cas de décès de la victime.

ACTIVITÉ 5 - Les procédures de déclaration et d'indemnisation d'une MP C22 C23 C24

1. Justifier pour l'**exemple B** ci-après et à l'aide du **doc. 10** (p. 124), pourquoi le tétanos de Tom est considéré comme tétanos professionnel.

Il travaille dans les égouts (travaux pouvant provoquer la maladie).
Le délai d'apparition est inférieur à 30 jours (14 août). Le tétanos ne résulte pas d'un accident du travail.

Exemple B : Titulaire d'un bac professionnel hygiène et environnement, **Tom** encadre une équipe d'agents d'assainissement dans les égouts de Paris. Il est en congé d'été du 1 au 16 août. Le 14 août, il ressent de violentes contractions à la mâchoire puis au niveau des jambes. Son médecin diagnostique un tétanos professionnel.

2. Indiquer, à l'aide du **doc. 9,** les démarches que doit faire Tom pour constituer un dossier de maladie professionnelle recevable.

Il doit envoyer à la CPAM le formulaire de déclaration de MP complété, le certificat médical initial établi par son médecin et une attestation de salaire complétée par l'employeur.

3. Calculer, à l'aide du **doc. 9,** le montant des prestations en espèces que percevra Tom sachant qu'il aura 3 mois d'arrêt de travail (90 jours) et que son salaire brut est de 2 000 € ; le détail des calculs est attendu.

Salaire journalier de base :
2 000/30 = 66,66 €
Montant perçu :
(66,66 × 60/100 × 28) + (66,66 × 80/10 × 62)
= 1 120 + 3 306 = 4 426 €

DOC. 9

Déclaration et indemnisation d'une MP

JE DÉCLARE MA MALADIE PROFESSIONNELLE

J'envoie à ma caisse d'assurance maladie :

- **ma déclaration de maladie professionnelle** (disponible sur www.ameli.fr rubrique « formulaires » ou auprès de ma caisse d'assurance maladie),
- **le certificat médical initial remis par mon médecin.** Il précise la nature de ma maladie et montre le lien, qui existe entre ma maladie et mon travail,
- **mon attestation de salaire,** remplie par mon employeur.

PRISE EN CHARGE DES SOINS

Si je suis atteint(e) d'une maladie professionnelle, tous les soins qui y sont liés, sont pris en charge à 100 %* par l'Assurance Maladie. Je ne fais pas l'avance des frais et ne paye pas le forfait journalier si je suis hospitalisé(e). La participation forfaitaire de 1 € pour chaque acte ou consultation reste à ma charge.

LE PAIEMENT D'INDEMNITÉS JOURNALIÈRES

Si je suis en arrêt de travail, les indemnités journalières compensent en partie ma perte de salaire. Elles me sont dues pour tous les jours de la semaine (samedis, dimanches et jours fériés compris) et sont calculées à partir de mon dernier salaire brut :

JOUR 1 – JOUR 2 – JOUR 28 : 60 % du dernier salaire brut
JOUR 29 – … : 80 % du dernier salaire brut

Leur montant ne peut pas être supérieur à mon salaire journalier net (salaire mensuel net divisé par 30).

LE VERSEMENT D'UNE INDEMNITÉ OU D'UNE RENTE EN CAS D'INCAPACITÉ

À l'issue de mon traitement, si des séquelles affectent ma capacité de travail, je peux également bénéficier :

- **d'une indemnité en capital forfaitaire** (somme d'argent versée en une seule fois), **si mon taux d'incapacité est inférieur à 10 %,**
- **d'une rente, si mon taux d'incapacité permanente est supérieur ou égal à 10 %.** Le montant de cette rente dépend de mon taux d'incapacité et des salaires que j'ai perçus au cours des 12 mois précédant mon arrêt de travail. Elle m'est versée tout au long de ma vie tant que mon état de santé le justifie.

Source : Cnamts, 2012 – © Agence Australie / Cristof Echard.

Remarque : le versement des prestations en nature et en espèces se fait selon les mêmes modalités pour les AT et accidents du trajet.

DOC. 10 Exemple de tableau de MP : tétanos professionnel

Date de création : décret du 12 juillet 1936 — Dernière mise à jour : décret du 19 juin 1985

Désignation de la maladie	Délai après la fin de l'exposition pendant lequel on peut déclarer la maladie*	Liste limitative des travaux susceptibles de provoquer cette maladie
Tétanos en dehors des cas consécutifs à un accident du travail	30 jours	Travaux effectués dans les égouts

* Délai maximal entre la constatation de la maladie et la date à laquelle le travailleur a cessé d'être exposé au risque.

→ ACTIVITÉ 6 - Les responsabilités pénale et civile de l'employeur C22 C23

1. Indiquer et justifier à l'aide du **doc. 11** quel type de responsabilité est mis en cause dans l'**exemple A** ci-dessous.

Il s'agit de la responsabilité pénale ; l'employeur est condamné pour un manquement délibéré aux règles de sécurité.

Exemple A (suite) : Le tribunal correctionnel a condamné l'employeur de Patrick à 15 000 € d'amende et 3 mois de prison avec sursis pour n'avoir pas mis en œuvre les moyens de protection appropriés sur le chantier.

2. Indiquer ce que doit faire Patrick pour obtenir une réparation complémentaire du préjudice subi et expliquer comment celle-ci sera financée.

Il doit prouver la faute inexcusable de l'employeur pour obtenir un dédommagement supplémentaire de la CPAM. Celle-ci sera répercutée chez l'employeur (augmentation des cotisations AT-MP).

DOC. 11 Responsabilité pénale et responsabilité civile de l'employeur

La responsabilité pénale est un mécanisme de répression qui vise à punir l'auteur d'une infraction. [...] Depuis 1994, le Code pénal réprime plus sévèrement les atteintes à la santé et à la sécurité des personnes. Les peines prévues sont ainsi aggravées si les dommages trouvent leur origine dans un manquement délibéré aux règles de sécurité. [...] La responsabilité civile est un mécanisme de réparation qui permet l'indemnisation de la victime d'un dommage. En matière d'accidents du travail et de maladies professionnelles, c'est un régime spécifique, dérogatoire du droit commun, qui préside à l'indemnisation des victimes. [...] Tout salarié victime d'un AT ou d'une MP bénéficie automatiquement d'une indemnisation forfaitaire qui lui est directement versée par sa caisse primaire d'assurance maladie (cotisations AT/MP acquittées par l'employeur). Cette indemnisation est versée sans qu'une faute ne soit recherchée, qu'elle soit imputable à l'employeur ou au salarié et responsable du dommage. [Toutefois], en cas de faute inexcusable de l'employeur (mesures préventives non prises pour un danger connu), dans le cas d'accident du travail, la victime pourra obtenir une majoration de sa rente d'incapacité permanente partielle (IPP) et une réparation complémentaire du préjudice subi. [...] La preuve de la faute inexcusable échoit à la victime ou ses ayants droit. [...] La caisse primaire d'assurance maladie récupère auprès de l'employeur la majoration de la rente d'IPP [...]

© www.atousante.com, portail internet de santé au travail.

Proposer maintenant des solutions pour Guillaume (étape 5, p. 118).

Activités de synthèse

RÉCAPITULER

1. Compléter le tableau suivant :

	Définitions
Accident du travail	Accident survenu par le fait ou à l'occasion du travail ; c'est un événement soudain qui occasionne un dommage.
Maladie professionnelle	Elle résulte de l'exposition plus ou moins longue d'un travailleur à un danger et se déclare plus ou moins rapidement (de quelques jours à des dizaines d'années) ; elle doit figurer dans l'un des 112 tableaux.
Coût financier	Indemnisation des accidents du travail et des maladies professionnelles qui représente des sommes élevées pour la CNAMTS.
Coût humain	Souffrances physiques et morales, handicaps, perturbations de la vie familiale et sociale dues à un AT ou une MP.
Coût indirect	Dépenses que supporte l'entreprise en cas d'AT : détérioration de matériel, arrêt d'une chaîne de production.
Prestations en nature	Dépenses de santé occasionnées par l'AT ou la MP ; elles sont intégralement prises en charge.
Prestations en espèces	Remplacement partiel du salaire pendant l'arrêt de travail lié à l'AT ou la MP, rente d'incapacité, rente d'ayants droit en cas de décès de la victime.

2. Compléter le texte à trous ci-dessous. Si besoin, se reporter à l'aide en bas de page.

- En cas d'accident du travail, la victime doit déclarer celui-ci à l'employeur dans un délai de 24 heures et l'employeur doit le déclarer à la CPAM dans un délai de 48 heures.
- Le certificat médical initial établi par le médecin et la feuille d'accident du travail remise par l'employeur permettent à la victime de percevoir les prestations en nature.
- Pour constituer un dossier de maladie professionnelle valide, la victime doit envoyer à la CPAM un formulaire de déclaration accompagné du certificat médical initial établi par le médecin et d'une attestation de salaire.
- Si la maladie est reconnue, la CPAM envoie la feuille de maladie professionnelle.

AIDE : CPAM (2 fois) / reconnue / 24 heures / certificat médical initial (2 fois) / feuille d'accident du travail / 48 heures

RETENIR

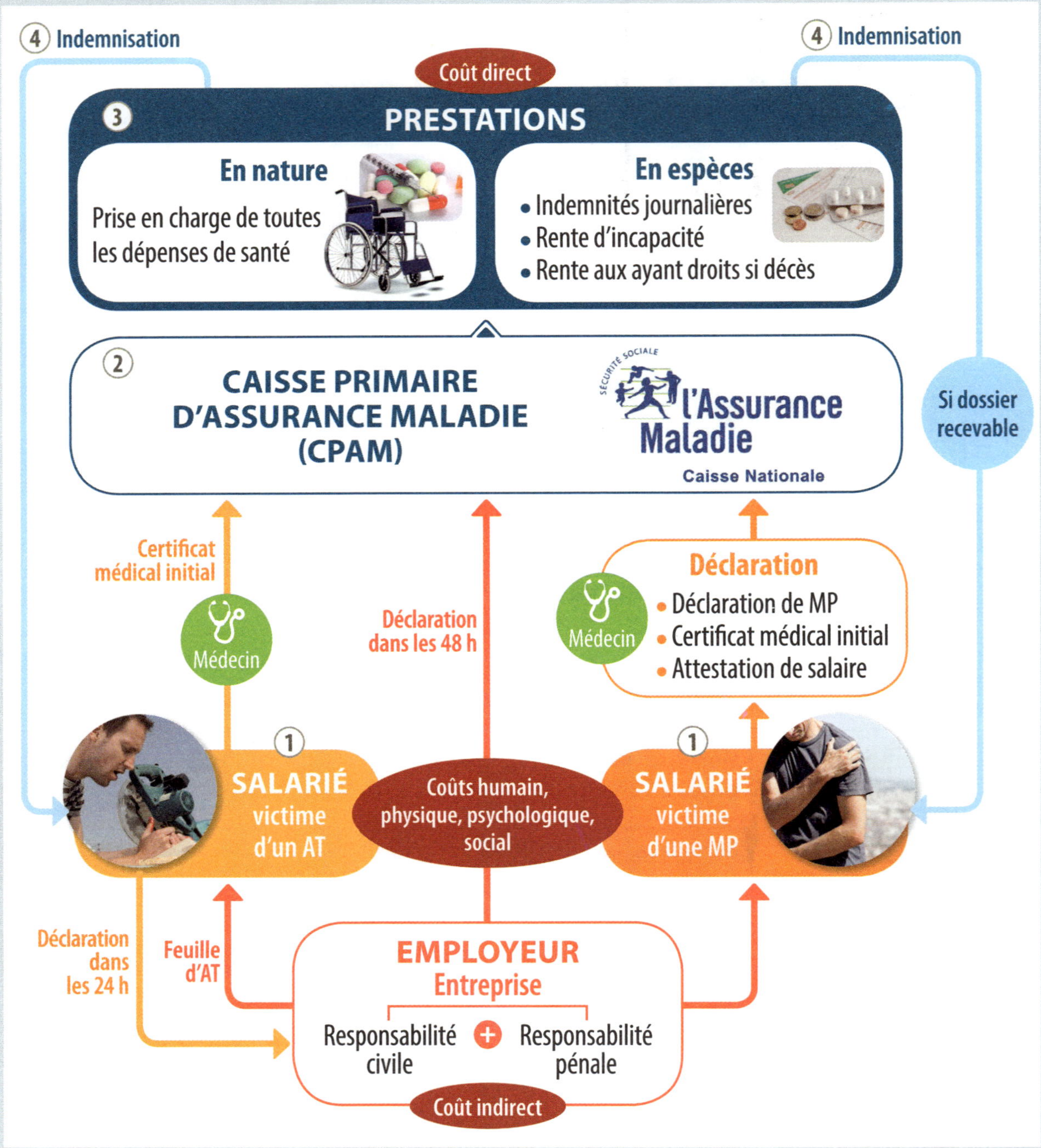

Approfondir

- **www.ameli.fr** : explications très complètes sur les démarches à accomplir en cas d'AT et de MP, dépliants grand public à télécharger
- **www.inrs.fr** : définition des AT et MP, démarches, indemnisation
- **www.atousante.com** : conséquences des AT et des MP pour les entreprises en termes de coûts

Maîtriser le module 9

Vous venez d'obtenir votre baccalauréat professionnel et vous débutez votre période d'essai dans l'entreprise X comprenant 125 salariés. Vous êtes pris(e) en charge par votre chef d'équipe qui vous fait visiter l'atelier et les différents services. Il vous explique l'importance particulière de la sécurité dans l'établissement et vous rappelle le rôle des différents acteurs. Vous lui précisez que vous êtes titulaire du certificat de SST.

Répondre aux questions C21 C22 C24

1/ Indiquer trois obligations du salarié au niveau de la sécurité. **... / 3 pts**

> Veiller à sa santé et à sa sécurité et à celle des autres salariés (obligation de sécurité).

> Respecter le règlement intérieur.

> Alerter l'employeur en cas de danger grave et imminent.

2/ Justifier l'importance, au niveau de la sécurité, de l'accueil pour tout nouveau salarié dans l'entreprise. **... / 1,5 pt**

Tout nouvel embauché ignore les dangers présents au sein de l'entreprise ; il doit en être informé lors de l'accueil et doit être formé à l'utilisation de tous les matériels et dispositifs de prévention utilisés. C'est une obligation réglementaire.

3/ Indiquer, pour chaque situation, quelle(s) personne(s) doi(ven)t agir en cochant la bonne colonne du tableau. **... / 3,5 pts**

Situations	DP	IPRP	Médecin du travail	SST
A. Soigner un saignement de nez.				✘
B. Missions de diagnostic sécurité dans un atelier.		✘		
C. Un salarié a des vertiges sur le poste de montage.			✘	
D. Présenter à l'employeur les requêtes d'un groupe de salariés qui demandent l'amélioration du chauffage dans les vestiaires.	✘			
E. Assurer les premiers secours en cas d'accident du travail.				✘
F. Donner son avis sur la durée de la pause du midi.	✘			
G. S'assurer que la répétition du geste n'entraîne pas le syndrome du canal carpien au niveau du poignet du salarié.			✘	

4/ Indiquer la signification du sigle IPRP. **... / 0,5 pt**

Intervenant en prévention des risques professionnels.

Votre chef de service vous laisse auprès du médecin du travail pour votre visite médicale d'embauche. Il se rend à une réunion du CHSCT mise en place suite à un accident du travail venant de se produire dans les ateliers.

5/ Expliquer le rôle de la visite médicale d'embauche. **... / 1 pt**

La visite médicale d'embauche permet de vérifier que le salarié est apte à occuper le poste pour lequel il a été embauché.

6/ Compléter le tableau suivant concernant le CHSCT. **... / 6,5 pts**

> CHSCT : Comité d'hygiène, de sécurité et des conditions de travail	
> Nombre de salariés à partir duquel cette instance doit être présente dans l'entreprise : 50	
> Rôle : contribuer à la protection de la santé physique et mentale des salariés, à leur sécurité, à l'amélioration des conditions de travail.	
> Composition	
Membres avec voix décisionnelle	**Membres avec rôle consultatif**
• Chef d'entreprise • Représentants du personnel	• Médecin du travail • Inspecteur du travail • IPRP • Représentant de la CNAMTS
> Exemples d'actions pour remplir son rôle • Analyser les risques professionnels par des visites régulières des ateliers. • Participer à l'élaboration du document unique. • Réaliser des enquêtes en cas d'accident du travail ou de maladie professionnelle.	

7/ Compléter le tableau suivant concernant les accidents du travail. **... / 4 pts**

Définition d'un AT : accident survenant par le fait ou à l'occasion du travail ; il résulte d'une action soudaine et provoque des lésions.	
Démarches pour être indemnisé d'un AT	**Mode d'indemnisation d'un AT**
• Prévenir son employeur dans les 24 h. Il envoie la déclaration d'AT dans les 48 heures à la CPAM. • Envoyer le certificat médical initial remis par le médecin à la CPAM. • Présenter la feuille d'AT remise par l'employeur à tous les praticiens pour être dispensé d'avancer les frais.	Prestations en nature • Prise en charge de toutes les dépenses de santé nécessaires. Prestations en espèces • 60 % du salaire brut jusqu'à 28 jours d'arrêt de travail ; 80 % du brut à partir du 29e jour d'arrêt. • Rente d'incapacité possible selon taux de handicap.

Prévenir le risque chimique

OBJECTIF

> Repérer les risques chimiques au cours de situations professionnelles.
> Adopter un comportement responsable en respectant les règles de sécurité.

Cédric, 17 ans, élève en Bac Pro réparation des carrosseries, est en PFMP. Son travail consiste à préparer les carrosseries de véhicules et à les peindre. Il travaille dans la cabine de peinture mal ventilée et sans EPI en utilisant des peintures riches notamment en pigments à base de plomb, cadmium, chrome... mais aussi en solvants volatils. En consultant une brochure distribuée par le service de santé au travail, il découvre que les poussières de peinture (ponçage) et les peintures appliquées constituent un danger auquel il est exposé au cours de son travail. L'inhalation ou un contact répété avec ces produits en l'absence de protections peut provoquer, à court terme, des eczémas, de l'asthme, une toxicité neurologique et, à long terme, des cancers*.

1 Analyser les risques d'atteinte à la santé

• Définir les limites de la situation de travail

Qui est l'opérateur ? Cédric, élève en baccalauréat professionnel réparation des carrosseries.

Quelle est la tâche réalisée ? Préparer les carrosseries de véhicules et les peindre.

Quel est le lieu ? Un atelier de carrosserie.

> Il faut mobiliser des connaissances utiles pour comprendre la situation et y apporter les solutions adaptées. À cette fin, je réalise les **Activités 1** à **6** de la séquence 21.

• Identifier le danger et les dommages potentiels

Le danger : poussières de peinture, peintures fraîches.

La situation dangereuse : préparer les carrosseries de véhicules et les peindre.

L'événement dangereux : inhalation et/ou contact répété avec ces produits.

Le dommage : eczémas, asthme, toxicité neurologique à court terme ; cancers à long terme.

* Vous pouvez aussi utiliser une situation professionnelle proposée par votre professeur plus en relation avec votre secteur professionnel.

• Compléter le schéma du PAD en y reportant les informations identifiées à l'étape 1.

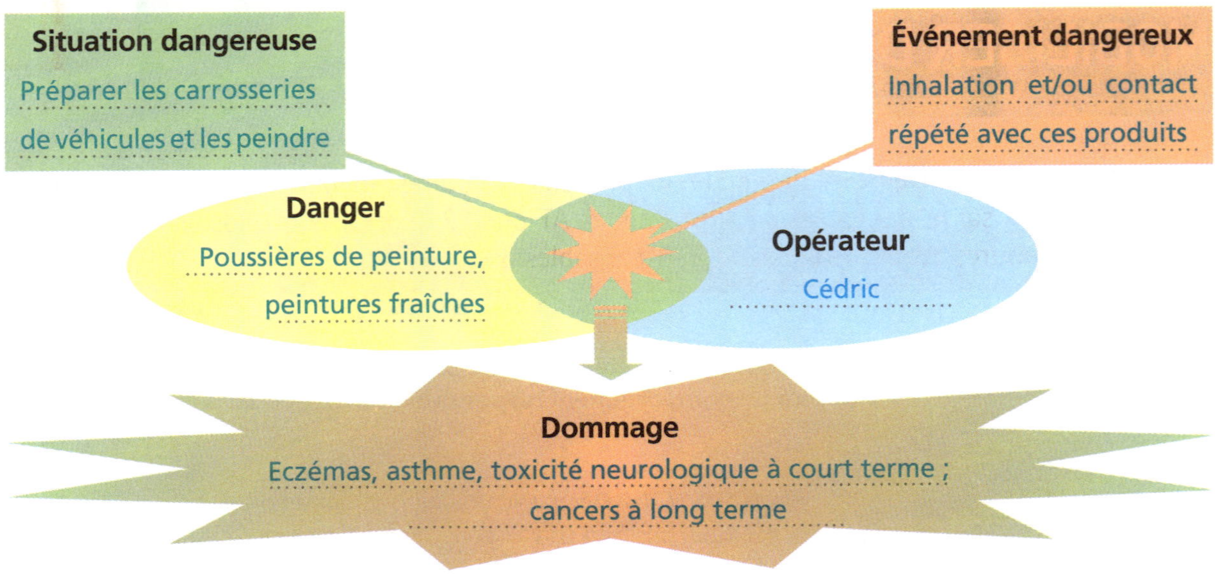

2 Évaluer les risques d'atteinte à la santé

• Indiquer, à l'aide du schéma ci-contre et en vous appuyant au besoin sur les échelles d'estimation du **rabat n° 3** de l'ouvrage :

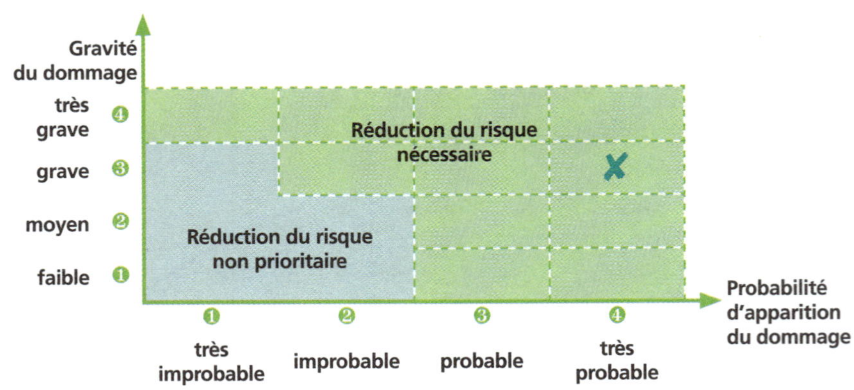

– la gravité du dommage encouru : grave.

– la probabilité d'apparition du dommage : très probable.

→ La réduction du risque est donc nécessaire.

• Cocher le schéma.

3 Proposer des mesures de prévention

• Vous pouvez vous aider de la fiche pratique « Vous travaillez dans un atelier de mécanique ou de carrosserie ? » téléchargeable sur **www.sante-securite-paca.org** (onglet « Documentation »).

Niveau 1 Prévention intrinsèque (suppression du danger)	Niveau 2 Protection collective et/ou individuelle	Niveau 3 Instructions/Formations
• Utiliser des peintures dites « à l'eau » avec moins de solvants.	• Cabines de peinture régulièrement contrôlées même pour des petites retouches. • Ventilation générale pour renouveler l'air de l'atelier. • Machines à laver les pistolets. • Ponceuses à aspiration intégrée. • EPI : masques, gants, lunettes, etc.	• Informations au niveau des postes de travail. • Affichage rappelant les règles de sécurité.

MOBILISER DES CONNAISSANCES UTILES

Dans les entreprises, de nombreux produits (peintures, solvants, carburants...) peuvent nuire à la santé des opérateurs, provoquer AT ou MP, incendies, explosions ou pollutions. Des mesures de prévention sont indispensables.

→ ACTIVITÉ 1 - Le danger C13 C14 C24

1. Indiquer, à l'aide du **doc. 1**, la signification des sigles suivants :

> ACD : agent chimique dangereux.

> CMR : cancérogène, mutagène ou toxique pour la reproduction.

2. Expliquer pourquoi tous les produits chimiques ne sont pas des ACD.

Tous les produits chimiques ne présentent pas un danger pour la santé ; est considérée comme ACD toute substance reconnue comme telle par la classification européenne.

3. Indiquer pour votre secteur professionnel à quels ACD vous êtes exposé(e). S'aider des fiches métiers téléchargées sur les sites **www.bossons-fute.fr** et/ou **www.fmpcisme.org**.

La réponse à cette question étant bien spécifique à un secteur professionnel, un corrigé type ne peut être donné dans le cadre de cet ouvrage.

DOC. 1 Du produit chimique aux agents chimiques dangereux

• **Définition** : les produits chimiques sont des produits d'origine naturelle ou de synthèse, rencontrés sous différentes formes (solide, liquide, gaz, vapeur) et pouvant être en suspension dans l'air (poussières, fumées, brouillards, particules, fibres...). On peut les trouver dans différents contenants :

© SMIEC – Service de Santé au Travail de la Région Choletaise.

• **Description** : certaines substances ou produits, en l'état ou au sein d'un mélange, en raison de leurs effets observés sur la santé de l'homme ou de l'animal, sont qualifiés d'agents chimiques dangereux (ACD) (article R.4412-3 du Code du travail). Ceux-ci comprennent notamment les agents cancérogènes, mutagènes ou toxiques pour la reproduction (CMR) définis à l'article R.4412-60 du Code du travail. [...]

• **Caractérisation des ACD** :

– toutes les substances qui font l'objet d'une classification européenne harmonisée, en application du règlement européen CLP (*classification, labelling, packaging*) ;

– les substances non classées au niveau européen, mais qui peuvent présenter un danger pour la santé et la sécurité des personnes ;

– certains composés chimiques (fumées de soudage, poussières de bois...), qui, notamment en raison de leur forme, présentent un danger pour la santé des personnes.

Des tableaux de MP du régime général ou agricole de la Sécurité sociale reconnaissent un lien direct entre l'exposition à des ACD particuliers et l'apparition de certaines affections.

© www.travailler-mieux.gouv.fr – Fiches sur les agents chimiques dangereux (ACD).

À l'aide des **doc. 2** et **3** :

4. Relever quatre mentions informatives d'un étiquetage CLP.

> La composition.

> La nature du danger.

> Les précautions lors du stockage ou de l'utilisation.

> Les coordonnées du distributeur en cas de problème.

5. Indiquer l'intérêt d'une harmonisation européenne des pictogrammes de dangers présents sur les ACD.

Il est important qu'au-delà des nationalités, le danger soit codifié de la même manière.

6. Citer et définir le document qui complète l'étiquette du produit, à la disposition des entreprises.

La FDS complète les informations de l'étiquetage, notamment au niveau des mesures d'urgence en cas d'accident, de la protection des salariés et de l'environnement.

DOC. 2 Pictogrammes de danger (CLP*)

Pictogrammes de danger

Matières explosibles (EX)

Matières inflammables (IN)

Matières comburantes (CB)

Gaz sous pression (GZ)

Matières corrosives (CR)

Toxicité aiguë et catégorie 1, 2, 3 (TO)

Toxicité aiguë catégorie 4 (corrosion, irritations ou sensibilisation oculaires/ lésions oculaires (DA)

Risque mutagène respiratoire, cancérogène ou pour la reproduction (CMR)

Danger pour le milieu aquatiques (EN)

* *Classification, Labelling, Packaging* : il s'agit de l'application dans l'UE du système harmonisé international SGH ou système général harmonisé.

DOC. 3 Identification des produits dangereux

• *L'étiquetage CLP*

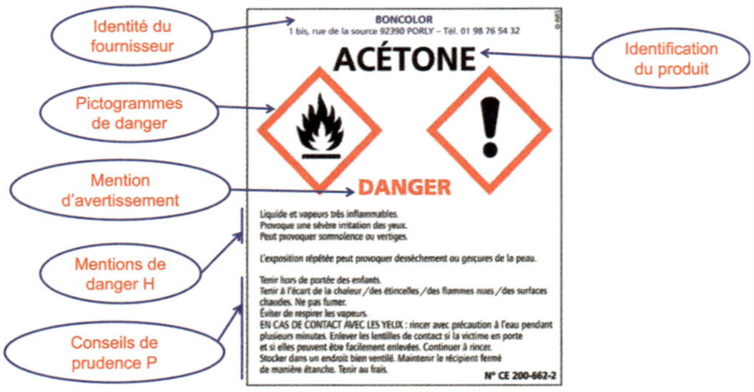

© UIC et INRS.

• *La fiche de données de sécurité (FDS)*

Elle est transmise par le fournisseur.
Avant toute utilisation de produit, l'employeur doit l'exiger en version française et la conserver.
Elle doit comporter 16 rubriques traitant des thèmes suivants :
- identification du produit et composition (1 et 3),
- identification des dangers (2, 10, 11 et 15),
- mesures en cas d'urgence (4, 5 et 6),
- propriétés physiques et chimiques (9),
- protection des salariés (7 et 8),
- protection de l'environnement (12 et 13),
- informations diverses (14, 15 et 16).

L'employeur est tenu de prendre connaissance du contenu de la **FDS** afin d'apporter les actions de prévention nécessaires.

© SMIEC – Service de Santé au Travail de la Région Choletaise.

→ ACTIVITÉ 2 - Des situations dangereuses C14 C23

1. > Compléter le tableau ci-dessous à l'aide des trois situations présentées dans le **doc. 4**.
> Indiquer, pour chaque situation, si l'opérateur s'expose à un accident du travail (AT) ou à une maladie professionnelle (MP) en cochant la bonne proposition dans la dernière ligne du tableau.

	Situation 1	Situation 2	Situation 3
Tâche effectuée	• Traitement des surfaces par électrolyse	• Entretien des sanitaires	• Réalisation de shampooings
Danger : agent chimique	• Sels de chrome	• Eau de Javel • Détartrant pour WC	• Parabène
Situation dangereuse	• Utilisation de produits émettant des aérosols contenant de l'acide chromique	• Entretien de sanitaires par personne non formée ayant à disposition deux produits incompatibles.	• Travail sans gants
Événement dangereux	• Condition de température favorable • Exposition régulière depuis 25 ans	• Inhalation de chlore suite au mélange de deux produits	• Répétition de la tâche depuis 18 ans
Dommage	• Rhinites • Asthme	• Brûlure des voies respiratoires	• Irritation des mains • Lésions eczémateuses
	☐ AT ☒ MP possible	☒ AT ☐ MP possible	☐ AT ☒ MP possible

2. Décrire pour votre secteur professionnel une situation dangereuse résultant de l'exposition à un ACD.

La réponse à cette question étant bien spécifique à un secteur professionnel, un corrigé type ne peut être donné dans le cadre de cet ouvrage.

DOC. 4 **Situations professionnelles**

• **Situation 1 :** Paul travaille depuis 25 ans dans un atelier de traitement des surfaces par chromage électrolytique. Il utilise des produits contenant des sels de chrome qui, dans certaines conditions de température, émettent des aérosols contenant de l'acide chromique. L'inhalation de ce produit peut déclencher des rhinites et même de l'asthme.

• **Situation 2 :** un intérimaire non formé est affecté par l'entreprise de propreté qui l'emploie à l'entretien des sanitaires. Dans le placard à produits destiné à ce seul usage se trouvent de l'eau de Javel et du détartrant pour WC. Le mélange des deux produits dégage du chlore, gaz toxique qui brûle les voies respiratoires.

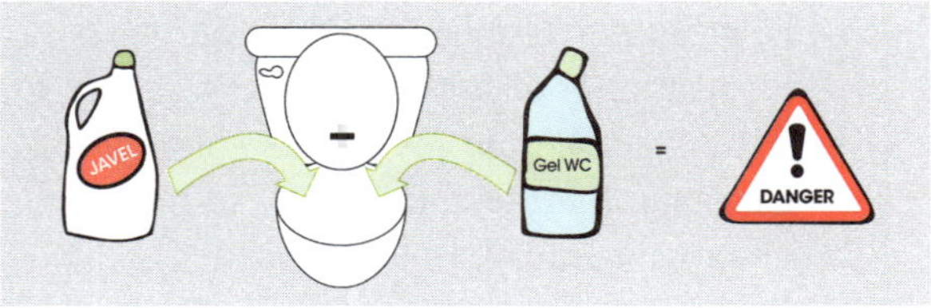

• **Situation 3 :** Sylvain travaille dans un salon de coiffure depuis 18 ans. Il fait des shampooings régulièrement sans mettre de gants ; le shampooing qu'il utilise contient du parabène. Il s'expose à des irritations des mains et à des lésions eczémateuses.

→ ACTIVITÉ 3 - Évaluation des situations dangereuses avec la VLEP C12 C13 C24

À partir du **doc. 5** :

1. Donner la définition de la VLEP puis compléter le tableau ci-dessous.

La VLEP définit les niveaux de concentration d'une substance dans l'atmosphère de travail à ne pas dépasser, afin de ne pas exposer les travailleurs aux dangers de cette substance.

Type de VLEP	Durée d'exposition	Objectif de cette mesure
VLCT	15 minutes	Protéger des pics d'exposition, des effets locaux
VME	8 heures	Protéger des effets systémiques

2. Justifier pourquoi certaines VLEP sont dites contraignantes.

Ce sont des VLEP à ne pas dépasser (d'autres sont indicatives) car elles concernent des produits dangereux, dont l'amiante et certains ACD.

3. Indiquer et justifier l'obligation de l'employeur lorsqu'il utilise dans l'entreprise des produits chimiques ayant une VLEP contraignante ou indicative et des CMR.

Il doit faire mesurer la VLEP par un organisme agréé une fois par an afin de prévenir la survenue de pathologies d'origine professionnelle. L'intervention d'un organisme agréé garantit son indépendance et des résultats fiables.

DOC. 5 Les VLEP

© Eyrein industrie (www.eyrein-industrie.com).

Pour prévenir la survenue de pathologies d'origine professionnelle dues à l'exposition à un polluant dangereux [ACD et CMR], le législateur définit des niveaux de concentration dans l'atmosphère de travail à ne pas dépasser. Ce sont les valeurs limites d'exposition professionnelle (VLEP). [...]

Il existe différentes sortes de VLEP :

- Celles qui réglementairement sont dites « contraignantes ». Elles sont fixées par décret en Conseil d'État et intégrées à l'article R. 4412-149 du Code du travail. 84 substances sont concernées : poussières de bois, amiante, benzène, chlorure de vinyle, plomb, quartz, etc.
- Celles qui sont désignées comme « indicatives » (et qui concernent 46 produits chimiques) et qui doivent être considérées comme des objectifs minimaux pour la prévention. [...]

Le mesurage régulier de l'exposition des salariés aux agents chimiques (ACD et CMR) [...] permet d'évaluer les risques et de vérifier que les VLEP ne sont pas dépassées.

Depuis 2014, pour les agents chimiques ayant une VLEP (indicative ou contraignante) et tous les CMR, il est obligatoire de faire appel, au moins une fois par an, à un organisme de contrôle agrée par le ministère chargé du Travail. [...]

Il existe en France :

→ des valeurs limites d'exposition à court terme (VLCT) qui sont des valeurs mesurées sur une durée maximale de 15 minutes. Leur respect prévient les risques d'effets toxiques immédiats ou à court terme ;

→ des valeurs moyennes d'exposition (VME) qui sont destinées à protéger les travailleurs des effets à moyen ou long terme car elles sont mesurées ou estimées sur la durée d'un poste de travail de 8 heures. [...]

© www.sante-securite-paca.org.

→ ACTIVITÉ 4 - L'événement dangereux, la pénétration dans l'organisme C22 C23

1. Indiquer, pour chaque situation ci-dessous, la voie de pénétration du produit dans l'organisme, en cochant la colonne correspondante du tableau. S'aider du **doc. 6**.

Situations	voie digestive	voie cutanée	voie aérienne
A. Bianca, agent d'entretien, a mélangé du détartrant pour WC et de l'eau de Javel. Un dégagement de chlore se produit rapidement.			✗
B. Bénédicte, coiffeuse, a de l'eczéma sur les mains provoqué par certains produits utilisés au salon.		✗	
C. Manuel, agent de service hospitalier, désinfecte une chambre en pulvérisant sur les surfaces un produit à base d'aldéhydes.			✗
D. Pierre, jardinier, vient de pulvériser un insecticide sur des plants de légumes. Il prend un en-cas à 10 h sans se laver les mains souillées par le produit.	✗		
E. À l'office, Lola a avalé de l'eau de Javel qui était stockée dans une bouteille de soda sans étiquetage.	✗		
F. Malik s'est brûlé gravement la main en renversant une bouteille d'acide.		✗	

2. Retrouver et justifier pour un ACD utilisé lors de vos activités professionnelles la voie de pénétration dans l'organisme possible.

La réponse à cette question étant bien spécifique à un secteur professionnel, un corrigé type ne peut pas être donné dans le cadre de cet ouvrage.

DOC. 6 Voies de pénétration

- **Voie respiratoire**

C'est la principale voie d'entrée des toxiques dans l'organisme sous forme de gaz, fumées, vapeurs, particules et aérosols. La pénétration pulmonaire s'explique par la très grande surface d'échanges (1 800 millions d'alvéoles représentent 100 m^2 environ) et l'importante vascularisation permettant une diffusion très rapide dans le sang. De nombreux facteurs conditionnent cette pénétration, notamment la taille des particules.

- **Voie digestive**

Elle n'est pas habituellement une voie de pénétration sauf par la déglutition des particules provenant des voies respiratoires ou une absorption accidentelle ou suicidaire. L'ingestion peut être due aux souillures sur les mains notamment en fumant ou mangeant sur les lieux de travail.

- **Voie cutanée et muqueuse**

La peau représente une barrière mais celle-ci est incomplète et sélective et ce d'autant plus qu'elle sera « abîmée » par des produits chimiques ou lésée (abrasions, plaies...). Certaines substances la franchissent très facilement et très rapidement et peuvent donc exercer un effet général en plus de l'effet local (irritation, sensibilisation, nécrose...). Le contact avec les muqueuses (l'œil par exemple) peut être très dangereux.

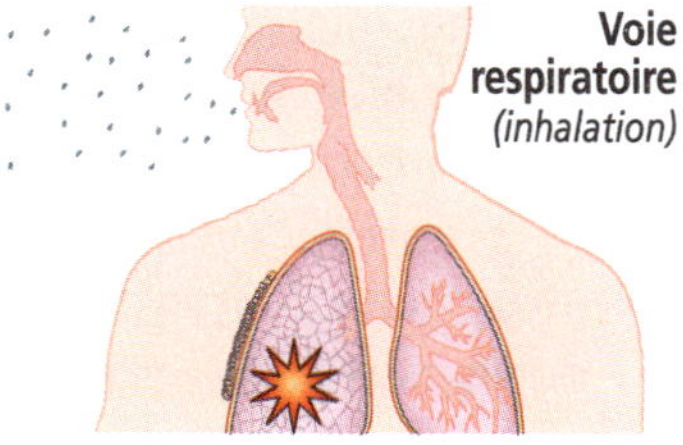

Voie respiratoire *(inhalation)*

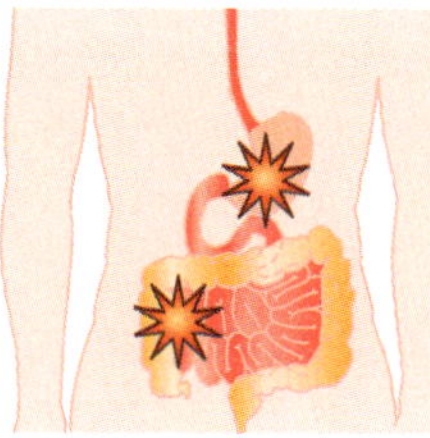

Voie digestive *(ingestion)*

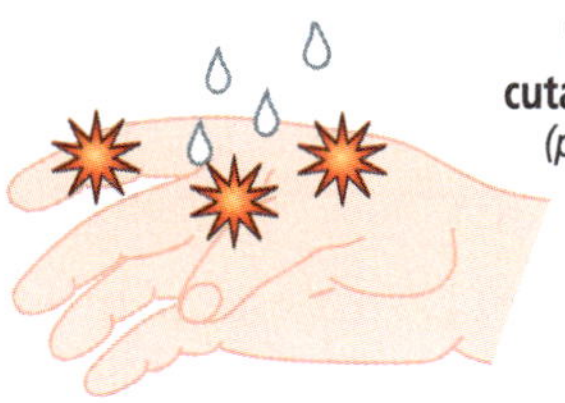

Voie cutanée *(peau)*

→ ACTIVITÉ 5 - Les dommages : effets physiopathologiques C14 C21 C24

1. À l'aide du **doc. 7**, expliquer, quelle que soit la voie de pénétration d'un ACD dans l'organisme :
> pourquoi tous les organes peuvent être atteints.

La substance chimique passe dans le sang qui la véhicule dans tout l'organisme.

> pourquoi chaque ACD a un effet spécifique.

Les substances ont une affinité particulière pour certains organes cibles où ils vont particulièrement se fixer ; les dommages se situent au niveau de ces organes.

2. Justifier pourquoi la toxicité chronique est généralement à l'origine de maladies professionnelles.

Elle apparaît après une période d'exposition relativement longue.

3. Indiquer quatre facteurs dont dépend l'effet toxique d'une substance chimique.

> Nature du produit
> Dose absorbée
> Voie d'absorption
> Cumul avec d'autres produits (tabac, alcool...)

4. Justifier, à l'aide du visuel du **doc. 7**, pourquoi les femmes enceintes exposées au risque chimique doivent informer au plus tôt le médecin du travail de leur grossesse.

Les produits peuvent passer dans le sang et arriver jusqu'au fœtus via le placenta. Les CMR peuvent provoquer des malformations. Le médecin juge s'il doit changer la femme de poste.

5. Rechercher les effets physiopathologiques d'un ACD que vous utilisez régulièrement lors de vos activités professionnelles sur sa fiche toxicologique téléchargée sur le site www.inrs.fr (onglet « Produits et services » puis « Bases de données »).

DOC. 7 Effets des ACD

• **Devenir du produit dans l'organisme :** la substance est véhiculée par la circulation sanguine générale et pourra aller se fixer sur différents tissus ou organes pour lesquels elle aura une affinité particulière (organes « cibles » : système nerveux, reins, foie, poumons, cellules sanguines, peau, yeux, etc.). Elle pourra également subir des modifications essentiellement au niveau du foie qui pourront la transformer en produits non toxiques, toxiques ou plus toxiques que la substance initiale. Il y a différentes voies d'élimination du toxique ou de ses produits de transformation : l'urine, l'air expiré, la peau (sueur) et les phanères (cheveux, ongles...), les sécrétions digestives (salive, bile...).

• **Plusieurs types de toxicité**
– **Toxicité immédiate :** intoxication aiguë qui peut résulter de l'absorption, du contact ou de l'inhalation accidentelle ou volontaire de substances nocives en une seule fois (temps court, concentration élevée).
– **Toxicité à plus ou moins long terme :** intoxication chronique qui peut résulter de l'exposition répétée par contact ou inhalation de petites doses de substances chimiques possédant des propriétés cumulatives (temps long, concentration faible).
– **Toxicités spécifiques :** effets cancérigènes, toxiques vis-à-vis de la reproduction (non héréditaires), mutagènes (héréditaires) ou allergisants.

• **La toxicité peut être :** locale (à l'endroit de contact : peau, yeux, muqueuses respiratoires et digestives), générale (à distance du contact) ou les deux.

© Carsat Auvergne (www.carsat-auvergne.fr).

ACTIVITÉ 6 - La prévention du risque chimique C44

1. Indiquer et justifier pour votre secteur professionnel des mesures de prévention contre le risque chimique. S'aider de vos connaissances, des **doc. 8** à **10** (p. 138) et/ou du site www.bossons-fute.fr (fiche de risque chimique et/ou fiche de métier concernant votre secteur professionnel).

Type de prévention		Exemples de mesures préventives	Justifications
Niveau 1 Prévention intrinsèque	Suppression du risque	• Supprimer le produit dangereux, le remplacer par un autre moins dangereux.	• On tend à élaborer des produits de moins en moins toxiques.
	Réduction du risque	• Diminuer les durées d'exposition, faire des roulements. • Varier les activités de l'employé. • Automatiser les opérations. • Stocker à l'écart des locaux de travail.	• Il s'agit de limiter l'exposition des salariés.
Niveau 2 Protection	Collective	• Ventilation générale. • Hotte aspirante. • Captage des polluants à la source. • Installation de douches.	• Pour diminuer la concentration des produits dans l'atmosphère des locaux de travail.
	Individuelle	• Utilisation d'EPI : gants, masques, combinaisons, bottes.	• Pour éviter un contact cutané, une inhalation.
Niveau 3 Instructions (Formation - information)		• Stage de formation du personnel. • Mise à disposition de fiches de poste, de FDS, d'affiches INRS. • Signalisation des zones à risques.	• Pour éviter des manipulations dangereuses par méconnaissance du danger.

2. Justifier la surveillance médicale renforcée pour les travailleurs exposés à des CMR.

Il est nécessaire de s'assurer que ces salariés ne débutent pas de pathologies et de rappeler les règles de prévention en vigueur.

DOC. 8 **Suivi médical régulier**

Les salariés exposés à des agents cancérogènes, mutagènes, toxiques pour la reproduction de catégorie 1 ou 2 bénéficient d'une surveillance médicale renforcée avec une visite médicale au moins annuelle. Depuis le 1er juillet 2012, le médecin du travail peut espacer ces visites médicales en tenant compte des recommandations de bonne pratique. Mais il ne doit pas s'écouler plus de 2 ans entre 2 visites médicales.

© www.atousante.com, portail internet de santé au travail.

DOC. 9 Quelques moyens de prévention

Exemples de panneaux rappelant l'obligation de porter des EPI, bonne protection contre le risque chimique.

© INRS.

Affichage INRS

DOC. 10 Plaquette informative pour le personnel exposé aux CMR (extraits)

Ce que vous devez savoir sur les AGENTS CHIMIQUES

CANCÉROGÈNES

MUTAGÈNES

TOXIQUES pour la REPRODUCTION

ATTENTION

Étiquetage unique à partir de 2015

Avec la participation de l'AIST - La Prévention Active

SALARIÉS
> Si vous utilisez des CMR

Comment vous protéger ?

> Réduisez le plus possible les contacts avec ces produits
- respectez les modes opératoires
- utilisez les protections collectives : ventilation, respect des zones délimitées, etc.
- portez les équipements de protection individuelle adaptés : gants, masques, combinaisons, etc.
- adoptez des mesures d'hygiène strictes : quitter les vêtements et se laver les mains avant de manger, séparer vêtements de ville et vêtements de travail, ne pas rapporter les vêtements de travail à la maison

...

> Informez-vous auprès de votre :
- encadrement
- CHSCT (ou, à défaut, les délégués du personnel)
- médecin du travail

> Consultez votre fiche d'exposition

EMPLOYEURS
> Si vous utilisez des CMR

Comment protéger vos salariés ?

> Après avoir évalué le risque chimique (retranscrit dans le document unique), respectez les principales règles de prévention prescrites (décret 2001-97 du 01/02/2001 pour les CMR avérés et décret 2003-1254 du 23/12/2003 pour les CMR suspectés)
- remplacez l'agent chimique
- travaillez en vase clos si le remplacement est impossible
- aspirez le produit à la source
- mettez à disposition des équipements de protection individuelle adaptés
- délimitez les zones d'utilisation de CMR
- formez et informez vos salariés

...

> Établissez une fiche d'exposition pour chacun de vos salariés

> N'oubliez pas de remettre une attestation d'exposition à tout salarié quittant l'entreprise

Associez à votre démarche de prévention le CHSCT (ou, à défaut, les délégués du personnel)

© Carsat Auvergne (www.carsat-auvergne.fr).

Proposer maintenant des solutions pour Cédric (étape 3, p. 130).

Activités de synthèse

RÉCAPITULER

Compléter les textes à trous.

Le danger

• Tous les produits chimiques utilisés lors de l'activité professionnel e ou apparaissant au cours de celle-ci (fumées) ne sont pas .... dangereux ....
Ceux qui le sont sont appelés ... ACD ... ou agents chimiques dangereux ; ils comprennent les CMR ou .... cancérogènes, mutagènes ou toxiques pour la reproduction ....

• Les produits dangereux portent une .... étiquette .... avec les informations obligatoires réglementées dont le .... pictogramme .... de danger qui précise la nature de celui-ci.
La FDS ou .... fiche de données de sécurité .... détenue par l'employeur complète ces informations pour faciliter la mise en œuvre de la prévention.

La situation dangereuse

• Être en contact avec des ACD, dont des CMR, au cours de son activité professionnelle constitue une .... situation dangereuse ....
Lorsque ces substances sont présentes dans l'atmosphère, on évalue l'exposition des travailleurs à ces substances avec la VLEP ou .... valeur limite d'exposition professionnelle ....

L'événement dangereux

• Les ACD peuvent pénétrer dans l'organisme :
– par voie .... respiratoire .... s'ils sont inhalés ;
– par voie cutanée et par les muqueuses en cas de .... contact .... ;
– par voie digestive en cas d' .... absorption ....

Les dommages

• Les ACD passent dans le .... sang .... qui les distribue dans l'organisme. Les tissus et organes touchés dépendent de la nature du produit ; cependant le .... foie .... et les reins sont les plus vulnérables.

• L'intoxication .... aiguë .... résulte d'une absorption importante de produit ; l'intoxication .... chronique .... apparaît dans le temps après des expositions répétées et est à l'origine de .... maladies professionnelles ....

La prévention

• Niveau 1 : remplacement des .... ACD .... par des produits moins dangereux.
• Niveau 2 : captage des polluants à la source, mise à disposition d' .... EPI ....
• Niveau 3 : .... formation .... du personnel, panneaux rappelant le port obligatoire des EPI, ... signalisation .... des zones de risque, etc.

RETENIR

PRODUITS CHIMIQUES

DANGER

ACD (agents chimiques dangereux)

- Ils comprennent les CMR (cancérigènes, mutagènes, toxiques pour la reproduction).
- Ils se présentent sous forme de : produits, gaz, fumées, etc.
- Pour identifier le danger, lire l'étiquette des produits et les pictogrammes de danger.

! Attention ! Tous les produits chimiques ne sont pas dangereux.

SITUATION DANGEREUSE

- Utiliser des ACD, des CMR.
- Travailler dans une atmosphère contenant des ACD, des CMR.

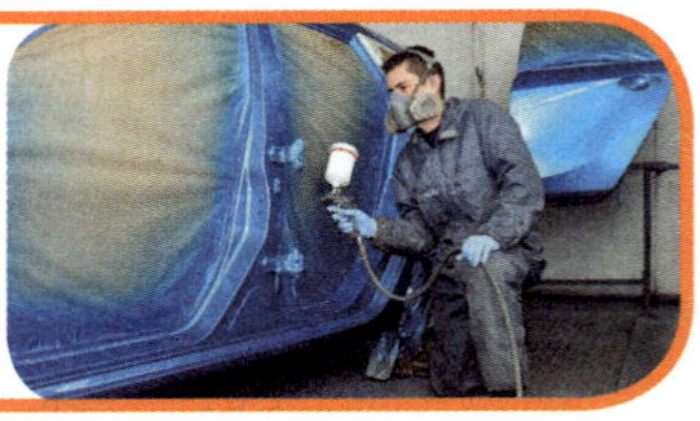

ÉVÉNEMENT DANGEREUX

La pénétration dans l'organisme

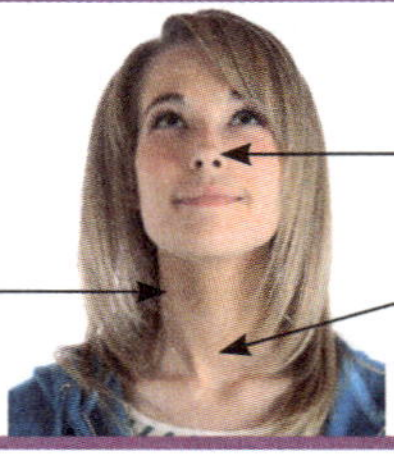

DOMMAGES

Dommages variables selon la nature du produit, la quantité absorbée, la durée d'exposition.

↓ Intoxication aigüe si absorption massive

↓ Intoxication chronique ↓ maladies professionnelles

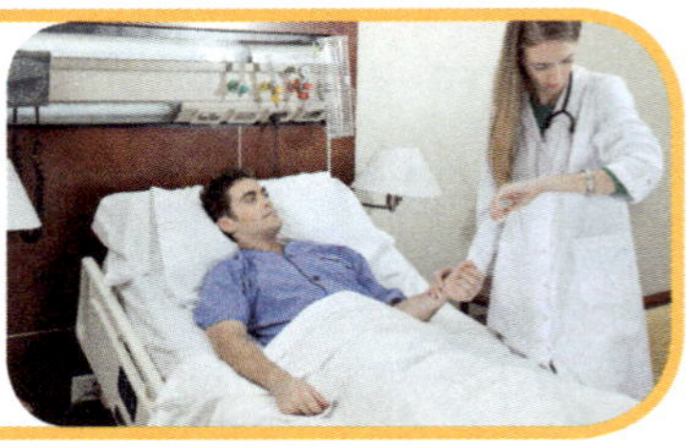

PRÉVENTION

Niveau 1 Suppression du danger	Niveau 2 Protection collective et / ou individuelle	Niveau 3 Formation / Information
• Remplacer les ACD par un produit non dangereux.	• Aspiration du produit • Port d'EPI 	• Formation du personnel • Signalisation

Approfondir

- www.inrs.fr : site de référence avec informations complètes sur les risques professionnels
- www.travailler-mieux.gouv.fr : site ministériel avec informations synthétiques bien actualisées
- www.bossons-fute.fr : fiches sur les risques professionnels par type et par métier
- http://smiec.sante-travail.net : site de la médecine du travail du 49 (Maine-et-Loire) ; fiches synthétiques sur le risque chimique

séquence 22

Effets physiopathologiques des risques professionnels et prévention

Module 10

Prévenir les risques liés à l'activité physique

OBJECTIF

> Être capable d'observer les règles de sécurité de manière raisonnée.
> Avoir un comportement responsable vis-à-vis de sa santé.

Raphaëlle, 18 ans, élève en Bac Pro commerce, travaille dans une grande surface durant les vacances scolaires. Elle effectue de la mise en rayons tous les matins, souvent accroupie, à genoux ou les bras au-dessus de la tête pour accéder aux rayonnages les plus hauts ; elle soulève aussi des charges lourdes, des palettes aux rayonnages. En consultant une brochure distribuée par le service de santé au travail, Raphaëlle découvre que les postures contraignantes et le port de charges lourdes sont des facteurs aggravant le risque de troubles musculo-squelettiques. Elle réalise qu'elle effectue tous les jours durant 4 heures et pendant les vacances, des tâches qui l'exposent à ces dommages, notamment au niveau des épaules, poignets, dos et genoux*.

1 Analyser les risques d'atteinte à la santé

• Définir les limites de la situation de travail

Qui est l'opérateur ? Raphaëlle, élève en baccalauréat professionnel commerce.

Quelle est la tâche réalisée ? Mettre en rayon des marchandises.

Quel est le lieu ? Une grande surface.

Il faut mobiliser des connaissances utiles pour comprendre la situation et y apporter les solutions adaptées. À cette fin, je réalise les **Activités 1** à **9** de la séquence 22.

• Identifier le danger et les dommages potentiels

Le danger : postures contraignantes et port de charges lourdes.

La situation dangereuse : mettre en rayon des marchandises.

L'événement dangereux : répétitivité : tous les jours, 4 h/jour durant 2 mois.

Le dommage : TMS au niveau des épaules, poignets, dos et genoux.

* Vous pouvez aussi utiliser une situation professionnelle proposée par votre professeur plus en relation avec votre secteur professionnel.

• Compléter le schéma du PAD en y reportant les informations identifiées à l'étape 1.

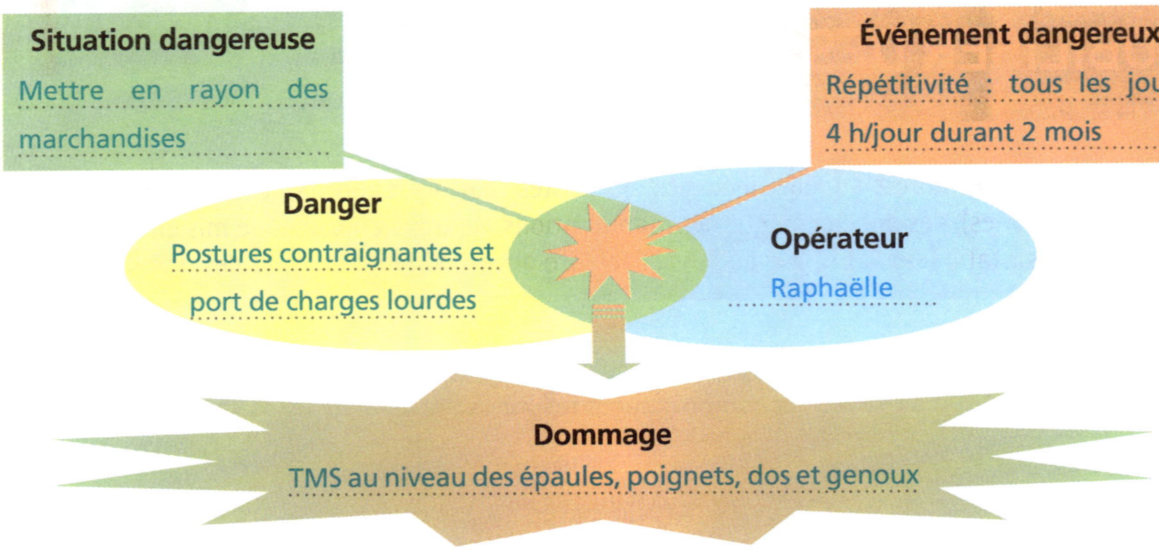

2 Évaluer les risques d'atteinte à la santé

• Indiquer, à l'aide du schéma ci-contre et en vous appuyant au besoin sur les échelles d'estimation du **rabat n° 3** de l'ouvrage :

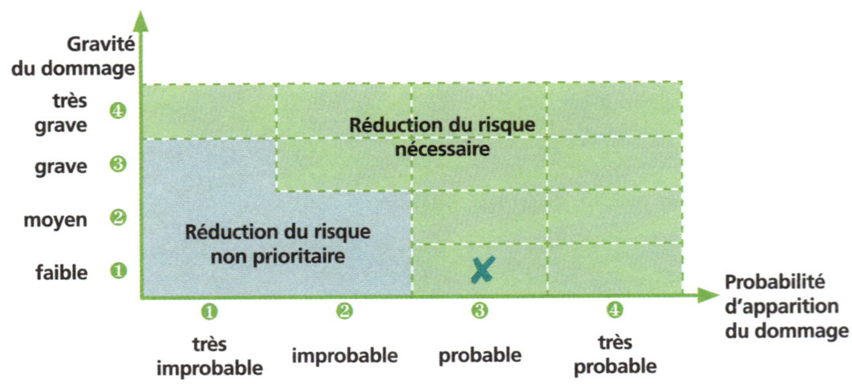

– la gravité du dommage encouru : faible.

– la probabilité d'apparition du dommage : probable.

→ La réduction du risque est donc nécessaire.

• Cocher le schéma.

3 Proposer des mesures de prévention

• Vous pouvez vous aider de la fiche pratique « Vous occupez un poste de mise en rayon dans une grande ou moyenne surface ? » téléchargeable sur www.sante-securite-paca.org (onglet « Documentation »).

Niveau 1 Prévention intrinsèque (suppression du danger)	Niveau 2 Protection collective et/ou individuelle	Niveau 3 Instructions/Formations
	• Matériel de manutention. • Matériel adapté pour accéder aux étages supérieurs des rayons. • EPI : éléments repose-genoux.	• Formation PRAPE. • Diversification des activités pour des postures variées. • Organisation des rayons : produits légers ou à faible rotation en hauteur, produits lourds à hauteur des salariés. • Organisation du travail limitant le port de charges, les gestes inutiles.

MOBILISER DES CONNAISSANCES UTILES

L'activité professionnelle nécessite des gestes (parfois répétitifs), des postures (parfois contraignantes), des déplacements, des manutentions ; le travail musculaire mis en œuvre est, selon les cas, statique ou dynamique. Ainsi, l'activité physique peut entraîner des dommages pour l'appareil locomoteur. En connaître les mécanismes permet une prévention raisonnée.

→ ACTIVITÉ 1 - Activités physiques statiques et dynamiques C13 C14 C23

1. Compléter le tableau comparatif ci-dessous à l'aide du **doc. 1**.

	Travail dynamique	Travail statique
Définition	Succession de contractions et de relâchements musculaires qui permettent mouvements, gestes, déplacements.	Contractions musculaires continues permettant le maintien de postures ou positions.
Conséquences sur : les rythmes cardiaque et respiratoire	Ils s'accélèrent en fonction de l'intensité de l'activité musculaire.	Ils restent constants.
Conséquences sur : l'apport en O_2 et en glucose	Il augmente avec les rythmes cardiaque et respiratoire pour répondre aux besoins du muscle en activité.	Il reste constant.
Conséquences sur : l'élimination des déchets	Ils s'éliminent grâce au flux sanguin élevé en phase de relâchement.	Ils stagnent car le flux sanguin est ralenti par le muscle contracté.
Conséquences sur : l'apparition de la fatigue	Elle apparaît plus tardivement car le muscle est bien approvisionné et débarrassé de ses déchets.	Elle apparaît rapidement car le muscle est mal approvisionné et mal débarrassé de ses déchets.

DOC. 1 Le travail statique… pas si reposant !

• **L'effort statique** est un état prolongé de contractions musculaires généralement dans le but de maintenir une posture. Ainsi dans la position debout, divers muscles des jambes, des hanches, du dos et du cou sont contractés durant de longs moments. La ventilation pulmonaire et la fréquence cardiaque restent constantes et, de ce fait, l'approvisionnement en O_2 et en glucose n'augmente pas. L'absence de mouvements freine la circulation sanguine et les déchets métaboliques des muscles ne sont pas évacués. Ils s'accumulent et provoquent douleur et sensation de fatigue au niveau des muscles sollicités d'où la nécessité de varier ses postures et sa position régulièrement.

• **L'effort dynamique** est une alternance de contractions et de relâchements musculaires ; les rythmes respiratoire et cardiaque s'accélèrent selon l'intensité de l'effort afin d'approvisionner les fibres musculaires en O_2 et en glucose nécessaires aux contractions musculaires. Ces contractions agissent comme une pompe et favorisent la circulation du sang et, de ce fait, l'élimination des toxines et autres déchets métaboliques du muscle. La fatigue apparaît moins rapidement. Toutefois, une activité physique dynamique intense et prolongée reste un facteur de pénibilité.

2. > Souligner dans le **doc. 2**, en vert, les causes de l'apparition du phénomène de fatigue ; en bleu, les causes d'une contracture.

> En déduire l'importance de la phase de récupération.

La physiologie du calcium doit se rétablir pour que le muscle élimine ses déchets et se réapprovisionne en O_2 et en glucose afin d'éviter les contractures, crampes ou courbatures.

3. Expliquer, à l'aide du **doc. 3**, pourquoi le travail statique debout favorise l'apparition de varices.

En station debout, les valvules tendent à se fermer et le sang stagne dans les veines d'où l'apparition des varices. Inversement, les contractions des muscles lors de la marche favorisent l'ouverture des valvules et la remontée du sang vers le cœur.

DOC. 2 Fatigue et contractures

• La fatigue musculaire est définie comme l'état d'un muscle, auparavant trop sollicité, qui n'a plus la capacité de répondre correctement à un ordre. Elle résulte d'un ensemble de facteurs tels que l'accumulation de déchets comme l'acide lactique, la saturation des mécanismes de transport d'O_2 ou l'insuffisance respiratoire ou encore, dernière théorie en date, la perturbation de la physiologie du calcium (des échanges d'ions s'effectuent lors de l'activité cellulaire et notamment musculaire).

• La contracture est la tétanisation douloureuse d'un muscle ou d'une partie de muscle. Elle se déclenche au cours d'un exercice physique prolongé ou d'un mouvement contrarié sur un muscle fatigué où s'accumulent de l'acide lactique et autres déchets métaboliques.

DOC. 3 Structure des veines

Dans les veines se trouvent des valvules qui favorisent le retour veineux. L'activité musculaire influe sur leur fonctionnement.

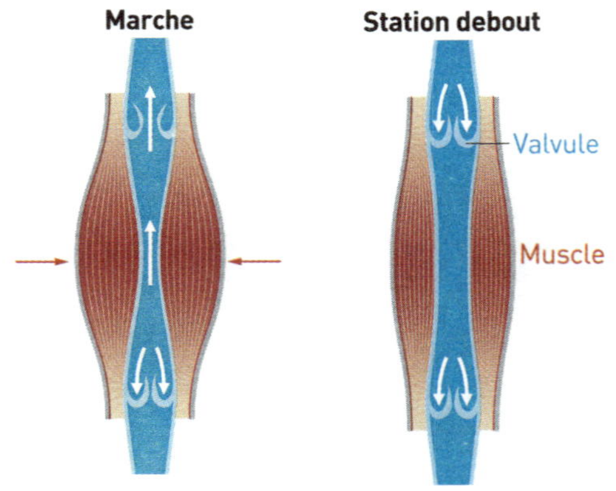

→ ACTIVITÉ 2 - Les situations contraignantes et dangereuses C13 C14 C23

1. Souligner dans le **doc. 4** la définition d'une posture contraignante.

2. Retrouver, à l'aide du **doc. 4**, pour votre secteur professionnel des situations contraignantes ou dangereuses puis justifier cette particularité.

Un corrigé type ne peut être donné dans le cadre de cet ouvrage.

DOC. 4 Postures contraignantes et autres situations dangereuses

Une posture est la position du corps ou d'une partie du corps pendant une activité. Elle est neutre si elle ne dépasse pas l'amplitude articulaire ; elle est dite contraignante lorsque le corps est courbé ou tourné excessivement au-delà de l'amplitude confortable. Les muscles, les ligaments et les tendons sont davantage sollicités pour soutenir la partie du corps qui force lorsqu'elle est dans une posture contraignante. Le danger dépend de la durée de la posture et de sa fréquence.

Quelques exemples de postures contraignantes

Remarque : d'autres situations dangereuses existent : pression d'objets durs ou coupants au contact de la peau, utilisation d'un outil vibrant, position assise ou debout sur une surface vibrante, etc.

→ ACTIVITÉ 3 - Les TMS dans le secteur professionnel C14 C22 C23

À partir des **doc. 5** et **6** :

1. Proposer une définition simple des TMS.

Les TMS sont une atteinte des tissus mous (muscles, tendons, nerfs) se trouvant au niveau d'une articulation et résultant d'une hyper-sollicitation de celle-ci. Ils regroupent de multiples pathologies occasionnant gêne et douleur.

2. Expliquer, à l'aide des **doc. 5** et **6**, pourquoi les TMS constituent un réel problème :

> pour les travailleurs : ils génèrent souffrance, gêne et handicap dans la vie quotidienne et lors des activités professionnelles.

> pour l'entreprise : ce sont des journées de travail perdues, des cotisations à la hausse pour les employeurs.

> pour la société : ils représentent 86 % des MP déclarées et leur coût s'avère très élevé.

DOC 5 Coût social des TMS

En 2013, 86 % des MP reconnues du régime général sont des TMS.

20 332 €
Coût moyen d'un TMS

46 538
Nouveaux TMS indemnisés pour les actifs du régime général

10,4 millions
d'indemnités journalières pour les actifs du régime général

Plus de 1 milliard
de frais couverts par les cotisations des entreprises pour les actifs du régime général

© CARSAT, 2013.

DOC. 6 Les TMS : c'est quoi ?

- Les troubles musculo-squelettiques (TMS) englobent un grand nombre de pathologies touchant les tissus mous à la périphérie des articulations. Ils affectent les muscles, les tendons et les nerfs qui permettent le mouvement des os des membres supérieurs, du dos et des membres inférieurs. Ils résultent d'un déséquilibre entre les capacités physiques des personnes et les sollicitations qui apparaissent au travail, notamment lorsque les possibilités de récupération sont insuffisantes. Ce sont des pathologies d'hyper-sollicitation.
- Les TMS se manifestent par des douleurs et des difficultés dans les mouvements pouvant entraîner un handicap sérieux dans la vie professionnelle et la vie personnelle.
- La Caisse nationale d'assurance maladie reconnaît et indemnise cinq catégories de TMS, qui figurent dans les tableaux n° 57, 69, 79, 97 et 98 du Code de la Sécurité sociale.

3. Retrouver pour votre secteur professionnel, à l'aide du **doc. 8**, deux situations dangereuses pouvant occasionner des TMS ; préciser pour chacune les sollicitations biomécaniques mises en cause.

La réponse à cette question étant bien spécifique à un secteur professionnel, un corrigé type ne peut être donné dans le cadre de cet ouvrage.

4. Indiquer puis justifier à l'aide du **doc. 6** (p. 145) les parties de votre corps les plus menacées par les TMS dans votre secteur professionnel ; indiquer les maladies encourues.

La réponse à cette question étant bien spécifique à un secteur professionnel, un corrigé type ne peut être donné dans le cadre de cet ouvrage.

5. Justifier à l'aide du **doc. 7** pourquoi le stress et une mauvaise organisation aggravent les risques de TMS.

Le stress augmente la tension musculaire, une mauvaise organisation augmente les gestes et les postures défavorables, ce qui favorise les TMS.

DOC. 7 Facteurs de risques

Les TMS sont des maladies multifactorielles à composante professionnelle. Les sollicitations qui sont à l'origine des TMS sont biomécaniques, organisationnelles et psychosociales. Certaines de ces sollicitations peuvent exister dans des activités extra-professionnelles. Le stress, de même que certains facteurs individuels comme le sexe ou les antécédents médicaux, favorise les TMS. Les relations entre ces facteurs sont présentées sur la figure ci-contre.

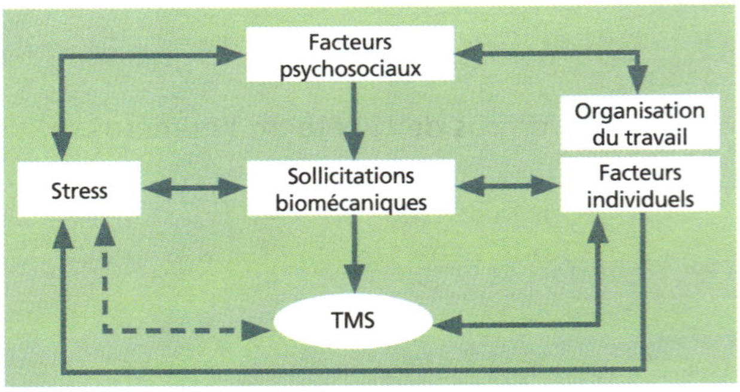

DOC. 8 Facteurs biomécamiques à l'origine des TMS

Exemples de facteurs biomécaniques directs

Posture défavorable

Application de forces de grande intensité

Charges s'exerçant pendant une durée prolongée

Inactivité musculaire

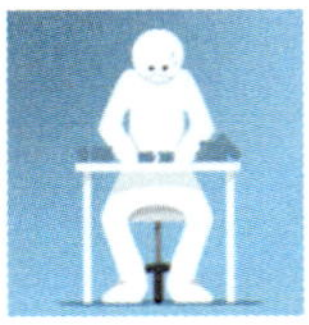
Manipulation d'objets fréquemment répétée

Exemples de facteurs biomécaniques indirects

Vibrations

Ambiance thermique

Ambiance lumineuse

Les facteurs de risques biomécaniques sont les positions angulaires articulaires extrêmes, les efforts excessifs, la répétitivité des gestes, le travail en position statique maintenue. Un temps de récupération insuffisant augmente significativement l'effet de ces facteurs biomécaniques.

© www.123-tms.fr, site Internet de prévention des TMS, édité par la Mutuelle Nationale Territoriale (MNT).

ACTIVITÉ 4 - Articulation malade et articulation saine C22 C23

1. Compléter les textes ci-après en précisant, au niveau de l'articulation atteinte de TMS, les modifications apportées par comparaison avec l'articulation saine.

1. Articulation de l'épaule saine

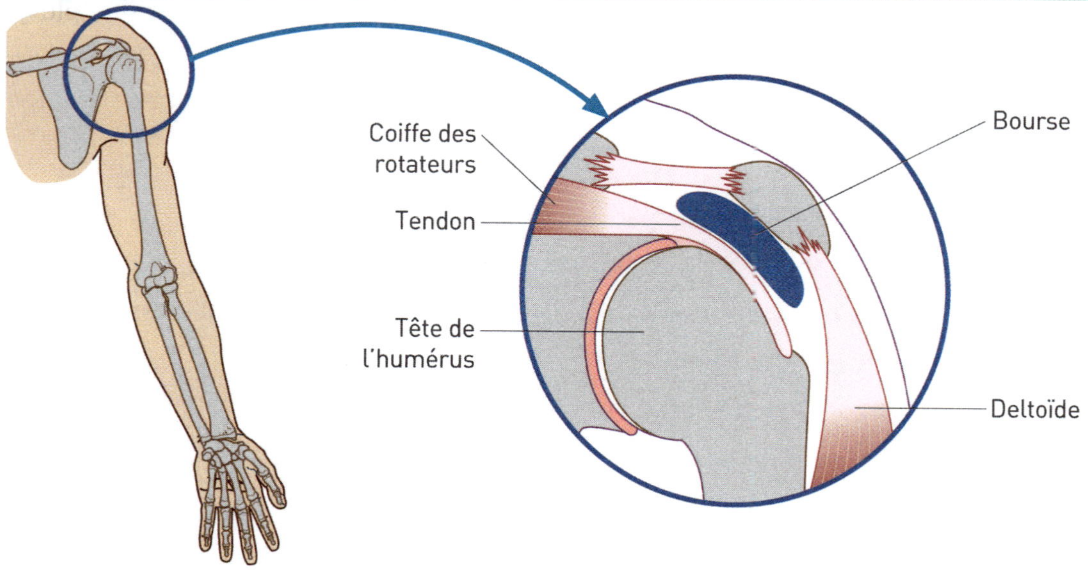

Au-dessus de la tête de l'humérus se trouvent des tendons qui pourraient être blessés par les frottements dus au mouvement de l'os s'il n'y avait pas un mécanisme protecteur. Entre le tendon et l'os se trouve la bourse séreuse qui agit comme un coussin lubrifiant, permettant au tendon de glisser sur l'os sans dommages.

2. Articulation atteinte de TMS

1re phase : la tendinite	2e phase possible : la bursite ou hygroma
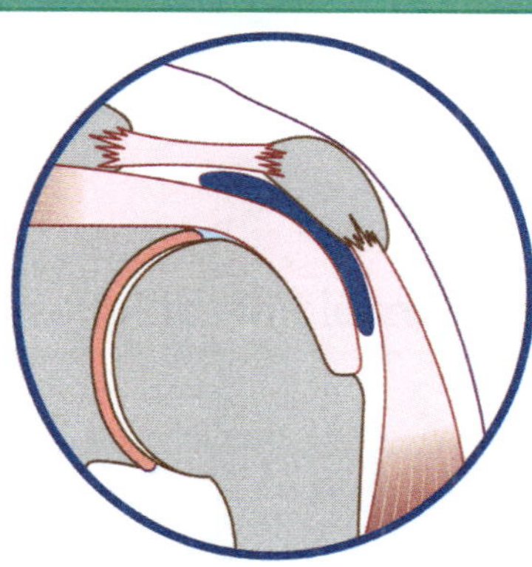	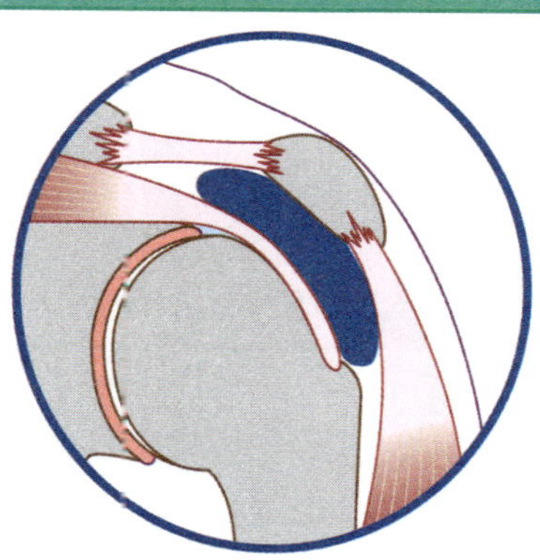
• Aspect du tendon : Le tendon enflammé a augmenté de volume (tendinite). • Aspect de la bourse : La bourse est aplatie car comprimée par le tendon enflammé.	• Aspect du tendon : Le tendon a retrouvé sa taille normale. • Aspect de la bourse : Le volume de la bourse a augmenté ; la bursite est une inflammation de la bourse séreuse.

2. Justifier la gêne générée par cette pathologie.

Tout geste de la vie quotidienne ou professionnelle requiert l'utilisation du bras donc la mobilité de la tête de l'humérus qui est en contact direct avec le tendon ou la bourse séreuse. Ces parties abîmées sont sensibles et tout mouvement peut générer de la douleur.

→ ACTIVITÉ 5 - La prévention des TMS C44

• Indiquer et justifier pour votre secteur professionnel des mesures de prévention contre les TMS. S'aider de vos connaissances, du **doc. 9** et/ou du site www.bossons-fute.fr (fiche de risque « travail répétitif sous contrainte de temps » et/ou fiche de métier concernant votre secteur professionnel).

		Mesures de prévention contre le risque lié à la manutention
Niveau 1 Prévention intrinsèque		La réponse étant spécifique à chaque secteur professionnel, un corrigé type ne peut être proposé. Quelques pistes peuvent toutefois être suggérées. • Absence de mesures au niveau 1.
Niveau 2 Protection	Collective	• Prévoir des espaces de travail suffisants. • Mécaniser la manutention lourde. • Faire tourner le personnel sur les postes pour solliciter des groupes musculaires différents. • Alterner postes assis et debout. • Limiter le poids des outils et du matériel. • Veiller à l'ergonomie de chaque machine : accès facile aux organes de commande, automatisation de certaines tâches, plan de travail à hauteur adaptée, réglage des machines pour éviter les pannes. • Limiter le bruit et les vibrations des machines. • Équiper les postes assis de sièges tournants pour éviter les rotations du dos ; veiller à prévoir un espace suffisant pour permettre la rotation des sièges.
	Individuelle	• Hygiène de vie : gymnastique douce, stretching, relaxation, yoga.
Niveau 3 Formation, information		• Mise en place de gymnastique de pause. • Information préventive.

DOC. 9 Prévention par action sur les facteurs biomécaniques

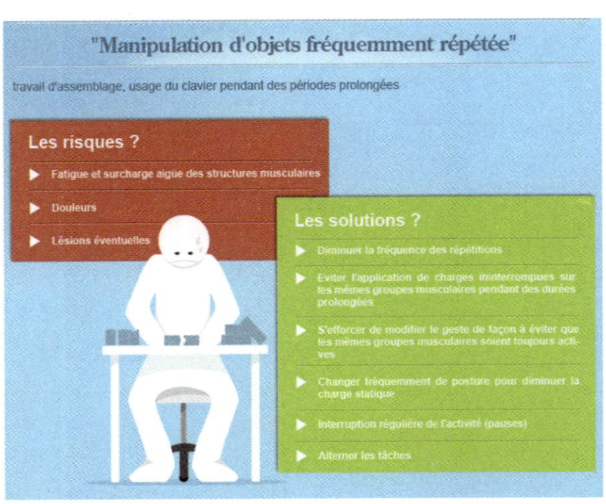

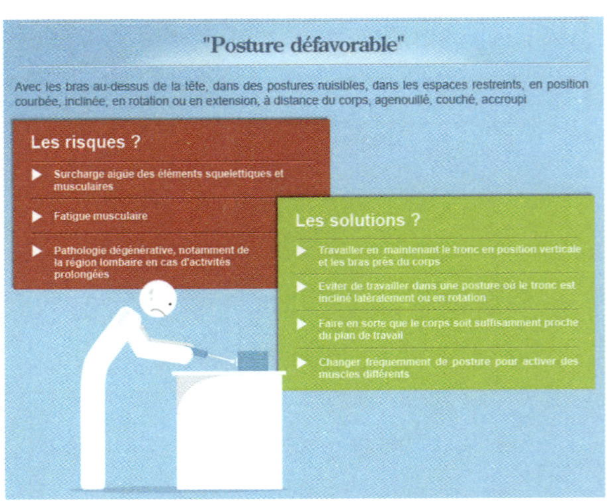

© www.123-tms.fr, site Internet de prévention des TMS, édité par la Mutuelle Nationale Territoriale (MNT).

→ ACTIVITÉ 6 - L'anatomie de la colonne vertébrale C13 C22

• Annoter les **schémas n° 1, 2** et **3** à l'aide des termes surlignés dans le **doc. 10**.

Schéma n° 1 : vue de profil de la colonne vertébrale

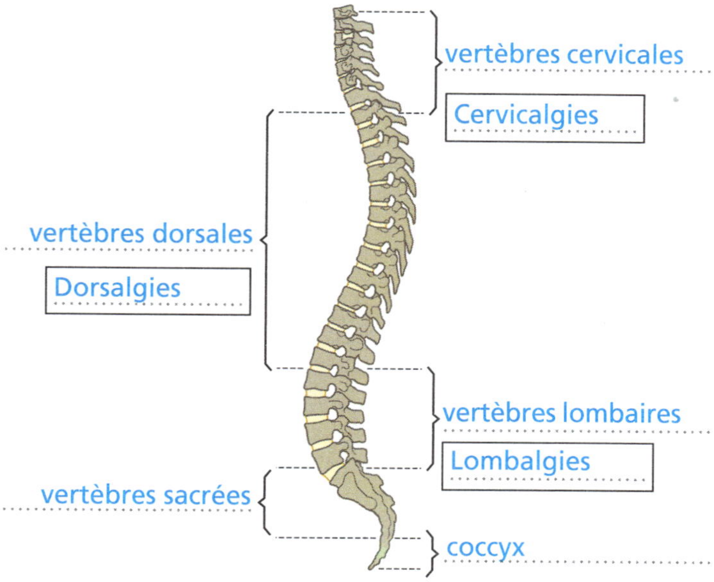

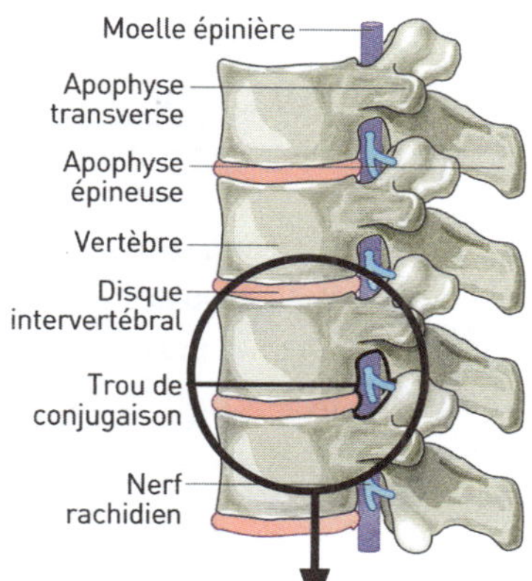

Schéma n° 2 : articulation entre 2 vertèbres (vue de profil)

Le disque intervertébral permet la mobilité et répartit les pressions.

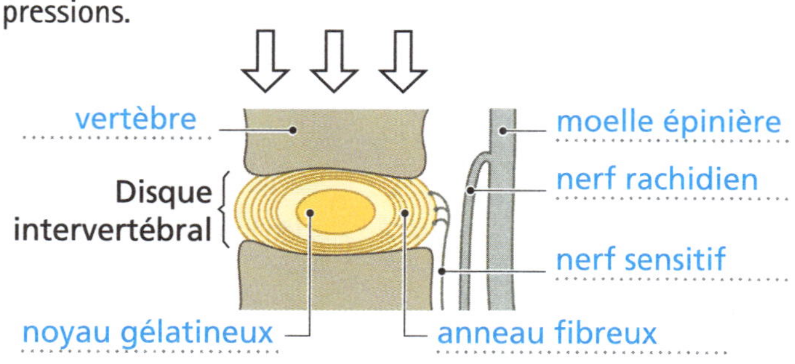

Schéma n° 3 : déformations du disque intervertébral lors des mouvements de flexion et d'extension

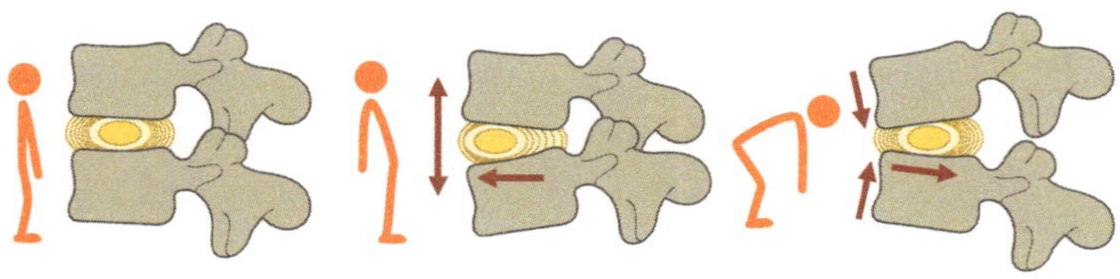

A. Repos B. Extension C. Flexion

DOC. 10 Anatomie et fonctions

Bon nombre de gestes et postures de travail nécessitent un mouvement du tronc rendu possible par l'anatomie de la colonne vertébrale. De cette anatomie résultent ses différentes fonctions.

• **Posture : elle soutient la tête et le tronc et permet la position debout.** C'est un axe avec deux cambrures constitué d'un empilement de 32 à 35 vertèbres avec de haut en bas : 7 vertèbres cervicales au niveau du cou, 12 vertèbres dorsales sur lesquelles sont fixées les côtes, 5 vertèbres lombaires au niveau des reins, 3 à 5 vertèbres sacrées soudées sur lesquelles s'appuie le bassin, 2 à 4 vertèbres soudées et atrophiées qui constituent le coccyx.

• **Protection : elle protège la moelle épinière.** La moelle épinière se loge dans la colonne vertébrale et passe dans le canal vertébral de chaque vertèbre. Les nerfs rachidiens sortent au niveau de chaque vertèbre par les trous de conjugaison. Ils innervent des parties déterminées de notre corps. Ainsi les deux nerfs qui sortent au niveau de la 4e lombaire descendent au niveau des jambes, ce sont les nerfs sciatiques.

• **Mouvement : elle amortit et répartit les pressions qui s'exercent sur elle et permet le mouvement grâce au disque intervertébral qui sépare chaque vertèbre (c'est une articulation semi-mobile).** Ce disque est un anneau fibreux constitué de lamelles avec au centre un noyau gélatineux d'où partent des nerfs sensitifs. Lorsqu'on se penche (flexion), le noyau gélatineux est repoussé vers l'arrière ; lorsqu'on se met en arrière (extension), le noyau gélatineux est repoussé vers l'avant. Normalement, au repos, le noyau revient au centre du disque.

→ ACTIVITÉ 7 - Les atteintes de la colonne vertébrale C13 C21 C22

1. Sur le **schéma n° 1** (p. 149), inscrire dans les encadrés les noms des douleurs au niveau de la colonne vertébrale surlignés en vert dans le **doc. 11**.

2. Inscrire les atteintes de la colonne vertébrale, surlignées en jaune dans le **doc. 11**, sous les cas du **schéma n° 4** qui leur correspondent.

Schéma n° 4 : atteintes du disque intervertébral

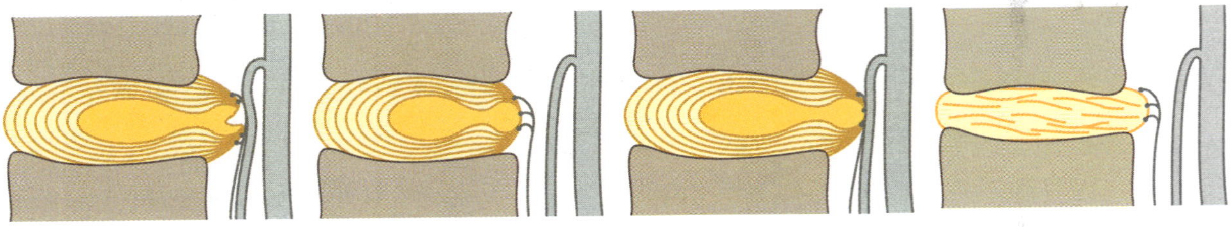

A. Hernie discale B. Lumbago aigu C. Sciatique D. Tassement discal

3. Indiquer, à l'aide du **doc. 11**, les affections de la colonne vertébrale fréquentes dans votre secteur professionnel.

La réponse à cette question étant bien spécifique à un secteur professionnel, un corrigé type ne peut être donné dans le cadre de cet ouvrage.

DOC. 11 Pathologies de la colonne vertébrale liées à l'activité professionnelle

Une activité physique importante et/ou réalisée dans de mauvaises conditions peut entraîner des douleurs au niveau de la colonne vertébrale. Selon l'emplacement de la colonne où sont situées ces douleurs, on les appelle des cervicalgies, des dorsalgies ou des lombalgies qui sont les plus fréquentes. Elles sont favorisées par le stress chronique, l'insuffisance musculaire, l'obésité, des déformations de la colonne vertébrale (scoliose, lordose et cyphose), etc.

• **La douleur peut être d'origine musculaire** ; en effet de mauvaises postures créent des déséquilibres musculaires, avec apparition de tensions et de raideurs réactionnelles entraînant des douleurs plus ou moins importantes.

• **La douleur peut être d'origine discale** ; les pathologies les plus courantes sont :
→ le lumbago aigu : lors d'un mouvement, le noyau ne revient pas au centre de l'anneau car il est coincé dans des lamelles abîmées. Il touche les nerfs sensitifs et une violente douleur apparaît provoquant un blocage musculaire en position semi-fléchie.
→ la sciatique : la déformation créée par le noyau gélatineux vient toucher le nerf sciatique provoquant une vive douleur qui descend dans la jambe.
→ la hernie discale : l'enveloppe du disque est étirée, parfois déchirée ; le nerf rachidien et parfois la moelle épinière sont atteints.
→ le tassement discal : le noyau disparaît dans les lamelles du disque abîmé.

Elles peuvent être reconnues comme MP :
→ tableau n° 97 du régime général : affections chroniques du rachis lombaire provoquées par des vibrations de basses et moyennes fréquences transmises au corps entier ;
→ tableau n° 98 du régime général : affections chroniques du rachis lombaire provoquées par la manutention manuelle de charges lourdes.

→ ACTIVITÉ 8 - Les facteurs aggravants dans des situations de manutention C14

1. Identifier, pour chaque situation de travail ci-dessous, la situation dangereuse et le(s) facteur(s) aggravant(s). S'aider des **doc. 12** et **13** (p. 152).

Situation dangereuse

Porter sur une certaine distance une charge importante.

Facteur(s) aggravant(s)

Dépôt avec le dos rond.

Situation dangereuse

Porter au poste de travail avec déplacement sur moins de 2 mètres.

Facteur(s) aggravant(s)

Posture : bras en l'air.

Charge : encombrante et non rigide (matelas).

Situation dangereuse

Porter au poste de travail sans déplacement.

Facteur(s) aggravant(s)

Posture avec torsion du torse.

2. Concernant la manutention, décrire pour votre secteur professionnel une situation dangereuse et les facteurs aggravants.

La réponse à cette question étant bien spécifique à un secteur professionnel, un corrigé type ne peut être donné dans le cadre de cet ouvrage.

DOC. 12 Efforts physiques à l'origine de pathologies de la colonne vertébrale

• **Situations dangereuses**

Manutention et port de charges lourdes

Il s'agit de :

→ **manutention manuelle :** opération nécessitant l'effort physique d'une ou plusieurs personnes ;

→ **transport manuel :** portage sur une certaine distance d'une charge importante par un ou plusieurs opérateurs.

Manutention manuelle au poste de travail

Manutention au poste de travail sans déplacement de l'opérateur avec la charge ou déplacement sur moins de 2 mètres.

• **Facteurs aggravants...**

... liés à la charge

→ Masse ;

→ Taille, forme, volume de la charge ;

→ Charge à prendre ou à déposer en hauteur, etc.

... liés aux locaux de travail

→ Espace de travail restreint ;

→ Sol encombré, glissant, etc.

... liés au temps d'exposition

... liés aux contraintes posturales et articulaires

→ Position à genoux ;

→ Posture accroupie ;

→ Maintien des bras en l'air ;

→ Posture en torsion.

DOC. 13 Postures de manutention et effets sur la colonne vertébrale

MAUVAISE POSTURE

Lorsque la posture mise en œuvre pour soulever une charge est mauvaise (éloignement trop important de la charge, dos rond) :
- la charge est soulevée avec un effort 5 fois plus important ;
- la pression qui s'exerce sur les disques intervertébraux est 5 fois plus importante et de plus inégalement répartie, d'où les risques de lumbago et de hernie discale.

Le risque est encore plus élevé en cas de torsion de la colonne lors de la manutention.

BONNE POSTURE

Lorsque la colonne vertébrale reste droite quand on soulève un poids, la pression qui s'exerce sur les disques intervertébraux est également répartie dans toutes les directions ; la charge est soulevée avec un effort minimum.

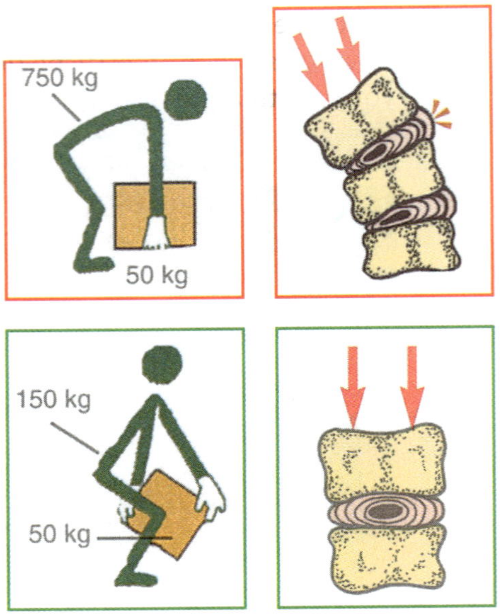

Comment soulever un poids en préservant sa colonne vertébrale

Pieds légèrement écartés et décalés encadrant la charge (meilleure stabilité)

3. Inscrire sur le **schéma n° 5** le nom des déformations de la colonne vertébrale surlignées dans le **doc. 14**, aggravant le risque de lésion au cours des opérations de manutention.

DOC. 14 Facteurs aggravants dans des situations de manutention liés à la personne

Outre les conditions de manutention, des facteurs liés à la personne augmentent le risque de pathologies au niveau de la colonne vertébrale et notamment :
- **l'âge** : au niveau des disques intervertébraux, le noyau gélatineux devient granuleux et l'anneau fibreux moins élastique ; le risque de lésion est accru.
- **les déformations de la colonne vertébrale** telles que :

→ **la cyphose** : il y a accentuation de la courbure du dos : il est rond ;

→ **la lordose** : il y a accentuation de la courbure lombaire, les reins sont cambrés ;

→ **la scoliose** : la colonne vertébrale n'est pas rectiligne mais a une forme en S.

Schéma n° 5 : déformations de la colonne vertébrale

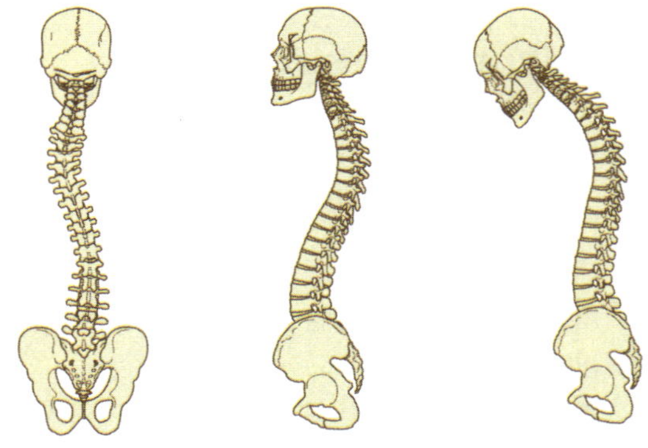

Scoliose .... Lordose .... Cyphose ....

→ ACTIVITÉ 9 - La prévention des affections de la colonne vertébrale C44

1. Indiquer et justifier pour votre secteur professionnel des mesures de prévention contre le risque lié à la manutention. S'aider de vos connaissances, des **doc. 15** et **16** (p. 154) et/ou du site www.bossons-fute.fr (fiche de risque « manutention manuelle » et/ou fiche de métier concernant votre secteur professionnel).

		Mesures de prévention contre le risque lié à la manutention
Niveau 1 Prévention intrinsèque		La réponse étant spécifique à chaque secteur professionnel, un corrigé type ne peut être proposé. Quelques pistes peuvent toutefois être suggérées. • Agir sur les objets : contenants (25 kg plutôt que 50 kg).
Niveau 2 Protection	Collective	• Éviter le recours à la manutention manuelle dès la conception des locaux ; prévoir des installations de levage, stockage, manutention (monte-charge…). • Installer des dispositifs de mise à hauteur : tables élévatrices, etc. • Faciliter les déplacements horizontaux et verticaux : chariots, transpalettes, convoyeurs, rouleaux, ponts de liaison, canalisations. • Aménager les lieux de stockage : rayonnages, stockage dynamique. • Mettre en place des aides au soulèvement des charges : vérins, manipulateurs. • Améliorer l'organisation : alternance des tâches, pauses de récupération, etc.
	Individuelle	• Gants de manutention. • Chaussures de sécurité.
Niveau 3 Formation, information		• Information sur les risques encourus lorsque les manutentions ne sont pas effectuées d'une manière techniquement correcte. • Formation pratique à la sécurité relative aux manutentions manuelles. • Formation PRAPE.

DOC. 15 Réglementation des manutentions

Pour les manutentions manuelles, les articles R 4541-1 à R 4541-9, D4153-40, D4152-12, D4153-39 du Code du travail indiquent :
- de privilégier la manutention mécanique : elle permet d'éviter les risques propres à la manutention manuelle en faisant appel à l'utilisation d'appareils de levage et de transport : palans, poulies, transpalettes, chariots automoteurs à conducteur porté, etc.
- de limiter les charges en fonction du sexe et de l'âge.

Sexe	Hommes			Femmes		
Âge	14 à 15 ans	16 à 17 ans	à partir de 18 ans	14 à 15 ans	16 à 17 ans	à partir de 18 ans
Charges maximales admissibles	15 kg	20 kg	55 kg	8 kg	10 kg	25 kg

Il existe des restrictions concernant certaines catégories de personnel.

© www.ast74.fr.

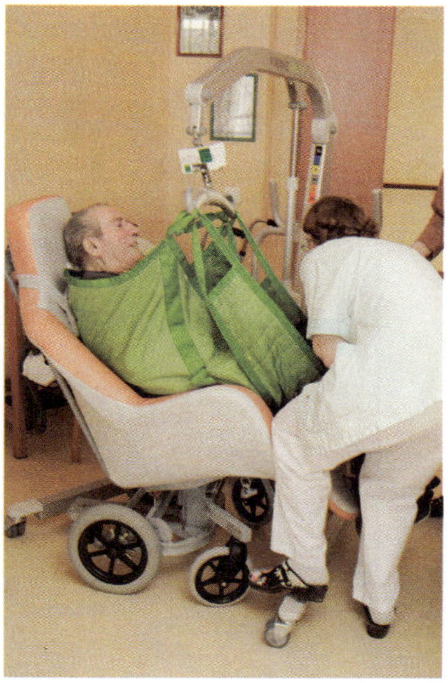

DOC. 16 Port de charges dans un atelier de mécanique

▷▷▷ **Le saviez-vous ?**

Le port de charges est à l'origine de pathologies de la colonne vertébrale et des articulations.

PRÉCAUTIONS À PRENDRE

LES RECOMMANDATIONS EMPLOYEURS

- ▶ Équiper tous les postes de travail :
  - d'engins de levage (grue d'atelier, palan, "chèvre"...).
  - de chariots spécifiques (pour les moteurs, boîtes de vitesses, ensemble moto-propulseur...).
  - de tables élévatrices ou de pont afin de favoriser le travail à bonne hauteur.
- ▶ Entretenir régulièrement le matériel.
- ▶ Effectuer les vérifications réglementaires annuelles des engins de levage.
- ▶ Limiter l'encombrement de l'atelier et prévoir des emplacements spécifiques pour le stockage à proximité du poste de travail.
- ▶ Avec le concours des salariés, organiser le travail afin de réduire au strict minimum le port de charges.
- ▶ Informer les salariés des risques qu'ils courent et les former sur la prévention des risques liés à l'activité physique et à l'ergonomie (PRAPE), ainsi que sur la bonne utilisation du matériel de levage mis à disposition.
- ▶ Intégrer dans la planification du temps d'intervention la mise en poste des engins de levage.

PRÉCAUTIONS À PRENDRE

LES RECOMMANDATIONS SALARIÉS

- ▶ Organiser les différentes tâches à effectuer pour limiter le déplacement des charges.
- ▶ Utiliser le matériel de levage mis à disposition.
- ▶ Maintenir propre l'état des sols.
- ▶ Travailler à bonne hauteur (cela permet ainsi un geste adapté à la tâche avec une amplitude articulaire satisfaisante).
- ▶ Choisir les postures les plus favorables et appliquer les recommandations données lors des formations sur la prévention des risques liés à l'activité physique et à l'ergonomie (PRAPE).

Source : www.sante-securite-paca.org (extrait d'une fiche pratique réalisée dans le cadre d'un travail partenarial « Vous travaillez dans un atelier de mécanique ? »).

2. Justifier les caractéristiques de votre poste de travail (assis – assis/debout) à l'aide de vos connaissances, du **doc. 17** et, si nécessaire, de la fiche pratique « ED79 – conception et aménagement des postes de travail » à télécharger sur **www.inrs.fr**.

Les caractéristiques du poste de travail sont à justifier par la nécessité de garder le dos droit afin d'éviter les lombalgies.

DOC. 17 Organisation des postes de travail

Une hauteur adaptée à l'activité et une bonne organisation de la surface de travail permettent :
- de travailler en gardant le dos droit, ce qui prévient les pathologies de la colonne vertébrale ;
- de limiter les gestes contraignants, ce qui prévient les TMS.

Un certain nombre de recommandations sont données concernant les postes de travail qui doivent permettre de travailler dans des positions adaptées, non dangereuses pour la santé et confortables.

Fig. 7.1. Dimensionnement du poste de travail (cotes en millimètres). Population européenne.

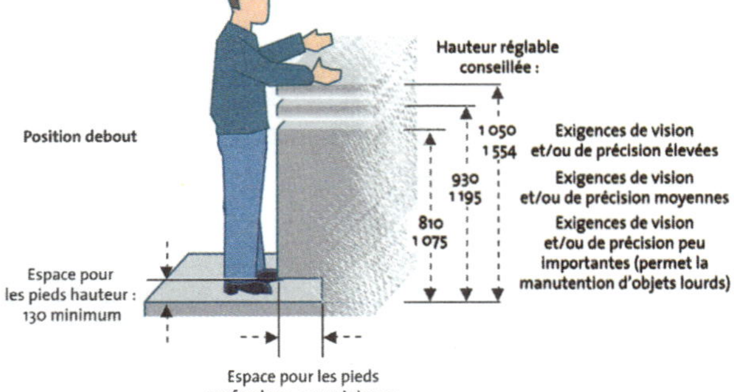

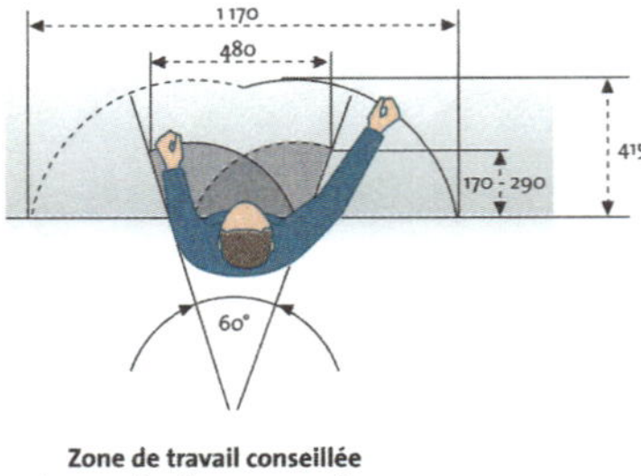

Zone de travail conseillée
(mesures fondées sur une surface de siège horizontale)

Proposer maintenant des solutions pour Raphaëlle (étape 3, p. 142).

Activités de synthèse

RÉCAPITULER

Compléter le tableau.

	Définition	Conséquences / Pathologies	Prévention principale
Travail statique	• Peu de mouvements ; les muscles restent contractés pour maintenir des postures.	• Fatigue rapide car élimination lente des déchets. • Varices si position debout habituelle. • TMS favorisés.	• Postes permettant un peu de mouvements, pauses permettant de bouger, alternance avec travail dynamique.
Travail dynamique	• Comporte des mouvements et/ou des déplacements ; il y a succession de contractions et de relâchement des muscles.	• Débit sanguin éleve, les déchets s'éliminent. • Possibilités de contracture. • Facteur de pénibilité lorsque long et soutenu.	
Gestes répétitifs	• Mouvements réalisés de très nombreuses fois au cours d'une journée de travail, sollicitant les mêmes muscles et articulations.	• Les articulations et les tissus mous sont très sollicités, ce qui favorise l'apparition de TMS.	• Aménagement ergonomique des postes de travail pour limiter la contrainte articulaire. • Rotation du personnel sur les postes pour solliciter des groupes musculaires différents. • Formation.
Gestes et postures contraignants	• Mouvement ou position sollicitant une articulation au-delà de l'amplitude confortable et forçant sur celle-ci.		
Manutention avec facteurs aggravants	• Transport manuel de charges lourdes avec ou sans déplacements. • La fréquence, des masses élevées, de mauvaises postures de manutention sont des facteurs aggravants.	• La pression qui s'exerce sur le disque intervertébral peut être élevée et être à l'origine de lumbagos, sciatiques, hernies discales. • Douleurs musculaires au niveau du dos : cervicalgies, dorsalgies, lombalgies. • Ces pathologies sont des TMS.	• Mise à disposition de matériel de manutention, de convoyeurs, etc. • Formation aux techniques de manutention.

RETENIR

ACTIVITÉ PHYSIQUE STATIQUE

- Inactivité musculaire
- Posture contraignante

ACTIVITÉ PHYSIQUE DYNAMIQUE

- Gestes contraignants
- Gestes répétitifs
- Port de charges lourdes

Facteurs de risques

TMS (Troubles Musculo-Squelettiques)

Atteinte des tissus mous (tendons, nerfs, muscles) au niveau des articulations

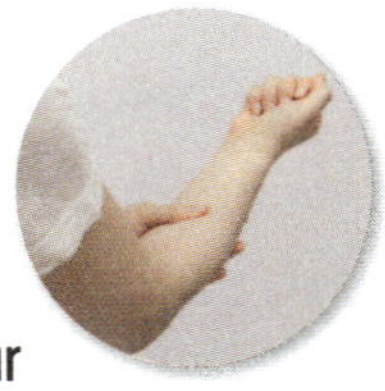

- Douleur
- Gêne au travail, dans la vie quotidienne

Lorsque les TMS touchent la colonne vertébrale :

- Hernie discale
- Sciatique
- Lumbago

Les douleurs associées sont les cervicalgies, lombalgies, dorsalgies.

Certains TMS sont reconnus comme MP.
Ils constituent 86 % des MP reconnues et indemnisées par la CPAM.

AUTRES FACTEURS

- Stress
- Organisation du travail
- Facteurs psychosociaux

AUTRES FACTEURS

- Mauvaise technique de manutention
- Facteurs personnels

PRÉVENTION

Niveau 1 Suppression du risque	Niveau 2 Protection collective et / ou individuelle	Niveau 3 Formation / Information
• Automatisation de certaines tâches	• Matériel de manutention et de transfert des charges • Port d'EPI	• Formation PRAPE • Organisation rationnelle du travail • Alternance des tâches

Approfondir

- www.inrs.fr : brochures, dossiers et films
- www.bossons-fute.fr : fiches métiers ; dossiers sur le travail répétitif sous contrainte de temps et sur la manutention manuelle
- www.sante-securite-paca.org : fiches pratiques concernant la prévention des risques destinées à plusieurs secteurs professionnels
- www.123-tms.fr/les_facteurs_de_risques.html : site interactif sur les TMS

Maîtriser le module 10

Karène, 20 ans, est embauchée dans un salon de coiffure où chaque salarié est chargé d'une technique. Son travail consiste à réaliser des permanentes. Les préparations de produits sont réalisées dans le salon dans une zone peu ventilée ; elle n'aime pas utiliser des gants. En consultant une brochure distribuée par le service de santé au travail, elle découvre que les produits pour permanente constituent un danger. Ils contiennent des substances qui, par contact ou inhalation, peuvent s'avérer allergisantes pour la peau, les yeux et les voies respiratoires. Les dommages provoqués sont des rougeurs, de l'eczéma de contact (mains), des picotements du nez et de la gorge, une gêne respiratoire et de l'asthme.

1 Appliquer l'approche par le risque à la situation C33

Étape 1 : Analyse des risques d'atteinte à la santé

Définir les limites de la situation de travail. **... / 1 pt**

- Qui est l'opérateur ? Karène.
- Quelle est la tâche réalisée ? Réaliser des permanentes.
- Quel est le lieu ? Un salon de coiffure.

Identifier le danger, la situation dangereuse, l'événement dangereux, les dommages potentiels puis les inscrire sur le schéma du PAD **... / 4 pts**

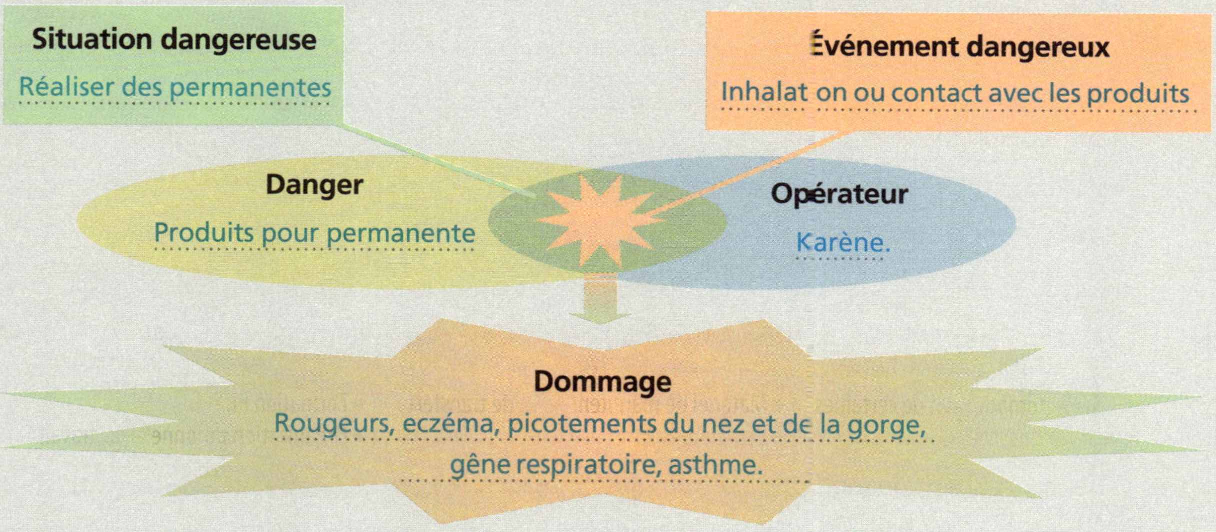

Étape 2 : Évaluation des risques d'atteinte à la santé **... / 1 pt**

- Indiquer à l'aide du schéma ci-dessous et en vous appuyant, au besoin, sur les échelles d'estimation du **rabat n° 3** de l'ouvrage :

– la gravité du dommage encouru : faible.

– la probabilité d'apparition du dommage : probable.

→ La réduction du risque est donc : nécessaire.

- Cocher le schéma.

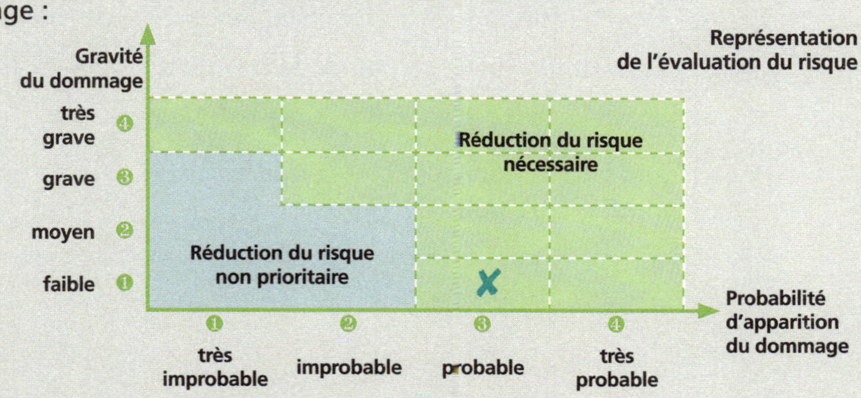

Étape 3 : Proposer des mesures de prévention **... / 2 pts**

Niveau 1 Prévention intrinsèque (suppression du danger)	Niveau 2 Protection collective et/ou individuelle	Niveau 3 Instructions Formations
• Utiliser des produits moins dangereux, moins volatils.	• Réaliser les préparations dans un espace ventilé réservé à cet effet. • Utiliser des gants, des crèmes protectrices.	• Formation du personnel sur : – la dangerosité des produits ; – les règles de sécurité.

Remarque : vous pouvez vous aider de la fiche pratique « Vous travaillez dans un salon de coiffure ? » téléchargeable sur www.sante-securite-paca.org (onglet « Documentation »).

2 Répondre aux questions C21 C22 C23

S'occuper d'une cliente induit un travail statique debout mais aussi, au niveau des mains, des postures contraignantes et des gestes répétitifs. Tous les matins, Karène doit réceptionner les livraisons de produits et chaque soir, elle doit assurer le nettoyage du salon.

1/ > Justifier pourquoi le travail statique en position debout est pénible. **... / 4 pts**

Lors du travail statique, il n'y a pas l'alternance contraction / relâchement des muscles qui favorise la circulation ; ceux-ci sont contractés pour maintenir la posture. De ce fait, les toxines générées par la contraction musculaire s'évacuent lentement et la fatigue apparaît.

> Indiquer et justifier le dommage pouvant en résulter à long terme au niveau des membres inférieurs.

Le retour veineux se faisant moins bien, le sang tend à stagner dans les valvules, ce qui favorise l'apparition des varices.

2/ Définir les TMS puis justifier pourquoi Karène y est particulièrement exposée. **... / 3 pts**

Les troubles musculo-squelettiques (ou TMS) sont une atteinte des tissus mous (muscles, tendons, nerfs) se trouvant au niveau d'une articulation et résultant d'une hyper-sollicitation de celle-ci. Elles regroupent de multiples pathologies occasionnant gêne et douleur. Karène y est très exposée car elle a des postures contraignantes et effectue des gestes répétitifs (mains, bras, épaules).

3/ Indiquer et justifier la position que doit adopter Karène pour soulever les cartons de produits livrés. **... / 4 pts**

Position : jambes fléchies, dos droit, bras tendus, pieds légèrement décalés et écartés.

Il faut garder le dos bien droit afin que les pressions s'exerçant sur les disques intervertébraux ne soient pas trop élevées pour éviter toute lésion de ceux-ci.

4/ Expliquer l'indication « CMR » repérée sur l'étiquette du produit détergent désinfectant utilisé pour l'entretien du salon. **... / 1 pt**

Ce produit contient des substances dites cancérigènes, mutagènes et toxiques pour la reproduction.

Déterminer les effets physiopathologiques de la charge mentale

OBJECTIF

> Être capable d'expliquer la place de la charge mentale dans le coût du travail et le mécanisme d'apparition du stress pour mieux le maîtriser.

Tout travail a un coût pour l'individu qui l'exécute. On peut le représenter par un système comportant les deux composantes en interaction de ce coût : la charge physique et la charge mentale.
La charge physique correspond à l'activité physique réalisée avec les différents facteurs contribuant à sa pénibilité.
La charge mentale comprend la charge mentale psychologique ou cognitive qui correspond aux différentes sollicitations du cerveau (traitement de l'information, réflexion, mémorisation). Elle comprend également la charge mentale psychique ou affective qui correspond aux ressentis et aux émotions au cours de la tâche (responsabilités, cadences...). Une charge mentale psychologique et/ou affective trop forte est à l'origine des risques psychosociaux qui génèrent le stress au travail.

1 Identifier la finalité du système

- **Système :** coût du travail pour l'individu.
- **Finalité :** réalisation d'une tâche.

2 Identifier les éléments du système

Dans le texte de la situation :

1/ Retrouver les deux axes du système.

> La charge physique.

> La charge mentale.

2/ Indiquer les deux composantes de la charge mentale.

> La charge mentale psychologique ou cognitive.

> La charge mentale psychique ou affective.

3/ Retrouver les risques professionnels en relation avec la charge mentale.

Ce sont les risques psychosociaux.

3 Mettre en relation les éléments du système

1/ Compléter le schéma du système à l'aide des éléments suivants :

charge physique / risques psychosociaux / charge mentale / charge mentale affective / charge mentale psychologique

2/ Reporter dans le pavé central le système et sa finalité trouvés à l'étape 1.

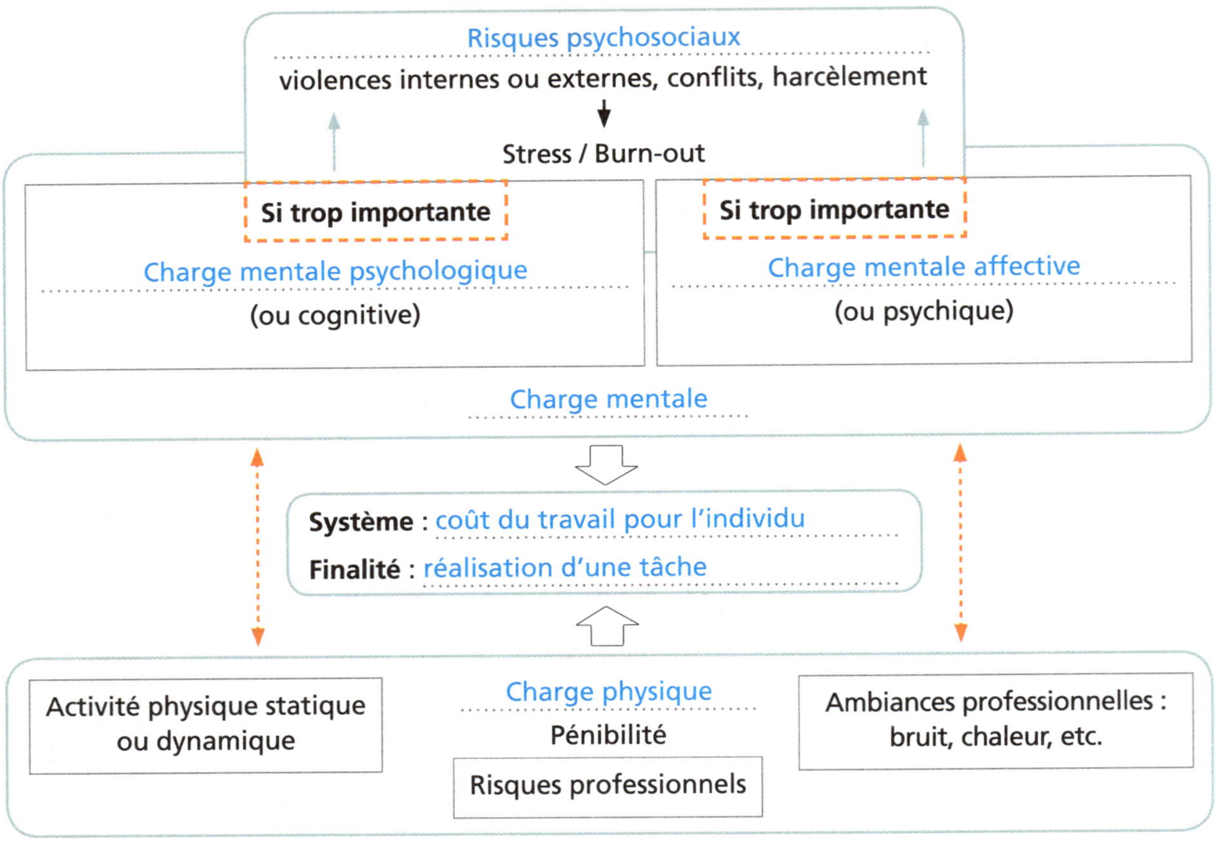

4 Mobiliser des connaissances utiles

Pour comprendre le système, je réalise les **Activités 1** à **4** de la séquence 23.

5 S'inscrire dans le système

Retrouver pour votre secteur professionnel :

1/ Des éléments qui constituent la charge mentale psychologique.

La réponse à cette question étant bien spécifique à un secteur professionnel, un corrigé type ne peut pas être donné dans le cadre de cet ouvrage.

2/ Des éléments qui constituent la charge mentale affective.

La réponse à cette question étant bien spécifique à un secteur professionnel, un corrigé type ne peut pas être donné dans le cadre de cet ouvrage.

3/ Les facteurs de stress.

La réponse à cette question étant bien spécifique à un secteur professionnel, un corrigé type ne peut pas être donné dans le cadre de cet ouvrage.

Remarque : la charge physique traitée dans les risques liés à l'activité physique de la séquence 22 ne sera pas abordée ici.

MOBILISER DES CONNAISSANCES UTILES

Une charge mentale excessive génère des effets physiologiques qui peuvent s'avérer nocifs. En connaître le mécanisme permet une meilleure prévention.

→ ACTIVITÉ 1 - Charge mentale psychologique et affective C14 C22 C23

1. Souligner dans le **doc. 2** et à l'aide du **doc. 1** :
> en bleu, les composantes appartenant à la charge mentale psychologique ou cognitive.
> en vert, les composantes appartenant à la charge mentale affective.

DOC. 1 Définition de la charge mentale

La charge mentale comprend la charge psychologique et la charge affective.
• La charge mentale psychologique ou cognitive correspond au niveau d'effort mental (traitement de l'information, analyse, mémorisation, contraintes de temps ou de délai...) nécessaire pour accomplir une tâche.
• La charge mentale affective ou psychique correspond à toutes les pollutions affectives qui peuvent affecter le travail intellectuel (anxiété, angoisse, répétition et monotonie du travail, interruption du travail, poids de la hiérarchie, etc.). Elle inclut la charge sociale liée aux rapports avec les personnes.

DOC. 2 Composantes de la charge mentale d'après les enquêtes SUMER

Les enquêtes SUMER commanditées par le ministère du Travail analysent les éléments de la charge mentale suivants :

D1 – Travail dans l'urgence → Obligation de se dépêcher → Abandon d'une tâche pour une autre non prévue → Impossibilité de respecter à la fois la qualité et les délais **D2 – Responsabilités** → Conséquences d'une erreur dans le travail **D3 – Moyens pour effectuer son travail** → Moyens pour effectuer correctement son travail	**D4 – Exigences de travail** → Tâches monotones et complexes → Le travail implique de lire ou d'écrire des documents → Le travail permet-il d'apprendre des choses nouvelles ? → Attention et vigilance **D5 – Tensions** → Situations de tension → Exposition à des agressions verbales ou physiques → Recevoir des ordres contradictoires → Contact avec personnes en détresse, devoir calmer les gens
D6 – Évaluation et soutenabilité du travail → Impact de la façon de travailler sur la rémunération et la carrière → Entretiens d'évaluation → Souhaits et craintes sur l'avenir de son emploi	

© Ministère du Travail, de l'Emploi, de la Formation professionnelle et du Dialogue social, http://travail-emploi.gouv.fr

2. Proposer une définition de la charge mentale à l'aide de la **consigne 1** et des **doc. 1** et **2** (p. 161).

La charge mentale correspond aux sollicitations mentales du cerveau pendant l'exécution d'un travail telles que le traitement de l'information, la mémorisation ou la prise de décision, auxquelles s'ajoutent les sentiments et les émotions perçus.

3. Indiquer, pour chaque situation, la charge mentale subie en cochant la bonne colonne du tableau.

Situations	Charge mentale psychologique	Charge mentale affective
A. Stagiaire dans une maison de retraite, Mélissa doit aider des résidents atteints de la maladie d'Alzheimer à prendre leur repas ; elle a des difficultés à s'habituer à la maladie.		✗
B. Stagiaire dans une grande surface, Max participe au contrôle des livraisons, tâche qui nécessite de vérifier de nombreux paramètres et de compléter les documents de traçabilité.	✗	
C. Affectée à l'accueil, Sandra doit répondre au téléphone, renseigner correctement les visiteurs, sans oublier de compléter un certain nombre de documents dont elle a la charge.	✗	
D. En stage dans un atelier, Ali se fait régulièrement réprimander par son tuteur ; il est angoissé à l'idée de mal faire son travail.		✗

4. > Souligner dans le **doc. 3** la définition des risques psychosociaux.

> Justifier pourquoi ils résultent d'une charge mentale excessive.

On constate que les facteurs à l'origine des risques psychosociaux correspondent aux composantes de la charge mentale énoncées dans le **doc. 2**.

DOC. 3

Les risques psychosociaux

Sont regroupés sous l'intitulé « risques psychosociaux » (RPS) : le stress au travail, les violences internes (harcèlement moral) et externes (par des personnes extérieures à l'entreprise à l'encontre des salariés). Le stress n'est qu'une manifestation de RPS, mais il est le mieux défini et le plus employé (parfois mal à propos).

Facteurs à l'origine de RPS :

- **Exigences de travail et son organisation** (facteurs organisationnels) : autonomie dans le travail, degré d'exigence en matière de qualité et/ou de délais, vigilance et concentration requises, ordres contradictoires.
- **Management et relations de travail** (facteurs psychologiques) : nature et qualité de la relation avec les collègues, les supérieurs, reconnaissance, rémunération, justice organisationnelle.
- **Prise en compte des valeurs et attentes des personnes** : développement des compétences, équilibre entre vie personnelle et professionnelle, conflits d'éthique.
- **Changements du travail** : mutation, nouvelles technologies, sécurité de l'emploi, restructurations.

© J. Arpoulet et R. Ghirenghelli, Université de Bordeaux Segalen.

→ ACTIVITÉ 2 - Les causes du stress C13 C14 C24

1. Retrouver dans le **doc. 4** dans quel cas survient une situation de stress.

Il y a stress lorsque l'individu pense ne pas avoir les ressources suffisantes pour gérer la situation et se sent dépassé par celle-ci.

2. Indiquer, à l'aide du **doc. 4** et de votre vécu, quatre facteurs de stress dans votre environnement professionnel et dans votre vie quotidienne.

> Contrôles
> Examens
> Entretiens d'embauche
> Situations conflictuelles

3. Expliquer, à l'aide du **doc. 5**, dans quel contexte se situent les sujets victimes du stress au travail ; justifier cette particularité.

Il s'agit de sujets soumis à une forte charge mentale psychologique et ayant une faible latitude décisionnelle. On peut comprendre cette situation de stress car les individus se sentent enfermés dans une situation dans laquelle ils disposent de peu de marge de manœuvre pour la gérer.

DOC. 4 Qu'est-ce que le stress ?

On parle de stress au travail quand une personne ressent un déséquilibre entre ce qu'on lui demande de faire dans le cadre professionnel et les ressources dont elle dispose pour y répondre.
Les situations stressantes qui s'installent dans la durée ont toujours un coût pour la santé des individus qui les subissent.
Elles ont également des répercussions négatives sur le fonctionnement des entreprises : turn-over, journées de travail perdues, perte de qualité de la production, démotivation parmi les équipes, etc.

© INRS, « Stress au travail – Privilégier la prévention collective ».

DOC. 5 Environnement professionnel et niveau de tension observé

Le schéma ci-dessous représente le niveau de tension des travailleurs observé selon la demande psychologique et la latitude décisionnelle (d'après les enquêtes SUMER).

- **La demande psychologique** (axe des ordonnées) est la charge psychologique associée à l'exécution des tâches, à la quantité et à la complexité de celles-ci, aux tâches imprévues, aux contraintes de temps, aux interruptions et aux demandes contradictoires.
- **La latitude décisionnelle** (axe des abscisses) prend en compte à la fois l'autonomie décisionnelle (possibilité de choisir sa façon de travailler et de participer aux décisions qui s'y rattachent) et l'utilisation des compétences (possibilité d'utiliser ses propres compétences et d'en développer de nouvelles).

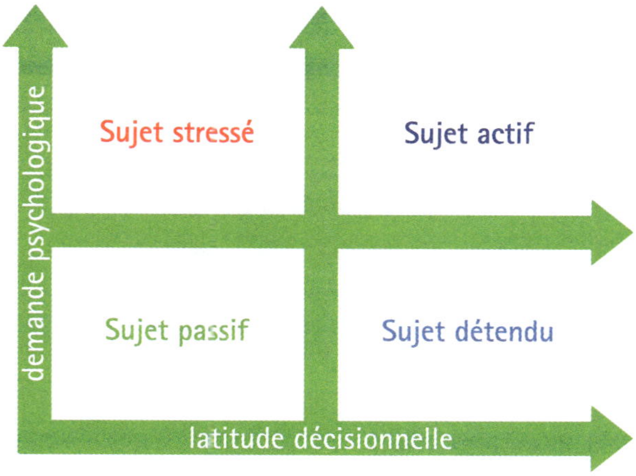

Les mécanismes physiologiques mis en œuvre dans le stress

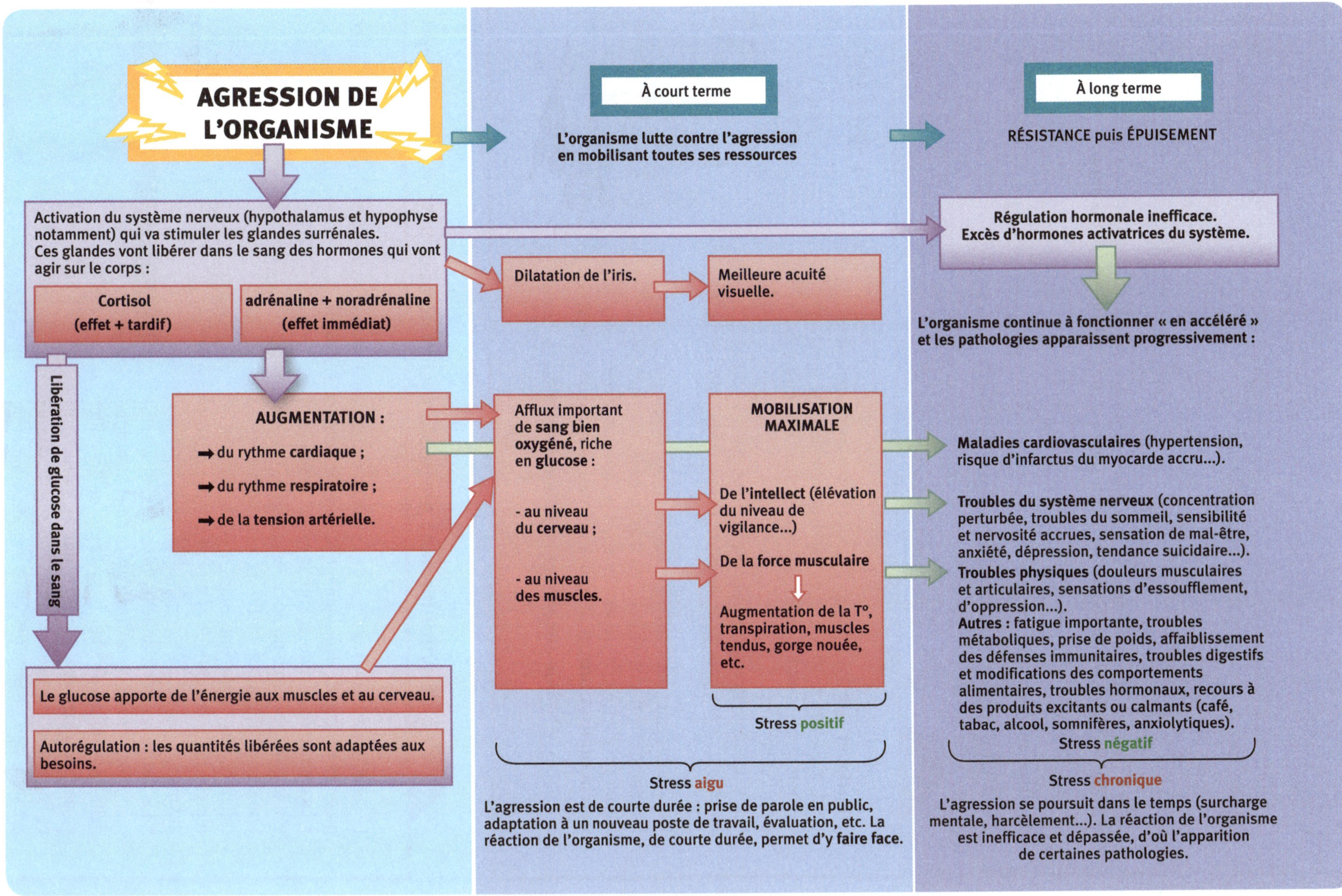

→ ACTIVITÉ 3 - Le mécanisme physiologique du stress et ses effets C13 C23 C24

À partir du **doc. 6** (p. 164) :

1. Résumer le mécanisme physiologique mis en œuvre lors du stress.

Face à une agression de l'organisme, la production d'hormones augmente les rythmes cardiaque et respiratoire ainsi que la glycémie. L'afflux de sang oxygéné et riche en glucose au niveau des muscles et du cerveau entraîne une mobilisation optimale de l'intellect et de la force musculaire pour faire face à l'agression.

2. > Indiquer les effets du stress sur l'organisme à court terme (stress aigu).

Les rythmes cardiaque et respiratoire s'accélèrent, la glycémie s'élève. De ce fait, cerveau et muscles ont un approvisionnement optimal.

> En déduire pourquoi on parle de bon stress ou de stress positif.

Ce phénomène a pour conséquence une mobilisation maximale de l'intellect et de la force musculaire, ce qui permet de faire face à l'« agression » : l'organisme est en phase de résistance.

3. > Indiquer et justifier les trois principaux effets pathologiques du stress à long terme (stress chronique).

→ Maladies cardiovasculaires car cet appareil est trop sollicité.

→ Troubles du système nerveux : l'intellect et le niveau de vigilance sont en mobilisation maximale sur le long terme (troubles du sommeil, nervosité, dépression…).

→ Troubles physiques : ils résultent de la sollicitation chronique de divers appareils (douleurs musculaires, essoufflement, oppression…).

> En déduire pourquoi on parle de mauvais stress ou de stress négatif.

Le stress chronique génère des pathologies diverses pouvant être très graves : l'organisme est en phase d'épuisement.

4. Indiquer pourquoi le stress n'est pas à proprement parler un risque psychosocial même s'il est souvent classé parmi ceux-ci.

Le stress est la réaction de l'organisme à l'agression que constituent les risques psychosociaux. Il est plus facilement perceptible et observable que les risques sociaux dont il est la résultante. On peut considérer qu'il est un dommage résultant des risques psychosociaux.

ACTIVITÉ 4 - Du stress chronique au burn-out C13

1. justifier pourquoi le stress chronique représente un danger important pour tout individu.

Il peut être à l'origine de nombreuses pathologies résultant d'une hypersollicitation de l'organisme.

Il peut dégénérer en épuisement professionnel ou burn-out.

2. Souligner dans le **doc. 7** les signes du burn-out.

3. Indiquer par quel processus apparaît le burn-out.

Le travail occupe peu à peu toute la vie de l'individu ne laissant plus aucun espace pour sa vie personnelle et sociale.

4. Expliquer pourquoi le burn-out constitue une maladie extrêmement grave.

Plusieurs années sont parfois nécessaires pour s'en remettre ; il peut conduire au suicide.

DOC. 7 le burn-out, absent des maladies professionnelles en France

Le burn-out ou syndrome de l'épuisement professionnel menace les travailleurs soumis à une pression importante et à un stress permanent.

Le travail gagne peu à peu l'ensemble de leur vie personnelle, sociale et psychologique ; il n'y a plus de place pour autre chose. Face à ce surmenage, divers troubles apparaissent progressivement : fatigue chronique, troubles du sommeil, irritabilité, migraines, maux de dos, perte de mémoire, symptômes d'angoisse ou de panique et enfin état dépressif pouvant conduire au suicide.

Pour lutter contre l'épuisement, le sujet utilise des substances addictives telles qu'anxiolitiques, somnifères, alcool ou tabac.

Le burn-out touchait essentiellement les travailleurs ayant des métiers relationnels, mais il gagne peu à peu tous les secteurs.

Les médecins du travail recommandent d'être conscient de ses limites, de consulter et de s'arrêter dès les premiers signes d'alerte. En effet, lorsque l'épuisement est trop important, il faut plusieurs mois, voire plusieurs années pour guérir.

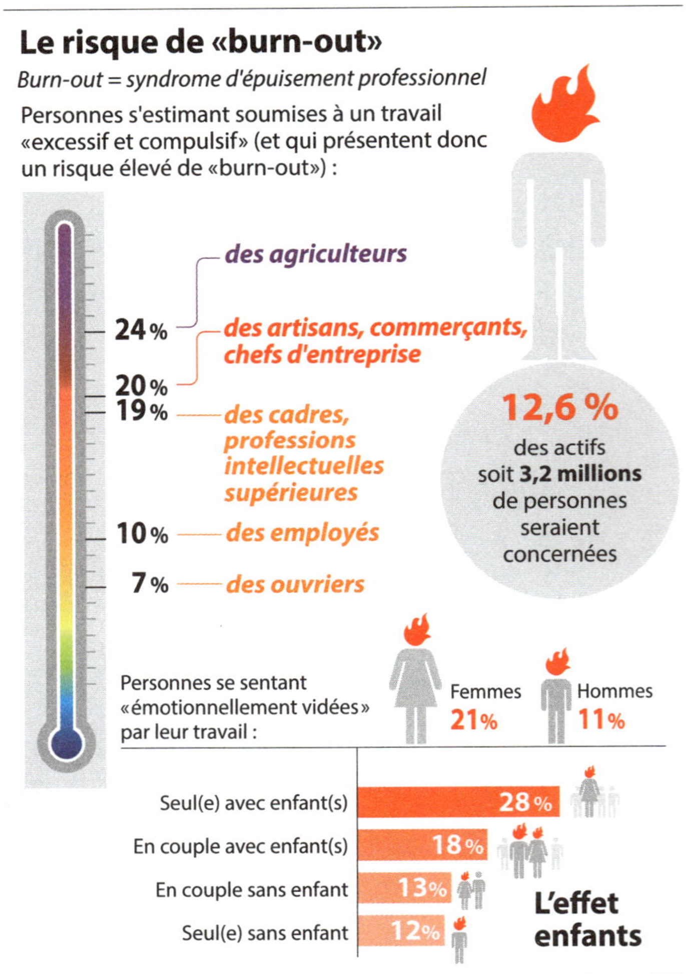

© Agence IDE.

Dans certains pays, l'épuisement professionnel est reconnu comme maladie professionnelle ; c'est par exemple le cas en Belgique depuis août 2014. En France une réflexion a été menée lors d'un colloque au sein de l'Assemblée nationale en juin 2014.

Indiquer maintenant comment vous vous inscrivez dans le système qui situe la place de la charge mentale dans le coût du travail pour l'individu (étape 5, p. 160).

Activités de synthèse

RÉCAPITULER

1. Compléter le tableau sur la charge mentale.

Type de charge	Définition
Charge mentale	Ensemble des informations et contraintes (moyens, niveau d'urgence, de responsabilité, d'exigence...) qui doivent être prises en compte pour effectuer une tâche, ensemble auquel s'ajoutent des paramètres affectifs et sociaux (tensions, affectivité...).
Charge affective	Ensemble des sentiments (compassion, rancœur, jalousie...) et d'émotions qu'il faut maîtriser au cours de son activité professionnelle.
Charge psychologique	Effort mental nécessaire à la réalisation d'une tâche (traitement de l'information, analyse...).

2. Compléter les textes à trous sur le stress.

→ Les facteurs de stress dans l'environnement sont :

- Une charge mentale élevée dans son travail.
- Les contraintes horaires.
- Le bruit.
- Les tensions.

→ Face à cette agression, il se produit dans l'organisme la réaction physiologique suivante :
Il y a production d'hormones qui augmentent les rythmes cardiaque et respiratoire ainsi que la glycémie ; il y a afflux de sang oxygéné et riche en glucose au niveau des muscles et du cerveau.

→ Cette réaction entraîne :

- au niveau des muscles : mobilisation optimale de la force musculaire pour faire face à l'agression ;
- au niveau du cerveau : mobilisation optimale de l'intellect pour faire face à l'agression.

→ Cette réponse sur le court terme génère un stress aigu dit encore stress positif.

→ Mais si ce phénomène se poursuit à long terme, il génère un stress chronique dit encore stress négatif car il y a sollicitation excessive des appareils respiratoire et circulatoire et du système nerveux.

→ Il peut en résulter des pathologies graves telles que :

- des maladies cardiovasculaires ;
- des troubles du système nerveux ;
- des troubles physiques.

→ Un stress permanent peut conduire à l'épuisement professionnel ou burn-out.

RETENIR

CHARGE MENTALE

CHARGE PSYCHOLOGIQUE
effort mental

+

CHARGE AFFECTIVE
ressenti, émotions

Si trop importante

Risques psychosociaux
Pressions, tensions, harcèlement, etc.

STRESS

Autres agressions
bruits, transports (métro, avion...), tensions familiales, etc.

ALARME

Ensemble de réactions neurologiques et hormonales augmentant les rythmes cardiaque et respiratoire, la glycémie, etc.
Muscles tendus, gorge nouée, transpiration, etc.
Stress aigu (stress qui peut être positif)

Mobilisation maximale de l'intellect et de la force musculaire pour réagir à l'agression.

RÉSISTANCE PUIS ÉPUISEMENT

Si la réaction se poursuit dans le temps
Apparition progressive de pathologies : troubles du système nerveux, maladies cardiovasculaires, etc.
Stress chronique (stress négatif)

ÉPUISEMENT PROFESSIONNEL OU BURN-OUT

Approfondir

- www.inrs.fr : informations sur le site et documents à télécharger sur les risques psychosociaux, le stress, l'épuisement professionnel
- http://travail-emploi.gouv.fr : dossier très complet sur la charge mentale d'après les enquêtes SUMER
- www.acms.asso.fr : plaquette « Mal-être, stress, souffrance au travail, violences »

→ www.lienmini.fr/risques-psychosociaux

Prévenir les risques liés à la charge mentale : approche par le travail

OBJECTIF

> Être capable de mettre en œuvre la démarche d'approche par le travail (ou démarche ergonomique) en vue de proposer des mesures de prévention.

Dans un hypermarché, la rédaction du document unique a mis en évidence plusieurs risques professionnels dont ceux liés à la charge mentale. Les caissières y sont particulièrement exposées : souvent jeunes et en CDD, elles sont victimes d'un stress important, d'une grande fatigue en fin de journée et souffrent parfois de TMS. Le travail d'enregistrement des articles et d'encaissement ne représente qu'une partie des tâches réelles effectuées. La caisse enregistreuse, outil de travail principal, se compose d'un tapis roulant, d'un scanner et d'un clavier vertical. L'environnement est bruyant, les cadences aux heures de pointe difficiles à maintenir (3 min par client), et les imprévus nombreux (marchandise détériorée, code-barres défectueux...). Ces derniers temps, le planning d'organisation est de plus en plus bouleversé suite à de multiples arrêts maladie. Il devient difficile d'assurer un service rapide et de qualité aux clients. La direction décide de mener une analyse approfondie des postes de caisse avec des partenaires de la prévention.

1 Identifier le problème ergonomique posé

Les arrêts de travail à répétition chez les caissières.

2 Identifier les éléments de la situation

Qui : quelles sont les personnes concernées ?

Les caissières.

Quoi : quel travail ont-elles à effectuer ?

L'enregistrement et l'encaissement.

Où : en quel lieu se situe la problématique ?

Dans un hypermarché.

Avec quoi : de quels matériels disposent-elles ?

Une caisse enregistreuse, un tapis roulant, un clavier vertical, un scanner.

Comment : quelles sont les contraintes ?

Assurer un service rapide et de qualité ; accorder 3 minutes maximum à chaque client.

3 Mettre en relation les éléments de la situation

Compléter le diagramme « causes-effet » à l'aide des éléments de la situation suivants :

caisse enregistreuse / caissières / hypermarché / environnement bruyant / scanner / enregistrement des articles / imprévus nombreux / tapis roulant / 3 minutes par client / clavier vertical / encaissement des articles / saisie des articles / jeunes et en CDD

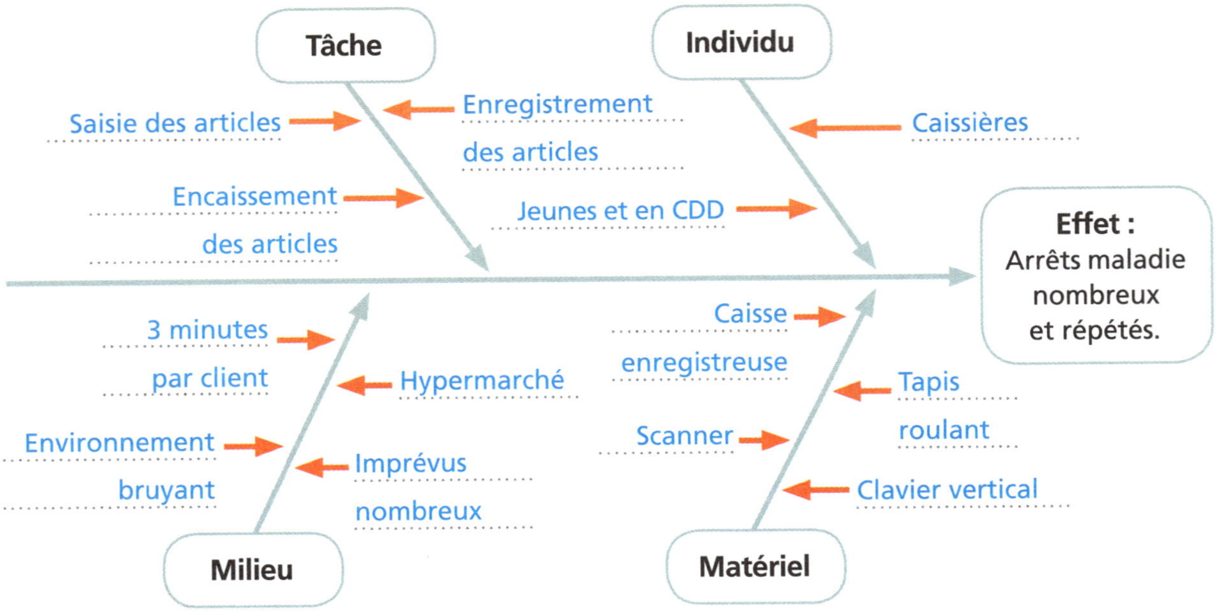

4 Mobiliser des connaissances utiles

Pour comprendre la situation et y apporter des solutions, en acquérant la méthode d'approche par le travail, je réalise les **Activités 1** à **3** de la séquence 24.

5 Proposer des mesures de prévention

Vous pouvez vous aider de la fiche de métiers « hôte de caisse d'hyper ou de supermarché » (rubrique 10) téléchargeable sur **www.bossons-fute.fr**

Niveau 1 Prévention intrinsèque	Niveau 2 Protection collective et/ou individuelle	Niveau 3 Instructions/Formations du personnel
• Identification précise des événements prévisibles. • Organisation de plannings fixes.	• Saisie des codes-barres sans manipulation des produits lourds. • Limitation des bruits d'ambiance.	• Formation à la gestion des comportements inadaptés des clients. • Formation à la gestion du stress.

MOBILISER DES CONNAISSANCES UTILES

Dans l'entreprise, un problème lié à la charge mentale au travail est détectable par l'observation de plusieurs indicateurs : absentéisme, plaintes des opérateurs, maladies professionnelles. L'employeur peut mener, avec les partenaires de la prévention, une analyse approfondie des situations de travail. L'approche par le travail est une prise en compte globale du contexte professionnel. Elle vient renforcer l'approche par les risques pour prévenir des risques d'atteinte à la santé sur le long terme, pour rechercher et prévenir des risques cachés. Pour ce faire, elle utilise les principes de l'ergonomie.

→ ACTIVITÉ 1 - Définition de l'ergonomie C11

• Souligner dans le **doc. 1** les composantes essentielles des définitions de l'ergonomie.

DOC. 1 Qu'est-ce que l'ergonomie ?

• **Société d'Ergonomie de Langue Française :**

L'ergonomie est la mise en œuvre de connaissances scientifiques relatives à l'homme et nécessaires pour concevoir des outils, des machines et des dispositifs qui puissent être utilisés par le plus grand nombre avec le maximum de sécurité.

• **F. Daniellou :**

L'ergonomie étudie l'activité de travail afin de mieux contribuer à la conception des moyens de travail adaptés aux caractéristiques physiologiques et psychologiques de l'être humain, avec des critères de santé et d'efficacité économique.

→ ACTIVITÉ 2 - Étapes de l'approche par le travail C13 C14 C22 C34

La méthodologie de l'approche par le travail (ou démarche ergonomique) est détaillée dans les **rabats nos 4** et **5** de l'ouvrage. Il est indispensable de s'y référer pour réaliser cette activité.

1. Identifier le problème ergonomique (étape ❶) posé au travers des données recueillies dans différentes entreprises.

Situations	Problèmes ergonomiques
A. L'**usine Toutbois** fabrique des meubles en pin et en médium. Depuis 6 mois, le médecin du travail enregistre une augmentation de TMS (troubles musculo-squelettiques).	Recrudescence du nombre de TMS (maladie professionnelle).
B. La **société IMA** a été restructurée il y a 6 mois. Les tâches ont été redistribuées mais la direction doit faire face à une conséquence qu'elle n'avait pas prévue : des arrêts de travail répétés, en particulier sur la chaîne de montage.	Arrêts de travail répétés sur la chaîne de montage.
C. Le service des méthodes de l'**entreprise SALADOR** a modifié les cadences des chaînes de conditionnement. Depuis, les agents de maîtrise enregistrent de nombreuses plaintes.	Plaintes des opérateurs sur les chaînes de conditionnement.

2. Illustrer les composantes du schéma de compréhension (étape ❷) à partir de la situation professionnelle (p. 169). S'aider du **rabat n° 4** de l'ouvrage.

Éléments du schéma de compréhension	Deux illustrations
Déterminant « Opérateur » Exemples : âge, taille, sexe, état de santé, qualification, ancienneté, tenue professionnelle, type de contrat.	• Femmes jeunes • Contrat à durée déterminée (CDD)
Déterminant « Entreprise » Exemples : outils et machines, ambiances professionnelles, organisation du travail.	• Bruits • Cadences élevées
Effets sur l'opérateur Exemples : satisfaction, intérêt, ennui, stress, fatigue, douleurs diverses, arrêts de travail.	• Stress • Fatigue, TMS
Effets sur l'entreprise Exemples : qualité du travail, arrêts maladie, délais de livraison, satisfaction des clients	• Non-satisfaction des clients • Désorganisation des postes de travail • Arrêt maladie

3. Différencier travail prescrit / travail réel, tâches / activités. S'aider du **doc. 2**.

Propositions	Travail prescrit	Travail réel	
		Tâches	Activités
A. Enregistrer et encaisser des achats.	✗		
B. Accueillir le client.		✗	
C. Saisir un article sur le tapis roulant.			✗
D. Maintenir son espace de travail propre.		✗	
E. Appliquer un chiffon nettoyant sur le tapis roulant.			✗

DOC. 2

Travail prescrit et travail réel

• **Travail prescrit** : c'est le travail défini par l'entreprise et donné à l'opérateur.
Ex. : usiner 5 000 pièces par jour ; vendre 30 portables par jour.

• **Travail réel** : c'est le travail mis en œuvre concrètement.
Il se décompose en **tâches** et **activités** :
– **Tâche réelle** (ce que l'opérateur fait) : tâche réalisée par l'opérateur en fonction des exigences de chaque situation. Elle se décrit en termes d'actions sur les objets et l'environnement.
Ex. : contrôler les pièces usinées ; faire une démonstration au client.
– **Activité réelle** (comment l'opérateur le fait) : description des actions physiques, mentales et sensorielles développées pour accomplir la tâche.
Ex. : peser et mesurer les pièces brutes ; soulever un carton contenant des portables.

4. À l'aide du **doc. 3**, repérer les liens de causalité entre les éléments de la situation et l'hypothèse (étape ❸) en soulignant dans l'exemple de formulation d'hypothèse ci-dessous :

> les déterminants ;

> l'activité ;

> les effets sur l'homme.

EXEMPLE DE FORMULATION D'HYPOTHÈSE

- **Il semble que les faits suivants :**

→ les cadences élevées (3 minutes par client),

→ l'organisation perturbée par des arrêts de travail,

- **conduisent l'opérateur :**

→ à adopter un rythme de travail très soutenu,

- **ce qui entraîne :**

→ stress et fatigue en fin de journée.

DOC. 3 **Liens de causalité (méthode prospective)**

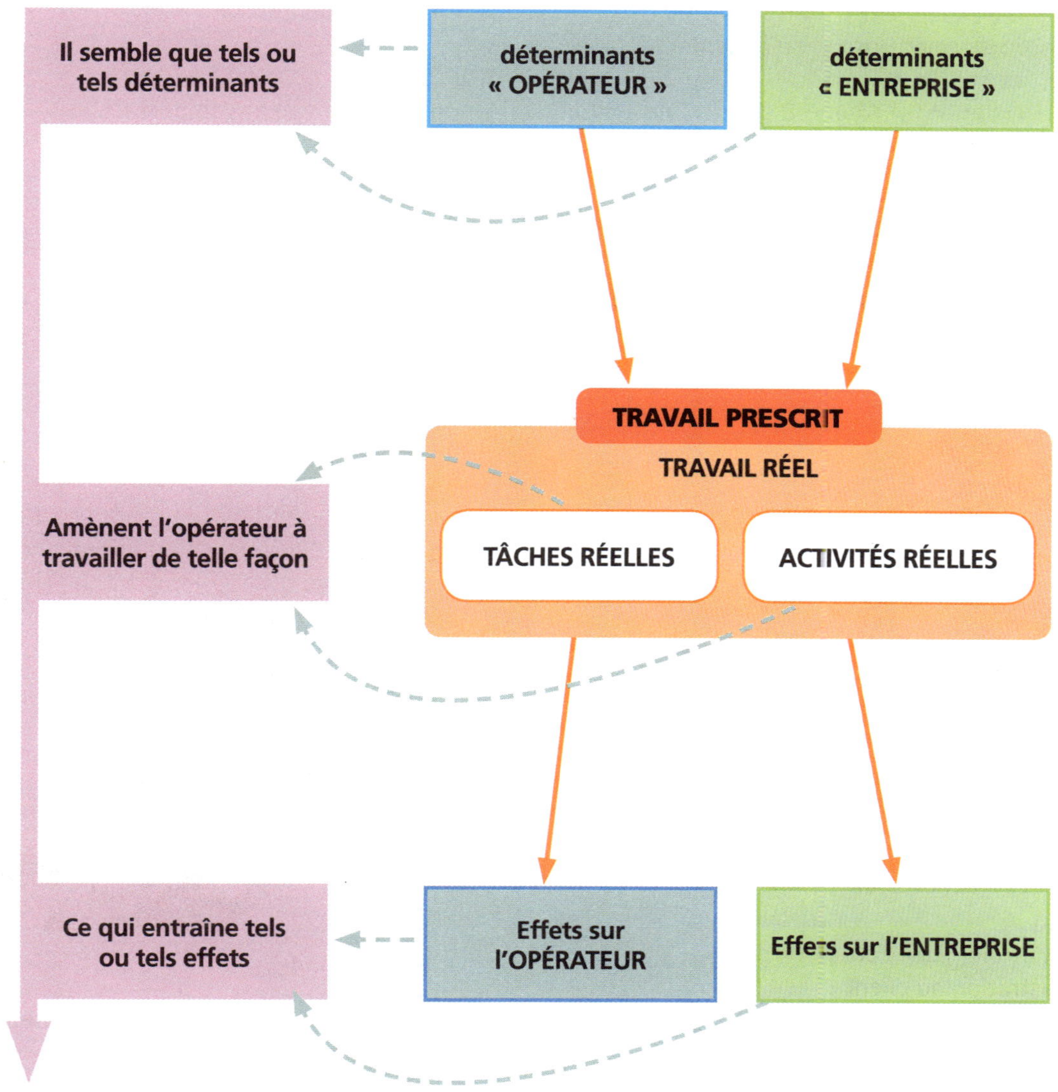

5. Citer au moins deux outils pertinents pour valider l'hypothèse énoncée à la **consigne 4** (étape ❹). S'aider du **doc. 4**.

> Enquête (questionnaire de Karasek) > Chronogramme de l'activité, etc.

DOC. 4 Outils de validation d'hypothèses

- **Enquêtes ou témoignages**

Ex. : le questionnaire de Karasek (extraits) : c'est un des outils utilisés pour évaluer la charge mentale.

› DEMANDE PSYCHOLOGIQUE
→ Quantité – Rapidité
Q10 - Mon travail me demande de travailler très vite.
Q12 - On me demande d'effectuer une quantité de travail excessive.
Q13 - Je dispose du temps nécessaire pour exécuter correctement mon travail.

› LATITUDE DÉCISIONNELLE
→ Latitude ou Marges de manœuvre
Q4 - Mon travail me permet de prendre souvent des décisions moi-même.
Q6 - Dans ma tâche, j'ai très peu de libertés pour décider comment je fais mon travail.
Q8 - J'ai la possibilité d'influencer le déroulement de mon travail.

› SOUTIEN SOCIAL
→ Le soutien professionnel
- par les supérieurs :
Q22 - Mon supérieur réussit facilement à faire collaborer ses subordonnés.
Q21 - Mon supérieur m'aide à mener ma tâche à bien.
- par les collègues :
Q23 - Les collègues avec qui je travaille sont des gens professionnellement compétents.

- **Chronogrammes de l'activité**

C'est une représentation graphique mettant en relation l'activité et la durée.

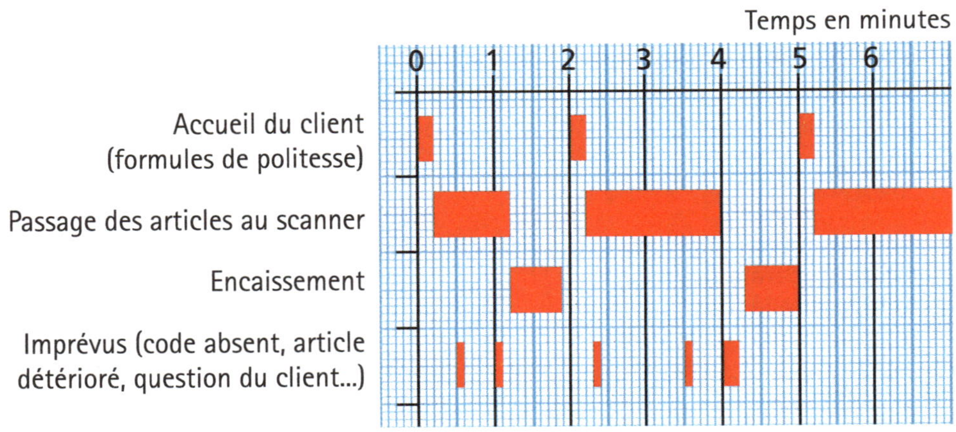

- **Analyse des postures (voir rabat n° 4 de l'ouvrage, étape ❹).**

	Rotation du tronc à droite	Rotation du tronc à gauche	Pousse la charge

Durée (client 1)	1 minute	45 secondes	1 minute

- **Vidéos, photographies.**

→ ACTIVITÉ 3 - Mise en œuvre de l'approche par le travail C34

DOC. 5 Description de l'activité professionnelle de Marie

• Marie, 26 ans, titulaire d'un CAP employé de commerce multi-spécialités, est embauchée depuis 18 mois dans un hypermarché situé à une heure de transport de son domicile. Elle a un contrat de travail à durée indéterminée à temps partiel (30 heures par semaine). Ses horaires sont variables, une semaine type se déroule ainsi :

Lundi 9h–14h30	Mardi Repos	Mercredi 15h–20h45	Jeudi 9h-11h30 / 14h30-16h45	Vendredi 15h15-21h15	Samedi 10h30-13h30 / 14h30-19h30

Elle bénéficie d'un samedi libre toutes les 8 semaines. La prise de pause est décidée par la chef d'équipe. Ces horaires irréguliers empêchent Marie de s'investir dans une activité de loisir et ne lui permettent pas d'avoir une vie de famille équilibrée.
Sous contrôle permanent de sa hiérarchie, elle doit respecter une durée moyenne de 3 minutes par client. La relation avec les clients est peu satisfaisante, allant de l'agression verbale en période de forte affluence à l'indifférence en temps normal.
Les imprévus à gérer sont nombreux dans son travail : opérations promotionnelles non enregistrées, code-barres illisible ou défectueux, casse de produit.

• **Son travail consiste à :**
→ accueillir chaque client (sourire et formules de politesse obligatoires) ;
→ enregistrer les articles et les déposer en bout de caisse ;
→ contrôler que tous les produits ont été présentés par le client ;
→ encaisser le montant des achats, saisir éventuellement la carte de fidélité ;
→ établir la comptabilité de la caisse en début et en fin de journée ;
→ maintenir son espace de travail propre.
Pour enregistrer les articles, toutes les 3 secondes, elle saisit par rotation droite du tronc un article, le passe devant le scanner (elle vérifie soit visuellement, soit en écoutant le bip sonore la prise en compte du code-barres) puis par rotation gauche du tronc évacue les articles scannés.
Depuis un mois, Marie doit faire face à des horaires qui changent d'une semaine sur l'autre en raison d'arrêts maladie répétés de collègues. Elle accepte toujours ces contraintes horaires mais n'a pourtant pas le sentiment que ses efforts sont remarqués. Ils sont plutôt mal vus de ses camarades de travail et l'ambiance entre elles est tendue.
Marie a eu un arrêt maladie de 7 jours en raison d'une grande fatigue nerveuse et physique. Elle a repris le travail avec appréhension et souffre depuis peu d'une douleur lancinante à l'épaule droite.

• **Son environnement professionnel :**
→ caisse enregistreuse avec clavier, scanner, tapis roulant, rouleaux glissants, désactiveur d'antivols ;
→ packs de marchandise (jusqu'à 8 kg), 250 kg en moyenne manipulés par heure ;
→ poste en sortie de magasin près des portes : courants d'air, chaleur, froid ;
→ exposition au bruit : animations, musique d'ambiance ;
→ éclairage artificiel éblouissant ;
→ poste de travail exigu ;
→ tenue professionnelle imposée (différente selon les saisons).

1. Identifier le problème ergonomique posé par l'entreprise (étape ❶)

La direction de cet hypermarché, alertée par les arrêts de travail répétés des caissières et informée de la mauvaise ambiance, décide de se lancer dans une démarche de prévention.

2. Décrire et analyser la situation (étape ❷)

> À partir de la description de la situation professionnelle de Marie dans le **doc. 5** (p. 175), compléter le schéma de compréhension du **doc. 6**.

Consigne de travail : relever les tâches et détailler les activités uniquement pour la tâche surlignée en jaune dans le **doc. 5**.

DOC. 6 Schéma de compréhension de l'activité de Marie

déterminants « OPÉRATEUR »

- Femme, 26 ans, CAP ECMS
- CDI à temps partiel
- Domicile à 1 heure (transport en commun)

déterminants « ENTREPRISE »

- Hypermarché
- Horaires et pauses variables
- Rythme de 3 minutes par client
- Charges de 8 kg maxi, 250 kg/heure maximum
- Chaleur, froid, intensité sonore élevée, éclairage éblouissant
- Poste de caisse exigu
- Contrôle permanent de la hiérarchie

TRAVAIL PRESCRIT

- Saisie et encaissement des produits présentés par les clients

TRAVAIL RÉEL

TÂCHES RÉELLES

- Accueillir le client
- Enregistrer les articles et les déposer en bout de caisse
- Contrôler les produits présentés par le client
- Encaisser le montant des achats
- Saisir la carte de fidélité
- Établir la comptabilité de la caisse en début et en fin de journée
- Maintenir son espace de travail propre
- Gérer les imprévus

ACTIVITÉS RÉELLES

Uniquement sur la tâche « enregistrer les articles et les déposer en bout de caisse ».

- Saisit un article (un toutes les 3 secondes) par rotation droite du tronc
- Passe l'article au scanner en le maintenant en l'air
- Écoute le bip sonore
- Vérifie visuellement que l'article est scanné
- Évacue les articles par rotation gauche du tronc

Effets sur l'OPÉRATEUR

- Fatigue nerveuse et physique
- Relations clientèle insatisfaisantes
- Relations avec les collègues conflictuelles
- Difficulté d'organisation de la vie familiale
- Absence de loisirs programmés
- Douleur à l'épaule droite
- Arrêt de travail de 7 jours
- Manque de reconnaissance de la hiérarchie

Effets sur l'ENTREPRISE

- Arrêt de travail 7 jours
- Flexibilité des horaires
- Ambiance de travail dégradée

3. Formuler des hypothèses (étape ③)

> Formuler une hypothèse relative à l'effet « grande fatigue nerveuse et physique ». Plusieurs hypothèses sont possibles.

• **Il semble que les faits suivants :**

→ les horaires et les pauses non maîtrisés,

→ de nombreux imprévus à gérer,

→ de mauvaises relations avec les collègues,

→ l'éloignement de son domicile,

→ la cadence de travail imposée,

→ le contrôle permanent exercé par la hiérarchie

• **conduisent Marie :**

→ à accepter tous les horaires et à accélérer la cadence de travail,

• **ce qui entraîne :**

→ une grande fatigue nerveuse et physique.

4. Valider les hypothèses (étape ④)

> Proposer une méthode de vérification pour cette hypothèse.

Hypothèse proposée	Méthode de vérification de l'hypothèse
Il semble que le fait que des imprévus surviennent, **conduit Marie** à accélérer la cadence de travail, **ce qui entraîne** un stress important.	Mesurer et faire figurer sur un chronogramme les moments et la durée des incidents (= imprévus) soit en observant, soit en filmant une journée de travail.

5. Proposer des solutions (étape ⑤)

> À partir des **doc. 7** à **9** (p. 178), et de la fiche métier « Hôte de caisse d'hyper ou de supermarché » (§ 10 « actions préventives ») téléchargée sur le site www.bossons-fute.fr, proposer des pistes d'amélioration et les hiérarchiser dans le tableau ci-dessous.

Niveau 1 Prévention intrinsèque	Niveau 2 Protection collective et/ou individuelle	Niveau 3 Instructions / Formations
• Faire choisir les horaires par les caissières. • Opérer des rotations sur différentes caisses (caisse rapide…). • Mettre en œuvre une polyvalence de tâches.	• Prévoir des caisses de dimensions suffisantes. • Prévoir la saisie des codes-barres sans manipulation pour les produits lourds et des packs avec prise facile (anse). • Prévoir des chariots permettant le rangement des packs en hauteur et non au fond du chariot.	• Organiser des actions de formation à la gestion des situations difficiles (clients mécontents). • Former les directions au respect du personnel et à la gestion participative. • Formation PRAPE.

DOC. 7 Des horaires à la carte

C'est dans le magasin Carrefour de Brest que les horaires choisis par les caissières ont été rodés en premier. Ce mode d'organisation permet aux caissières, toutes les quatre semaines, de se mettre d'accord entre elles sur leur grille horaire personnelle, en fonction du plan de charge du magasin bien sûr. Selon les enquêtes menées par Carrefour France, 92 % des caissières sont aujourd'hui favorables à ce système. « Ce n'est donc plus la hiérarchie qui fait les horaires », souligne la responsable nationale des caisses.
Comment est-ce alors vécu par cette hiérarchie ? « Plutôt bien », répond cette ancienne caissière, car du coup, une autre relation s'établit entre la hiérarchie et les caissières : c'est une source de conflit qui a disparu, et ces dernières peuvent enfin s'organiser pendant le temps qu'elles ne passent pas au travail.

D'après la revue « Travail & Sécurité », octobre 2000.

DOC. 8 Des pauses optimisées

Selon l'INRS, il est recommandé (en plus de la pause déjeuner) de prévoir au moins une pause le matin et une l'après-midi, chacune d'une durée de l'ordre de dix à quinze minutes. Cette durée permet en effet de quitter son poste de travail pour prendre une boisson, téléphoner, aller aux toilettes, etc.
Si l'organisation du travail le permet, il est préférable que le moment de prise de ces pauses soit choisi par le travailleur lui-même.
Ce système est utilisé dans de nombreuses entreprises, notamment dans le cas de travail à la chaîne et pour les caissières d'hyper et de supermarchés.

DOC. 9 Exemples de prévention collective du stress

- **Adapter le travail** demandé aux capacités et aux ressources des salariés (en tenant compte de leur âge, par exemple).
- **Organiser le travail** pour le rendre stimulant et donner l'opportunité au personnel d'utiliser ses compétences.
- **Définir clairement les rôles et les responsabilités** de chacun.
- **Donner la possibilité** aux salariés **de participer aux décisions** et aux actions de changements qui affecteront leur travail.
- **Améliorer la communication interne et réduire les incertitudes.**
- **Faciliter les échanges et le dialogue social** entre tous les acteurs de l'entreprise.

D'autres types d'actions sur le stress au travail existent, avec des effets plus ou moins durables : gestion individuelle du stress (renforcer la résistance des salariés) et prise en charge des salariés en souffrance.

- **Renforcer la résistance au stress des salariés par :**

– des programmes de développement personnel (ou gestion individuelle du stress) associant souvent relaxation et techniques inspirées de la psychothérapie cognitive et comportementale. Ils visent à réduire l'état de stress d'une personne en modifiant la façon dont cette personne perçoit sa situation de travail ;
– des formations à la gestion des conflits ou à la détection précoce des agressions sont proposées aux salariés en contact direct avec un public parfois hostile.

Ces actions peuvent être efficaces pour les professionnels exposés à des situations de tension, en raison de la nature même de leur activité : contact direct avec le public, confrontation à la détresse, la souffrance, la maladie ou la mort.

© INRS, d'après le dossier web « Le stress au travail » - 15/12/2010.

Proposer maintenant des solutions pour les caissières de l'hypermarché (étape 5, p. 170).

Activités de synthèse

RÉCAPITULER

Compléter les textes à trous.

La démarche d'approche par le travail

• L'approche par le travail vient renforcer l'approche par les risques.

Elle se caractérise par une démarche globale d'analyse de la situation professionnelle.

• Elle a pour finalité la proposition de mesures de prévention destinées à limiter ou éviter les risques d'atteintes à la santé sur le long terme.

• Elle se décompose en cinq étapes :

> Étape ❶ : identifier le problème ergonomique

> Étape ❷ : décrire et analyser la situation

> Étape ❸ : formuler des hypothèses

> Étape ❹ : valider des hypothèses

> Étape ❺ : proposer des solutions

Les composantes du schéma de compréhension de la situation de travail

• Le schéma de compréhension de l'activité observée est constitué :

> des déterminants « opérateur » et « entreprise » ;

> du travail réel et du travail prescrit ;

> des effets sur l'opérateur et sur l'entreprise ;

• **Définitions**

Les déterminants « opérateur » sont constitués des éléments qui caractérisent l'opérateur.

Les déterminants « entreprise » sont constitués des éléments qui caractérisent l'entreprise.

Le travail prescrit est le travail défini par l'entreprise ; il se différencie du travail réel qui décrit le travail mis en œuvre concrètement par le salarié.

Le travail réel est un ensemble de tâches et d'activités :

> tâche réelle : ce que fait l'opérateur ;

> activité : comment il accomplit la tâche.

Les effets sur l'opérateur et sur l'entreprise listent les conséquences positives ou négatives.

La formulation et la validation d'hypothèses

• L'hypothèse posée à partir d'un effet négatif choisi se construit en utilisant les différentes composantes du schéma de compréhension. Des liens de causalité sont mis en évidence.

• Pour passer à la proposition de mesures de prévention, l'hypothèse doit être validée par des observations complémentaires.

RETENIR

L'approche par le travail : démarche et outils

Étape ❶ Identifier le problème ergonomique

- Origine de la démarche d'analyse.
- Ce sont des effets négatifs.

- Analyse d'indicateurs : taux d'absentéisme, turn-over, arrêts de travail, difficulté de recrutement sur un poste, déclaration de maladies professionnelles, plaintes des salariés, etc.

Étape ❷ Décrire et analyser la situation

- Phase de recueil de données puis de mise en relation de ces données dans le schéma de compréhension de l'activité.

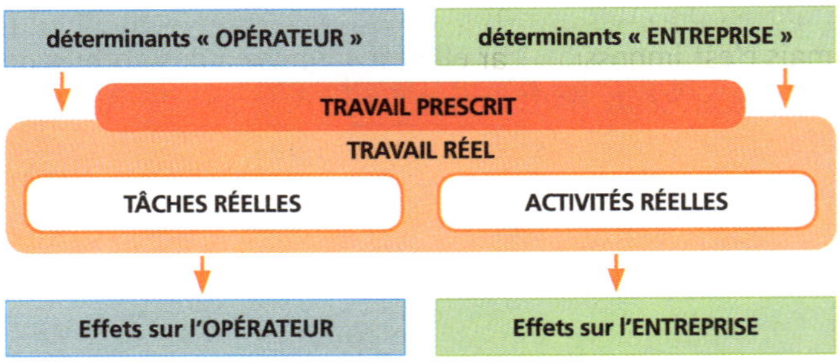

Étape ❸ Formuler des hypothèses

- Identification de liens de causalité entre les différents éléments de la situation professionnelle pour expliquer un effet négatif.

Liens de causalité (méthode prospective)

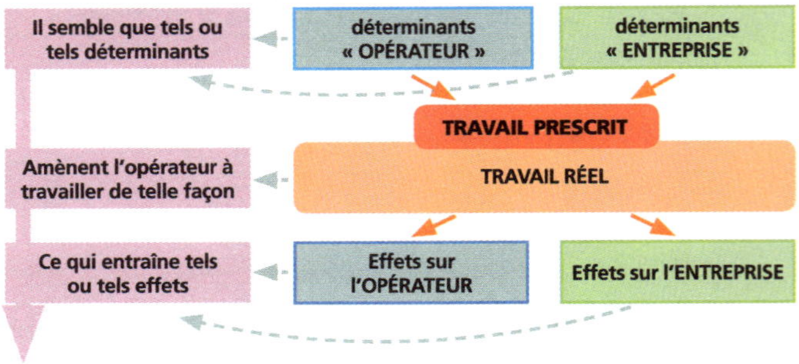

Étape ❹ Valider les hypothèses

- Mise en œuvre d'observations complémentaires pour confirmer ou infirmer l'hypothèse.

Observations complémentaires : mesures de bruit, d'éclairement, observation des flux des matières premières, des déplacements de l'opérateur, etc.

Ex. : analyse de la posture

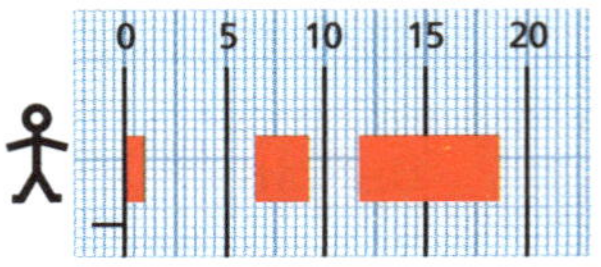

Étape ❺ Proposer des solutions

- Proposition de solutions de prévention pour supprimer ou limiter les effets néfastes.

Principes généraux de prévention (loi du 31/12/1991)

1. Prévention intrinsèque
2. Protection collective et individuelle
3. Instructions/formations pour l'opérateur

Approfondir

- **Publications INRS :** « Le stress au travail. Les étapes d'une démarche de prévention » - ED6011
- **Vidéos INRS :** « Évaluation des risques professionnels » - ED887 ; « Situations de travail dans le BTP, construire la prévention » - DV305 ; « Situations de travail dans l'industrie » - DV375 ; « Le stress au travail, le démasquer pour le prévenir » - DV0365 ; « J'ai mal au travail. Stress, harcèlement moral et violences » - DV0327

Maîtriser le module 11

Pauline, 23 ans, est chargée de faire de la téléprospection dans un centre d'appel. Étudiante, elle travaille à temps partiel. Son travail consiste à obtenir des clients qu'elle a en ligne d'accepter un rendez-vous avec un commercial. Pour déclencher un appel, Pauline clique avec la souris sur la consigne « appel ». Ensuite, elle mène un entretien selon une procédure écrite qu'elle suit des yeux, ce qui laisse peu d'autonomie dans la gestion de l'appel. Elle recueille les données qu'elle saisit avec le clavier de l'ordinateur et met fin à la conversation par sélection sur l'écran de l'option adaptée (le client n'est pas dans la cible, rappeler plus tard, client pas intéressé). Pauline aimerait pouvoir se lever, faire quelques pas pour évacuer la tension mais c'est impossible car elle est soumise à des normes de rendement (au moins 110 appels par jour) et la hiérarchie est très présente par sa surveillance permanente. Alors que Pauline aurait besoin d'échanger sur des situations difficiles comme les agressions verbales qu'elle subit parfois, elle a peu de relations avec ses collègues en raison de la prise de pauses décalées et très courtes. En fin de journée, elle a mal au dos et il lui faut au moins deux heures pour évacuer le stress. C'est un métier qui use vite avec beaucoup de turn-over* et de nombreux arrêts maladie.

* Changement de personnel

1 Appliquer l'approche par le travail à la situation C34

1/ Classer les éléments soulignés de la situation dans le schéma de compréhension. **... / 5,5 pts**

Déterminants « OPÉRATEUR »
- Pauline
- 23 ans
- Étudiante
- Temps partiel

Déterminants « ENTREPRISE »
- Ordinateur
- Procédure écrite
- Au moins 110 appels par jour
- Pauses décalées et très courtes
- Surveillance permanente (hiérarchie)

TRAVAIL PRESCRIT
- Faire de la téléprospection

TRAVAIL RÉEL

TÂCHES RÉELLES
- Déclencher un appel
- Mener un entretien
- Recueillir les données client
- Mettre fin à la conversation

ACTIVITÉS RÉELLES
- Clique avec la souris
- Saisit sur le clavier
- Sélectionne sur l'écran l'option adaptée

Effets sur l'OPÉRATEUR
- Mal au dos
- Stress
- Peu d'autonomie
- Peu de relations avec ses collègues

Effets sur l'ENTREPRISE
- Turn-over
- Arrêts maladie

2/ Différencier le travail réel et le travail prescrit. **... / 3 pts**

> Le travail réel représente l'ensemble des tâches et activités réalisées par l'opérateur.

> Le travail prescrit représente ce que l'entreprise demande à l'opérateur.

3/ Formuler une hypothèse relative à la situation de travail de Pauline. **... / 2 pts**

- Il semble que les faits suivants :

→ la procédure d'appel écrite,

→ des normes de rendement imposées,

→ la surveillance permanente exercée par la hiérarchie

- conduisent Pauline :

→ à ne pas avoir une grande autonomie,

- ce qui entraîne :

→ un stress important.

4/ Classer les mesures de prévention ci-dessous en fonction de leur niveau. **... / 2,5 pts**

pauses régulières (toutes les 5 minutes) / formation à la gestion des situations d'agressions verbales / poste de travail permettant le changement de postures / formation à la gestion du stress / diminution du nombre d'appels attendus

Niveau 1 Prévention intrinsèque	**Niveau 2** Protection collective et/ou individuelle	**Niveau 3** Instructions/Formations du personnel
• Pauses régulières (toutes les 5 minutes). • Diminution du nombre d'appels attendus.	• Poste de travail permettant le changement de postures.	• Formation à la gestion des situations d'agressions verbales. • Formation à la gestion du stress.

2 Déterminer les effets physiopathologiques de la charge mentale C21 C23

1/ Nommer les deux composantes de la charge mentale. **... / 1 pt**

> Charge affective > Charge psychologique

2/ Décrire la réaction physiologique de l'organisme face à une situation stressante. **... / 2 pts**

Il y a production d'hormones et afflux de sang (oxygéné et riche en glucose) au niveau des muscles et du cerveau.

3/ Citer trois facteurs de stress dans l'environnement. **... / 1,5 pt**

> Charge mentale élevée > Contraintes horaires > Bruit

4/ Énoncer les trois principaux effets pathologiques du stress chronique. **... / 1,5 pt**

> Maladies cardiovasculaires

> Troubles du système nerveux

> Essoufflement, douleurs musculaires, etc.

5/ Énoncer la conséquence la plus grave du stress chronique au travail. **... / 1 pt**

Le burn-out ou épuisement professionnel.

Utiliser l'analyse d'un accident du secteur professionnel dans une démarche de prévention

OBJECTIF

> Être capable de mettre en œuvre la démarche d'approche par l'accident en vue de proposer des mesures de prévention.

Abdel, 38 ans, maçon, travaille depuis plusieurs années dans une petite entreprise du bâtiment. Avec quatre collègues, ils interviennent sur le chantier d'une maison individuelle. Un échafaudage a été installé sur la façade afin de permettre la construction d'un balcon. Il est également utilisé pour l'approvisionnement en matières premières de l'étage. Aujourd'hui, Abdel et Lilian réalisent la finition du balcon au premier étage de la maison. Pendant ce temps, Stéphane monte des planches au premier étage ; gêné par le garde-corps supérieur de l'échafaudage, il l'enlève pour passer plus facilement. À la pause de midi, le chef de chantier répartit les tâches : Lilian part sur un autre chantier et Abdel réalise la finition du balcon. Monté sur l'échafaudage, Abdel prépare le coffrage de cette partie de la balustrade. Il ajuste un serre-joint avec une main et de l'autre tient le bois de coffrage. En forçant sur le serre-joint il est déséquilibré et fait une chute de hauteur. Il souffre d'une fracture du tibia.

1 Identifier le problème posé

Abdel est victime d'une fracture du tibia.

2 Identifier les éléments de la situation

Qui : qui est la personne concernée ?

Abdel, maçon.

Quoi : quel travail a-t-il à effectuer ?

Finition du balcon d'une maison individuelle au premier étage.

Où : en quel lieu se situe la problématique ?

Sur le chantier d'une maison individuelle.

Avec quoi : de quels matériels dispose-t-il ?

Coffrage en bois, serre-joint, échafaudage.

3 Mettre en relation les éléments de la situation

Compléter le diagramme « causes-effet » à l'aide des éléments de la situation suivants :

chantier d'une maison individuelle / bois de coffrage / réaliser la finition d'un balcon / Abdel / serre-joint / premier étage / échafaudage sans garde-corps supérieur

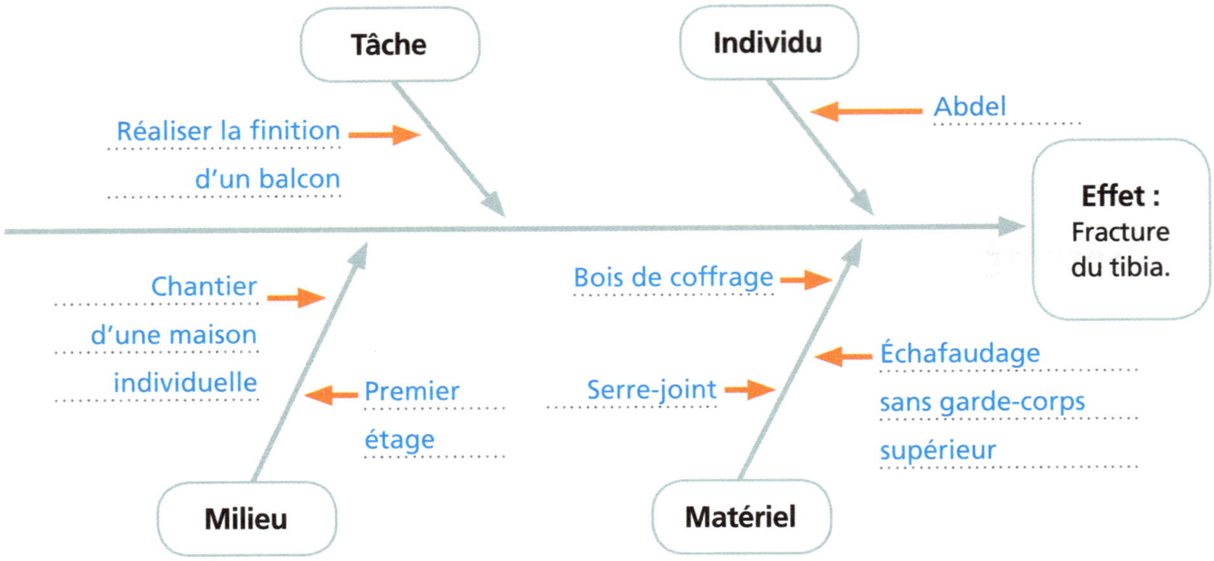

4 Mobiliser des connaissances utiles

Pour comprendre la situation et y apporter des solutions en acquérant la méthode d'approche par l'accident, je réalise les **Activités 1** à **3** de la séquence 25.

5 Proposer des solutions

Vous pouvez construire l'arbre des causes* de l'accident d'Abdel sur une feuille de copie et proposer des solutions de prévention en vous aidant des brochures ED 6119 « Mon métier : maçon » et/ou « Prévention des risques professionnels des maçons – plâtriers », téléchargeables respectivement sur :

→ **www.inrs.fr** (www.lienmini.fr/mon-metier-maçon)

→ **www.rsi.fr** (www.lienmini.fr/prevention-risques-professionnels-maçons-plâtriers)

Niveau 1 Prévention intrinsèque	Niveau 2 Protection collective et/ou individuelle	Niveau 3 Formation/Information du personnel
• Monter des échafaudages avec du matériel adapté.	• Harnais de sécurité. • Filet de protection.	• Formation au travail en hauteur (R408).

* Étape facultative

MOBILISER DES CONNAISSANCES UTILES

L'analyse de l'accident de travail est réalisée pour construire une démarche de prévention. Le but à atteindre est d'éviter qu'un accident identique ou connexe ne se reproduise. L'analyse se fait suivant la méthode de l'arbre des causes. Il s'agit de rechercher les causes de l'accident en recueillant systématiquement les données relatives à l'accident pour comprendre ce qui s'est passé et proposer des mesures correctives.

→ ACTIVITÉ 1 - Définition des objectifs de l'analyse de l'accident de travail C11 C13 C14

1. Souligner dans le **doc. 1** la raison principale pour laquelle on analyse un accident de travail.

2. Rédiger un court résumé en intégrant les caractéristiques essentielles de l'analyse.

L'analyse de l'accident permet de mettre en évidence les causes multiples de l'accident de travail. Elle permet de prévoir des mesures de prévention pour éviter qu'il ne se reproduise. On ne cherche pas les responsables mais les causes de l'accident.

DOC. 1 **Pourquoi analyser un accident de travail ?**

L'accident et la maladie résultant de l'activité professionnelle sont des événements non souhaités.
Leur analyse doit permettre la mise en évidence des causes multiples de l'accident de travail et la recherche des dysfonctionnements qui ont contribué à les provoquer.
Elle aboutit à la proposition d'actions correctives et de mesures de prévention à mettre en place afin d'éviter que l'accident ne se reproduise.

Il ne s'agit pas de rechercher les responsables mais les causes de l'accident ou de la maladie dans un but correctif et préventif.

→ ACTIVITÉ 2 - Incident, presque accident et accident C13 C14

SITUATION ❶	SITUATION ❷	SITUATION ❸

Une charge tombe, il n'y a personne.	Une charge tombe à quelques mètres d'un opérateur. Un éclat de bois l'égratigne légèrement.	Une charge tombe et touche un opérateur à l'épaule. Il subit un arrêt de travail de 3 semaines.
INCIDENT	**PRESQUE ACCIDENT**	**ACCIDENT**

1. Repérer les conséquences de chaque situation ci-dessus en cochant les cases appropriées.

CONSÉQUENCES \ SITUATIONS	❶	❷	❸
A. Dégâts matériels.	✘	✘	✘
B. Dommage corporel bénin possible.		✘	
C. Premier signe d'une situation de travail dégradée.	✘		
D. Dommage corporel grave.			✘
E. Arrêt de travail.			✘

2. Déduire la nécessité de signaler les incidents et de prendre en compte les presque accidents. S'aider de la **consigne 1** et du **doc. 2**.

Les incidents qui se produisent dans un milieu de travail sont le signe d'une situation de travail dégradée. Leur signalement peut permettre d'éviter la survenue d'un presque accident.
Les presqu'accidents sont la preuve de la dégradation nette de la situation de travail.

DOC. 2 Pyramide de Bird

Les incidents ne sont pas toujours signalés, pourtant ils sont autant de signaux d'alarme qui nous disent que des risques sont présents dans le milieu de travail. Risques qui pourraient, une prochaine fois, entraîner des blessures graves.

Plus le nombre d'incidents est élevé, plus la probabilité d'avoir un accident est élevée.

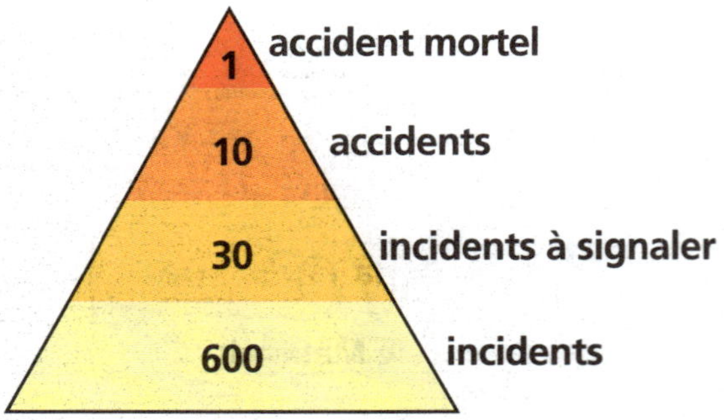

→ ACTIVITÉ 3 - Étapes de la démarche d'analyse de l'accident de travail C13 C14 C22 C35

La méthodologie de l'approche par l'accident est détaillée dans le **rabat n° 6** de l'ouvrage. Il est indispensable de s'y référer pour réaliser cette activité.

1. Recueillir les faits (étape ❶)

> Différencier un fait d'une opinion en cochant la bonne case. S'aider du **doc. 3**.

	Fait	Opinion
A. Au moment de l'accident il pleuvait.	✗	
B. Il roulait trop vite.		✗
C. Il n'avait pas mis ses chaussures de sécurité.	✗	
D. Insuffisance d'organisation du travail.		✗
E. Il faisait chaud.		✗
F. La température était de 30 °C.	✗	

> Barrer ce qui relève d'une opinion dans le compte-rendu de l'accident de Rémi.

Rémi, ouvrier de maintenance, doit réaliser une opération toute simple : remplacer un tube fluorescent défectueux dans le bureau de Monsieur A. Cela fait plusieurs jours que Monsieur A attend qu'on lui répare cet éclairage. ~~Ce n'est pas étonnant : les agents sont toujours débordés et ils ne travaillent pas assez vite~~. Le plafond étant haut, Rémi est obligé d'aller chercher une échelle double. Il ne la trouve pas à sa place habituelle et, ~~par négligence~~, décide de ~~se contenter~~ de celle qu'il trouve. Elle a un barreau cassé. ~~Pour aller plus vite~~, il ne dégage pas le sol très encombré. En redescendant, il regarde où il pourra poser les pieds sur le sol et, ~~oubliant~~ le barreau cassé, est déséquilibré. Il tombe lourdement et souffre de contusions diverses.

DOC. 3 **Un fait… pas une opinion !**

- Un fait constitue une information.
- Un fait est vérifiable : il est vu, lu, entendu.
- Un fait est non contestable.
- Un fait est concis et précis.
- Un fait s'exprime à la forme affirmative.

> Classer les faits du compte-rendu de l'accident de « Rémi, ouvrier de maintenance » selon les composantes du contexte professionnel.

Contexte professionnel relatif à …	Faits
l'Individu	Rémi, ouvrier de maintenance
la Tâche	Remplace un tube fluorescent
le Matériel	Échelle avec un barreau cassé
le Milieu	Plafond haut, sol très encombré

DOC. 4 Technique de construction de l'arbre des causes

• L'arbre des causes est la représentation graphique de l'enchaînement logique des faits qui ont conduit à l'accident. Le dommage (= accident), fait ultime, est le point de départ de sa construction.

À partir de la liste des faits, on remonte l'histoire de l'accident en se posant trois questions :
> « Qu'a-t-il fallu pour que ce fait se produise ? »
> « Est-ce nécessaire ? »
> « Est-ce suffisant ? »

• On procède en associant ces questions jusqu'à ce que l'on ne puisse plus apporter de réponses ou bien que les réponses ne fassent plus progresser.
L'arbre des causes se construit de droite à gauche. ← Sens de construction

Sa lecture, de gauche à droite, permet d'en comprendre le déroulement. Sens de lecture →

Exemple de construction de l'arbre des causes à partir des faits soulignés suivants :
En essuyant avec un chiffon les cylindres de sa machine en marche, Paul s'est fait coincer l'index droit dans les cylindres. Son index droit est fracturé. Pressé par l'urgence de la commande, il n'avait pas mis ses gants de protection.

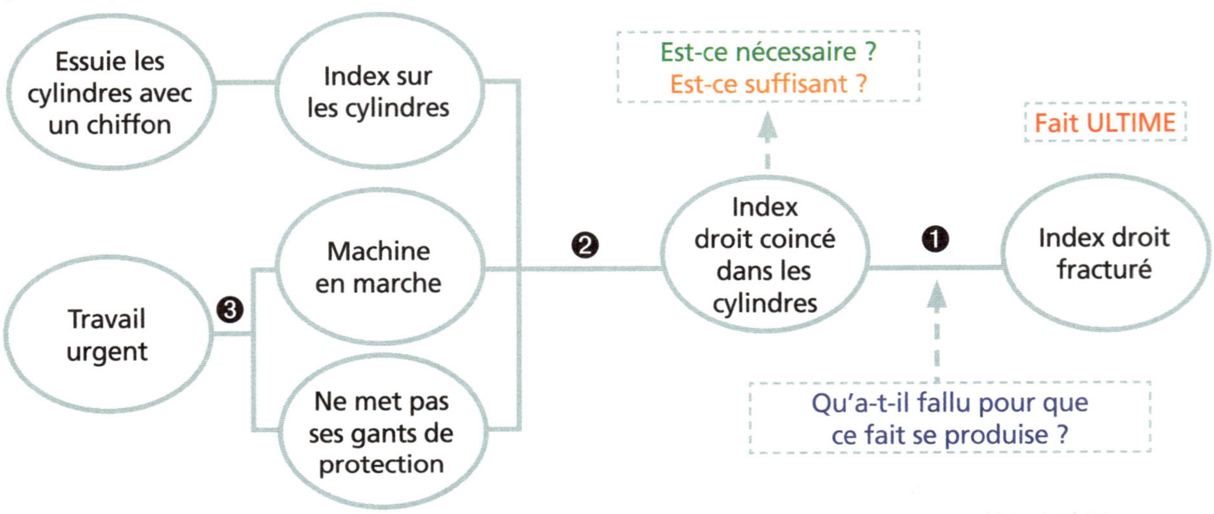

Code graphique des liaisons utilisées pour la construction de l'arbre des causes	
❶ Enchaînement 1 fait / 1 antécédent	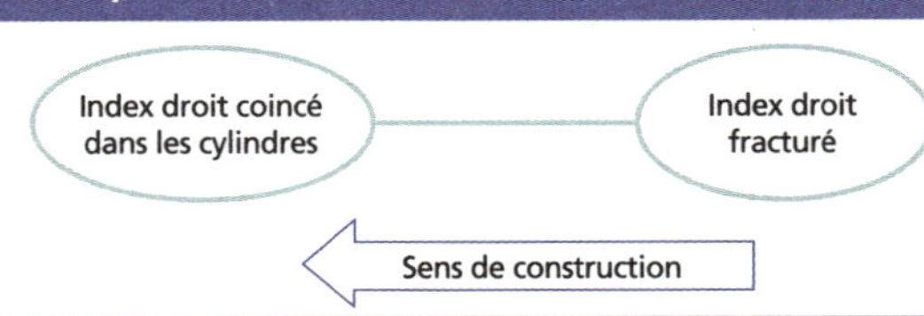
❷ Conjonction 1 fait / plusieurs antécédents	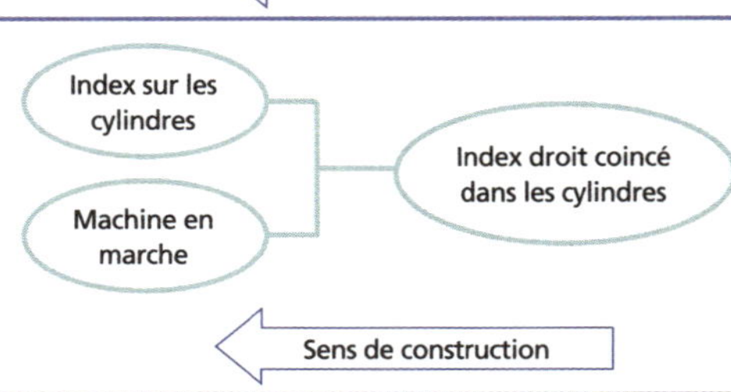
❸ Disjonction Plusieurs faits / 1 antécédent	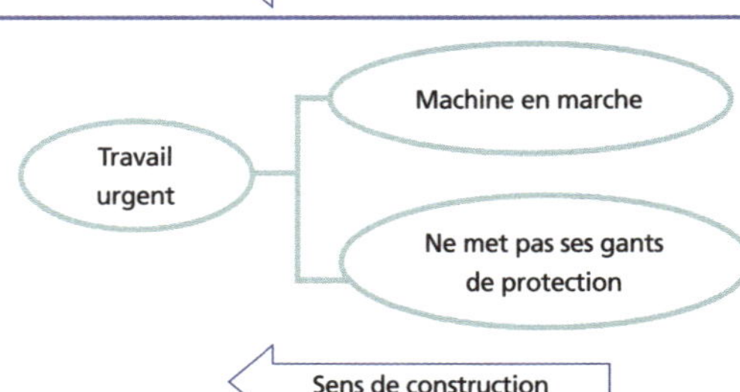

2. Construire l'arbre des causes (étape ❷)

> Compléter l'arbre des causes à partir de la liste des faits du compte-rendu de l'accident de Rémi, ouvrier de maintenance. S'aider du **doc. 4** (p. 188).

Liste des faits

- Tube fluorescent défectueux
- Travail urgent
- Change un tube sur plafond haut
- Contusions diverses
- Échelle double pas à sa place
- Échelle à barreau cassé
- Sol encombré
- Ne dégage pas le sol
- Regarde le sol en descendant
- Tombe

Arbre des causes de l'accident de Rémi, ouvrier de maintenance

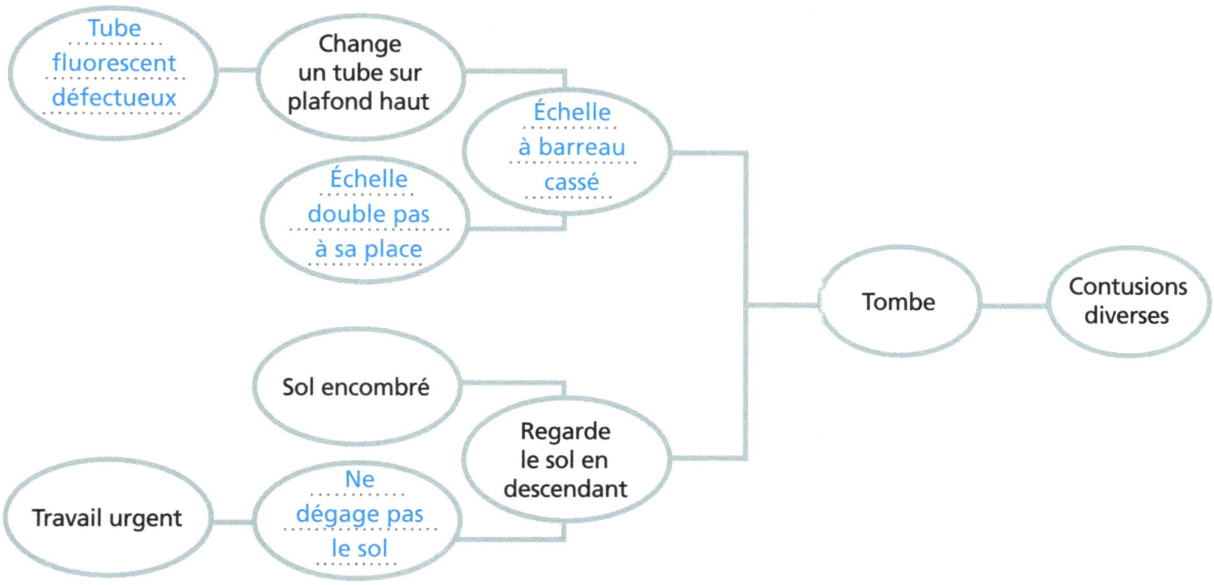

3. Proposer et hiérarchiser des mesures de prévention (étape ❸)

> Proposer une mesure de prévention pour chacun des faits de cet arbre des causes.

Le ✂ placé sur chaque liaison symbolise la coupure avec le fait suivant. Faute de fait antérieur, celui-ci ne se produira pas.

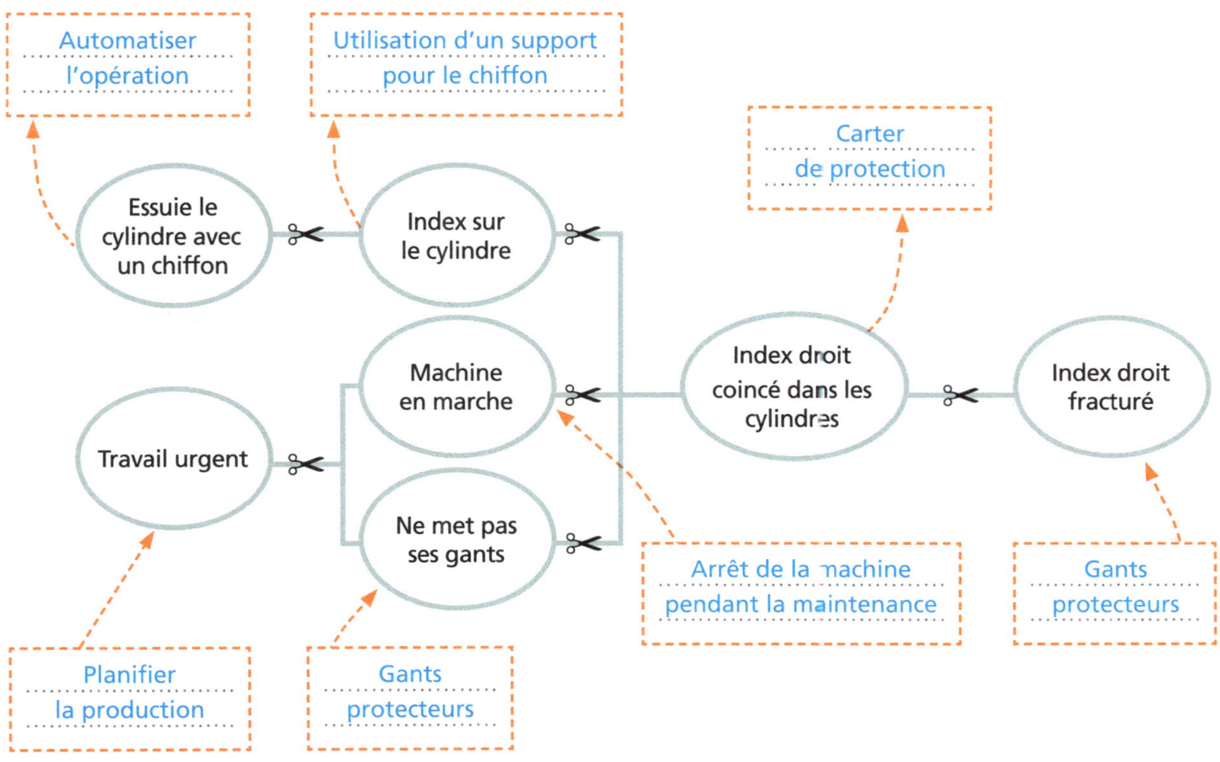

> Hiérarchiser les mesures de prévention proposées en les classant dans le tableau suivant :

Prévention intrinsèque	Protection collective / individuelle
• Planification de la production	• Carter de protection
• Automatisation de l'opération	• Gants adaptés
• Arrêt de la machine pendant la maintenance	
• Outil adapté	

4. Définir les facteurs potentiels d'accident (étape ④)

> Dans le **doc. 5**, souligner la définition et le rôle du facteur potentiel d'accident.

DOC. 5 **Facteur Potentiel d'Accident (FPA)**

Il représente une famille de risques à laquelle peut être rattaché un facteur particulier d'un accident qui s'est déjà produit. Les FPA alimentent l'approche par les risques et permettent de généraliser les mesures de prévention à de nombreuses situations.

> En prenant pour support l'accident de « Rémi, ouvrier de maintenance », identifier à quelle catégorie appartiennent les faits cités et lister les FPA. S'aider de la liste de termes suivante :

matériel / milieu / tâche / organisation du travail (2 fois) / circulation

Fait	Catégorie	FPA
Échelle à barreau cassé	Matériel	Maintenance du matériel
Échelle double pas à sa place	Matériel	Organisation du travail
Sol encombré	Milieu	Circulation
Travail urgent	Tâche	Organisation du travail

> Citer le FPA émergent dans cette situation. L'organisation du travail.

> Proposer des mesures de prévention adaptées et préciser leur niveau de prévention.

Niveaux de prévention	Niveau 1
1 • Prévention intrinsèque 2 • Protection collective et/ou individuelle 3 • Instructions/formations pour l'opérateur	• Recruter du personnel supplémentaire. • Rédiger un planning chronologique d'interventions. • Assurer la maintenance du matériel. • Remplacer les échelles par des échafaudages mobiles. • Établir des zones de rangement, des protocoles d'intervention. **Niveau** 3 • Former le personnel à l'utilisation des échafaudages mobiles.

Proposer maintenant des solutions pour éviter que l'accident d'Abdel ne se reproduise (étape 5, p. 184).

Activités de synthèse

RÉCAPITULER

Compléter les textes à trous.

L'analyse par l'accident

- Il s'agit de rechercher les causes de l'accident en recueillant systématiquement les données relatives à l'accident pour comprendre ce qui s'est passé et proposer des mesures correctives. On ne cherche pas les responsables mais les causes de l'accident.
- Elle se décompose en trois étapes :

> Étape ❶ : recueillir les faits. > Étape ❷ : construire l'arbre des causes.
> Étape ❸ : proposer des mesures de prévention.

Le recueil des faits (étape ❶)

- Les faits doivent être recueillis le plus vite possible après l'accident. Une enquête sera conduite sur les lieux même de l'accident auprès de toutes les personnes susceptibles d'apporter des informations sur la situation de travail. Les faits permanents et inhabituels seront recherchés. Ils seront formulés de manière objective, sans jugement ou opinion.
- Un fait est objectif et donc : vérifiable, concis et précis.

La construction de l'arbre des causes (étape ❷)

- L'arbre des causes est la représentation graphique de l'enchaînement logique des faits qui ont conduit à l'accident. L'arbre des causes se construit de droite à gauche. Le dommage (= accident), fait ultime, est le point de départ de sa construction. Sa lecture de gauche à droite permet d'en comprendre le déroulement.
- On remonte l'histoire de l'accident en se posant trois questions :

> **1.** Qu'a-t-il fallu pour que ce fait se produise ? > **2.** Est-ce nécessaire ?
> **3.** Est-ce suffisant ?

- La construction se termine lorsqu'on ne peut plus apporter de réponses à ces questions ou bien lorsqu'elles n'apportent pas de précisions utiles.

La proposition de mesures de prévention (étape ❸)

- Le principe consiste à examiner tous les faits constituant l'arbre des causes et à rechercher pour chacun d'eux un ou plusieurs moyens.
- Plus la mesure est proposée en amont du fait ultime, plus l'enchaînement des événements sera réduit.

L'identification des facteurs potentiels d'accident (étape ❹)

- Un facteur potentiel d'accident (FPA) est une famille de risques. Les FPA relèvent de quatre catégories : l'individu, la tâche, le milieu et le matériel.

RETENIR

L'approche par l'accident : démarche et outils

Étape ❶ Recueillir les faits • Reconstitution logique et chronologique de l'histoire de l'accident.	• Les faits sont recherchés parmi toutes les composantes du contexte professionnel : > Individu > Tâche > Matériel > Milieu
Étape ❷ Construire l'arbre des causes • Mise en évidence des liens de causalité entre les différents faits à partir de l'arbre des causes.	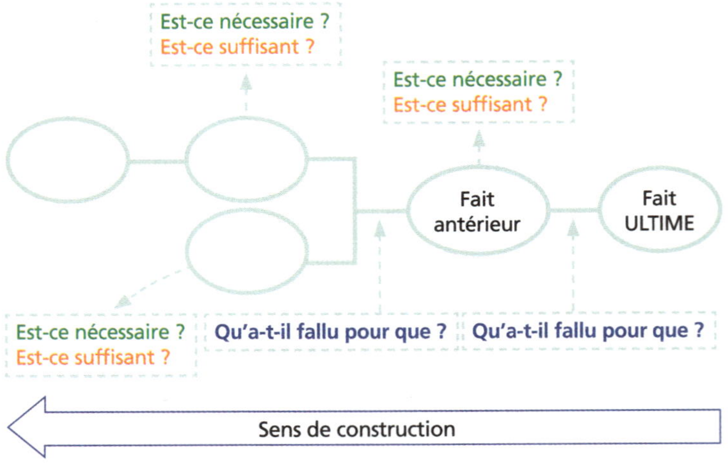
Étape ❸ Proposer des mesures de prévention • Proposition de solutions de prévention pour supprimer ou limiter les effets néfastes à partir de chaque fait de l'arbre des causes.	Principes généraux de prévention (loi du 31/12/1991) 1 • Prévention intrinsèque 2 • Protection collective et/ou individuelle 3 • Instructions/formations pour l'opérateur

Une étape complémentaire

Étape ❹ Élargir la prévention aux accidents connexes (FPA) • Généralisation des mesures de prévention à d'autres situations de travail.	• L'émergence des FPA (ou familles de risque) débouche sur la mise en œuvre d'une approche par les risques.

Approfondir

- **Publications INRS :** « La méthode de l'arbre des causes » - ED 6163 ; « Face aux accidents, analyser, agir » - ED 833
- **Vidéos INRS :** « Situations de travail dans le BTP » - DV 305 ; « Situations de travail dans l'industrie » - DV 375 ; « Accident sur commande » - DM 0317 ; « La mort des autres » - DM 0198 ; « Petites chutes et conséquences » - DV 0331
- **Sites des CARSAT :** caisses d'assurance retraite et de la santé au travail

Frédéric, 35 ans, travaille seul dans l'atelier d'entretien. Il entreprend de meuler une pièce posée par terre ; à 2,5 mètres de la porte d'entrée, se trouve un seau en plastique qui contient un solvant très inflammable. Au cours du meulage, une étincelle atteint le seau dont le liquide s'enflamme. Très rapidement, le seau fond et le liquide enflammé se répand au sol puis s'écoule vers la porte d'entrée en raison de la pente du sol. Frédéric décide de s'échapper du local en traversant le rideau de feu car il n'y a pas d'autre issue. Son vêtement de travail s'enflammant au niveau de la jambe droite, il éteint le feu en enveloppant celle-ci au moyen de la partie supérieure de son vêtement. Frédéric ne reçoit les premiers secours qu'au bout de 30 minutes. Il est finalement atteint d'une brûlure du second degré.

Utiliser l'analyse d'un accident de travail dans une démarche de prévention C35

1 Donner les trois caractéristiques d'un fait. ... / 1,5 pt

> Objectif > Vérifiable > Précis, concis

2 Compléter la liste des faits relatifs à l'accident de Frédéric. ... / 7 pts

• Meulage d'une pièce	• Liquide en feu au sol	• Traverse les flammes
• Solvant très inflammable	• Sol en pente	• Le pantalon prend feu
• Solvant dans seau ouvert	• Rideau de feu devant la porte	• Brûlure à la jambe droite
• Étincelles au meulage	• Porte un bleu de travail	• Travaille seul
• Le solvant prend feu	• Décide de sortir	• Intervention des secours après 30 min
• Le seau fond	• Porte à 2,50 m, seule issue	• Brûlure du 2e degré

3 Compléter l'arbre des causes, page 194. ... / 6 pts

4 > Proposer des mesures de prévention dans les encadrés prévus à cet effet. ... / 5,5 pts

> Préciser leur niveau en vous aidant du schéma ci-dessous.

Niveaux de prévention

1 • Prévention intrinsèque

2 • Protection collective et/ou individuelle

3 • Instructions/formations pour l'opérateur

ARBRE DES CAUSES

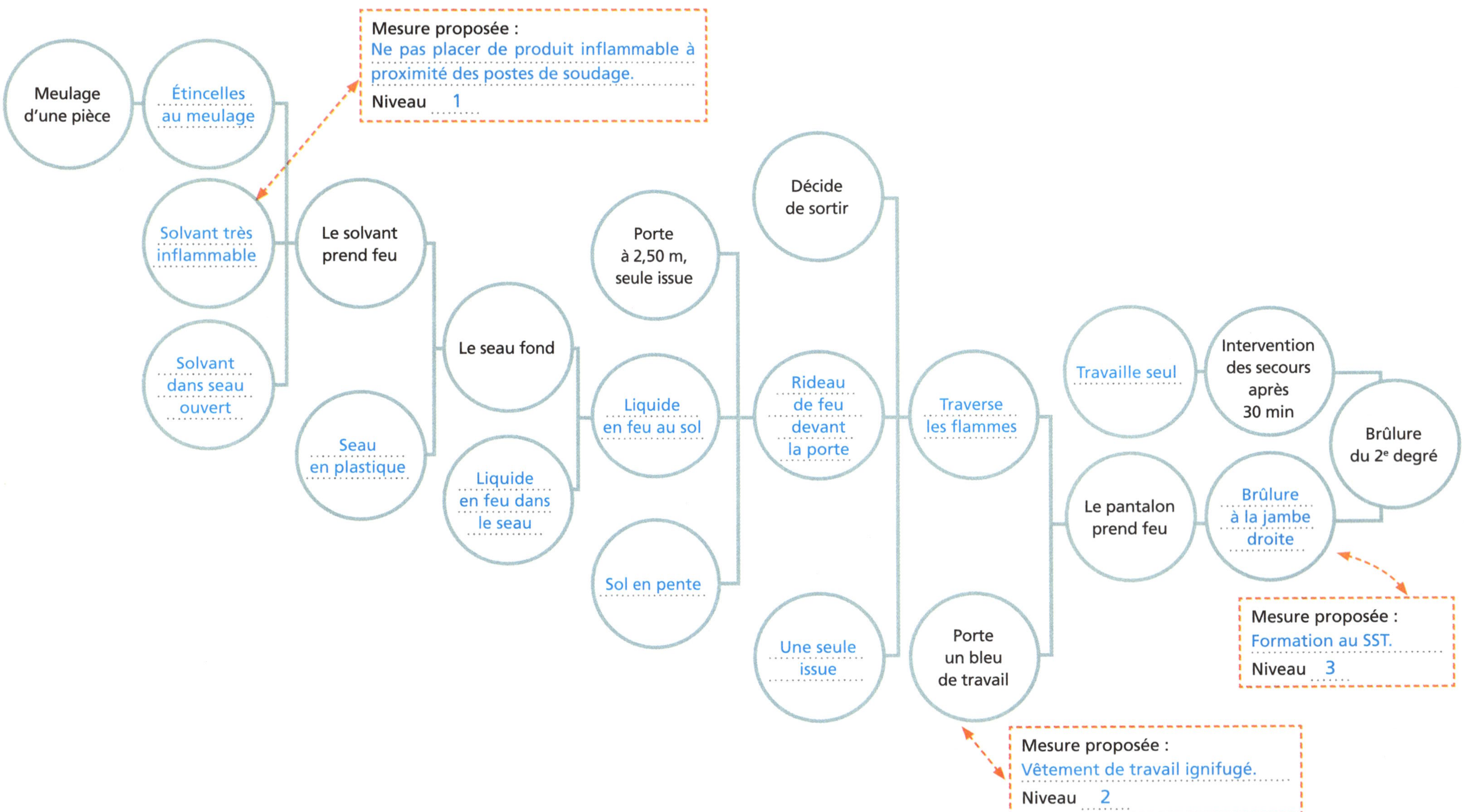

Annexes

Fiches de secourisme pour gérer les situations d'urgence

Évaluations

Lexique des sigles

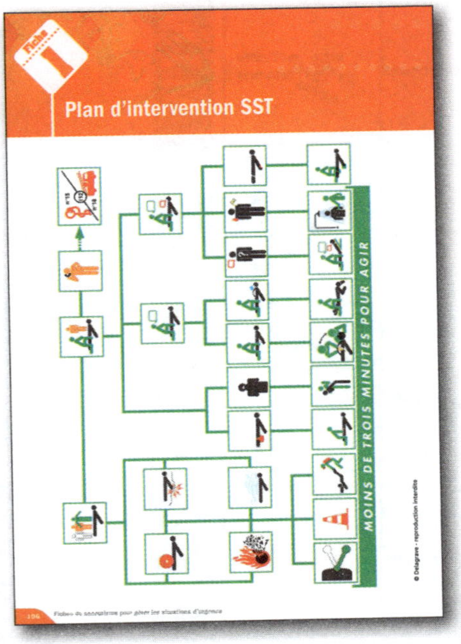

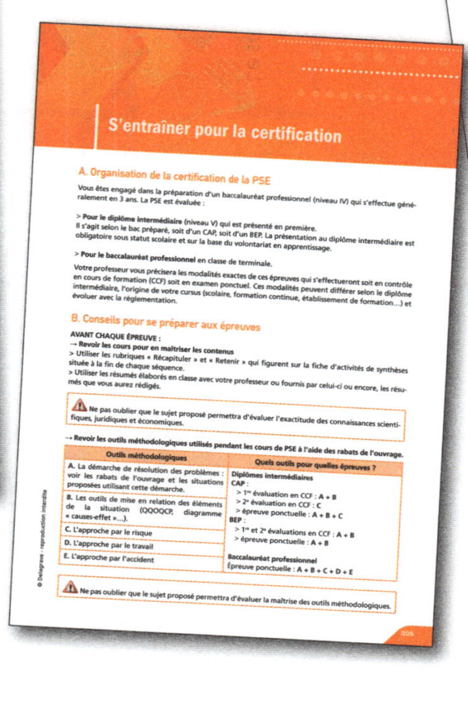

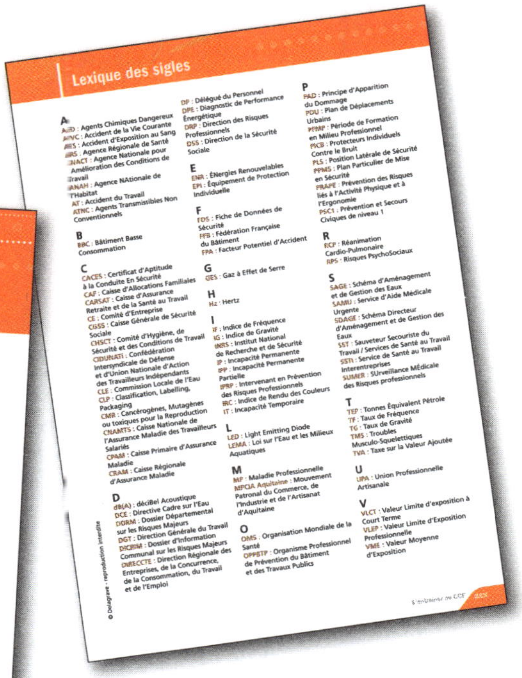

Fiche 1

Plan d'intervention SST

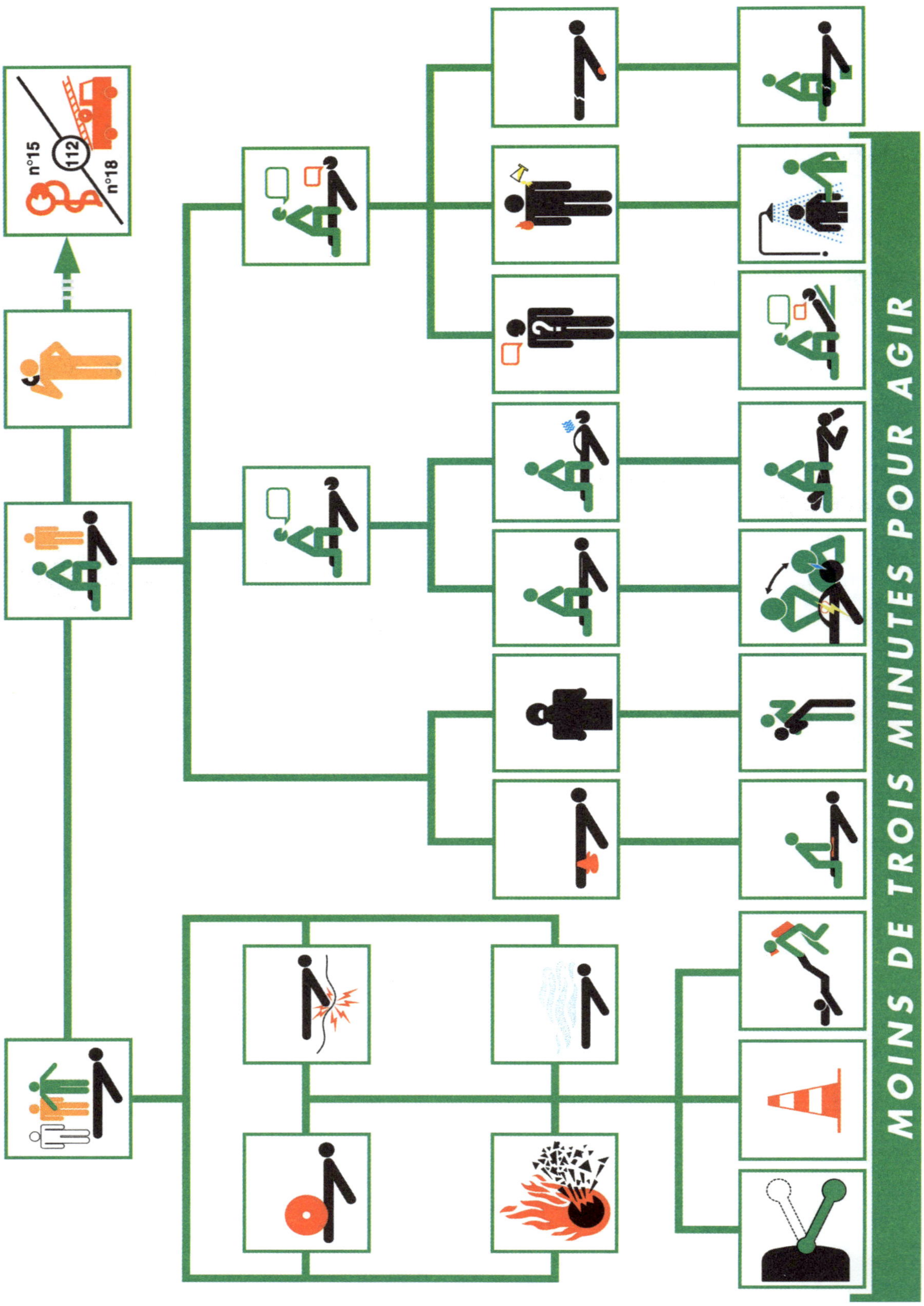

Fiche 2

Protéger

> Phase d'analyse

Avant d'accéder à la victime, le **SST**, en effectuant une approche prudente de la zone d'intervention, doit se poser les questions suivantes :

Que s'est-il passé ?
> Interroger les témoins, la victime si possible.
> Rechercher les éléments matériels significatifs.

Persiste-t-il un (ou des) danger(s) ?
> Observer l'environnement pour identifier les dangers persistants.

- **Danger d'origine mécanique**

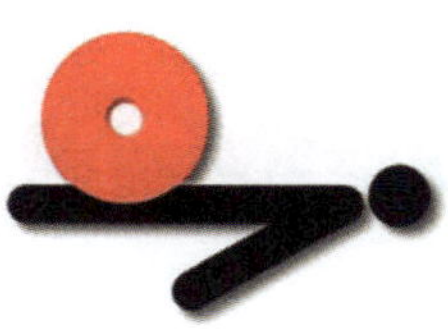

- **Danger d'origine électrique**

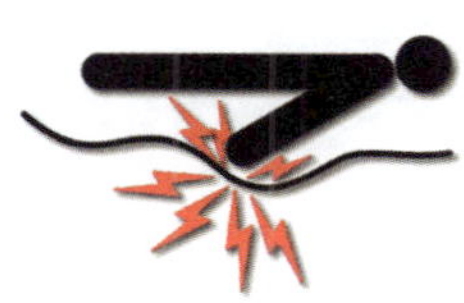

- **Danger d'origine thermique ou pouvant provoquer un incendie ou une explosion**

- **Danger dû à une atmosphère toxique ou irrespirable**

> Phase d'action

Sans risque pour soi-même ou pour les tiers, sans aggraver l'état de la victime.

- **Supprimer le danger, c'est :**
> couper le gaz ;
> enlever un objet ;
> couper le courant.

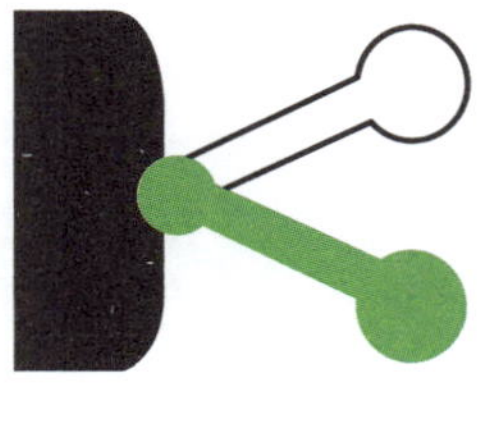

- **Isoler la zone dangereuse, c'est :**
> fermer une porte à clé ;
> mettre des chaises autour de la zone dangereuse.

- **Soustraire la victime au danger, c'est :**
> la tirer par les poignets ;
> la tirer par les chevilles.

Fiche 3

Examiner

> Pourquoi ?

Pour apprécier l'état des fonctions vitales de la victime et ensuite réaliser les gestes de secours appropriés.

> Comment ?

• **La victime saigne-t-elle ?** > Repérer toute trace de sang.	• **La victime s'étouffe-t-elle ?** > Observer le visage et le comportement.	• **La victime répond-elle ?** > Poser des questions. > Donner un ordre simple.	• **La victime respire-t-elle ?** > Basculer la tête en arrière. > Contrôler la respiration.

Cas particulier : la victime est sur le ventre.
Si la victime est sur le ventre, la mettre sur le dos pour libérer les voies aériennes et vérifier la respiration.

Alerter, faire alerter

> Qui ?

> **SAMU** : 15
> Pompiers : 18
> N° unique européen : 112
> Infirmerie ou personne prévue dans l'entreprise

> Que dire ?

> Nom, prénom et numéro de téléphone.
> Le lieu de l'accident.
> La nature de l'accident et les risques éventuels.
> Le nombre de victimes et leur état.
> Le (ou les) geste(s) d'urgence entrepris.

- **Répondre aux questions posées par les secours et ne jamais raccrocher le premier.**
- **Demander à la personne qui alerte de revenir pour faire le compte rendu de l'appel.**
- **Envoyer une personne au-devant des secours.**

Fiche 4

La victime saigne abondamment

Exemple

>> Danielle est auxiliaire de vie sociale à domicile. Elle se coupe au poignet et présente une plaie qui saigne abondamment.

> **Que faire ?** Comprimer la plaie pour arrêter le sang qui coule.

> **Comment ?**

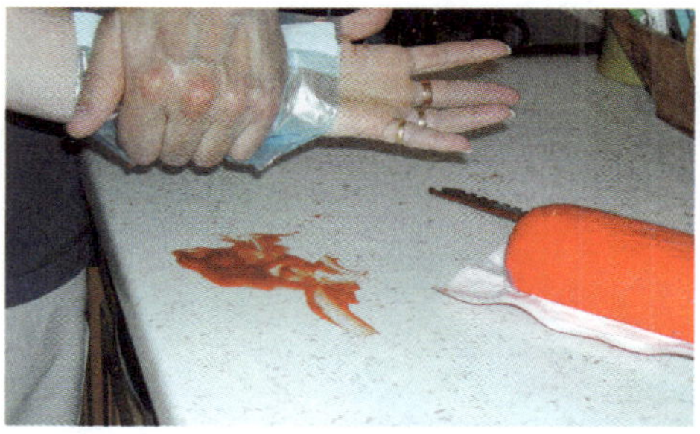

• **La compression manuelle**

> J'appuie après m'être protégé(e) et j'allonge la victime.

> J'alerte et je surveille la victime en attendant les secours.

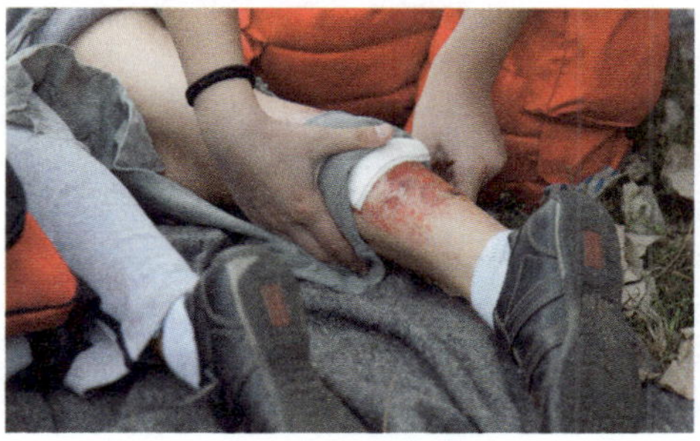

• **Le pansement compressif**

> J'appuie avec un tissu épais que j'entoure d'une bande élastique ou d'un lien large si je dois me dégager pour faire autre chose.

> J'alerte et je surveille la victime en attendant les secours.

> En cas d'inefficacité, reprendre la compression manuelle par-dessus le pansement.

Remarque : le sauveteur peut se faire aider par un témoin ou la victime pour réaliser cette compression.

Des maladies peuvent être transmises par le sang.

Il convient de :

- se protéger par le port de gants non souillés par des produits corrosifs, par un morceau de plastique ou en glissant sa main dans un sac imperméable ;
- toujours se laver les mains et les désinfecter (solution hydroalcoolique ; Dakin) ;
- retirer les vêtements souillés de sang le plus tôt possible après l'action de secours ;
- consulter immédiatement un service d'urgence en cas de contact avec le sang de la victime.

Cas particulier de saignements abondants.

• **La victime saigne du nez :**
> faire asseoir la victime, la tête légèrement penchée en avant ;
> lui demander de se moucher ;
> lui demander de comprimer ses narines avec deux doigts pendant au moins dix minutes.

• **La victime vomit ou crache du sang :**
> alerter immédiatement le 15 ;
> installer la victime dans la position où elle se sent le mieux ;
> conserver les vomissements ou les crachats ;
> surveiller et rassurer la victime.

• **Autres saignements :**
> faire allonger la victime ;
> appliquer les consignes définies préalablement par le 15 ;
> surveiller et rassurer la victime.

Fiche 5

La victime s'étouffe

Exemple

>> Estelle déjeune au restaurant de son entreprise. Soudain, elle avale de travers et s'étouffe. Elle ne parle pas et ne respire pas.

> Que faire en cas d'obstruction totale ?

Désobstruer les voies respiratoires pour rétablir la respiration.

> Comment ?

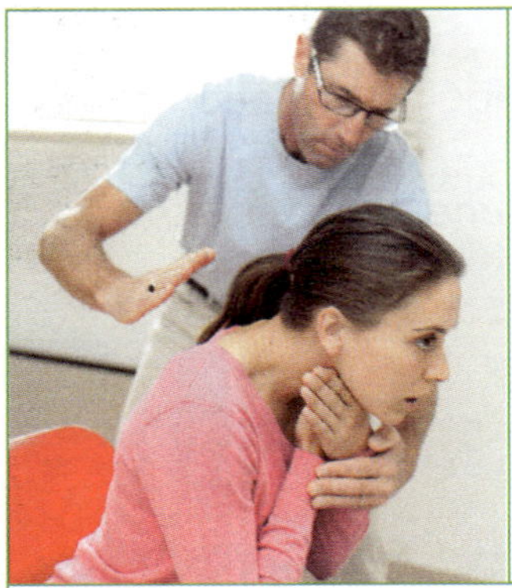

Si échec

Je passe à l'**étape 2**

Si échec

Retour à l'**étape 1**

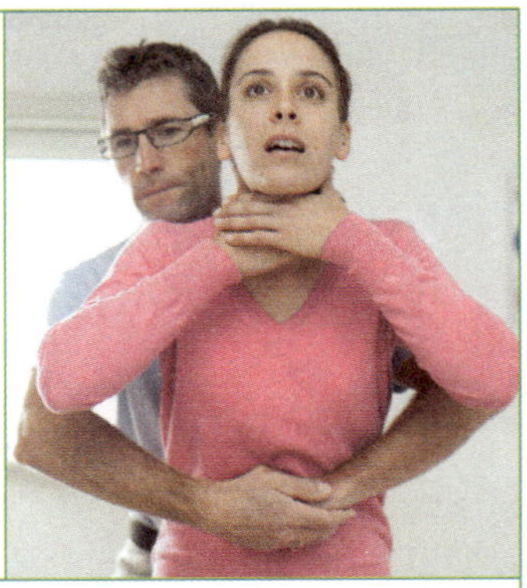

Étape 1 : tapes dans le dos

> Je me place sur le côté et je maintiens la victime avec une main.

> Je donne jusqu'à 5 tapes vigoureuses entre ses omoplates avec le talon de l'autre main.

Étape 2 : compressions abdominales (méthode de Heimlich)

> Je me place derrière la victime.

> Je place mon poing au-dessus de son nombril avec l' autre main à plat sur la première.

> Je tire jusqu'à 5 fois vers l'arrière et vers le haut.

> Je relâche bien entre chaque compression abdominale.

> J'alerte et je surveille la victime en attendant les secours.

1er cas particulier : le nourrisson

Pour désobstruer un nourisson, il convient de l'installer à califourchon sur son avant-bras de façon à ce que sa tête soit plus basse que le thorax, ce qui facilite la sortie du corps étranger.

> On réalise jusqu'à 5 tapes dans le dos et si le corps étranger n'est pas rejeté, on effectue jusqu'à 5 compressions thoraciques avec 2 doigts au milieu de la poitrine, sur la moitié inférieure du sternum.

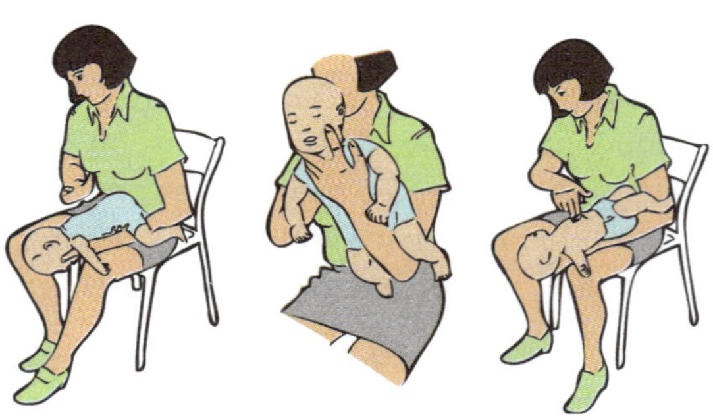

2e cas particulier : la femme enceinte ou la personne obèse

Après 5 étapes inefficaces :

> Se placer derrière la victime debout ou assise.

> Passer ses avant-bras sous ceux de la victime.

> Placer le poing fermé au milieu du sternum.

> Placer l' autre main à plat sur la première.

> Tirer fortement vers l'arrière.

> Réaliser de 1 à 5 compressions.

Cas d'obstruction partielle : la victime fait des efforts de toux, émet des sifflements.

> Les deux étapes ci-dessus ne s'appliquent pas.

> Inciter la victime à tousser pour rejeter le corps étranger.

La victime se plaint d'un malaise

Exemple

>> Ce matin, à l'atelier, Valérie dit qu'elle ressent une douleur intense au niveau de la poitrine.

Autres signes possibles de malaise : mal au ventre, mal de tête sévère, faiblesse ou paralysie d'une partie du corps ; difficultés à parler ou à respirer, troubles de l'équilibre, perte de vision, sensation de froid ou pâleur intense, etc.

> Que faire ?

> Mettre la victime au repos, l'observer et lui poser des questions.
> Alerter et suivre les conseils donnés pour éviter une détresse vitale.

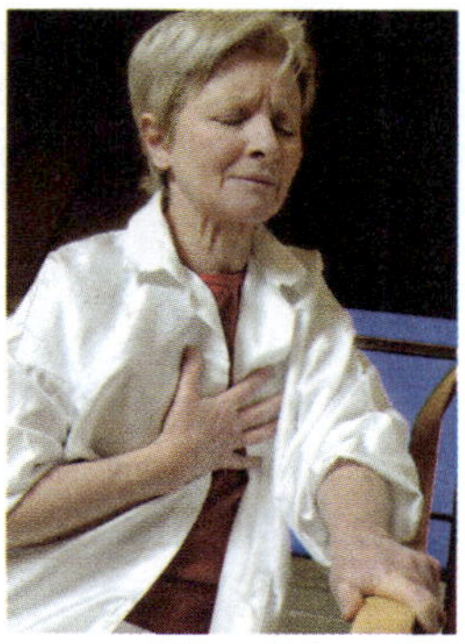

> Comment ?

> Je fais allonger ou asseoir la victime au sol.
> Je lui demande son âge, où elle a mal et comment, depuis combien de temps elle ne se sent pas bien, si c'est la première fois, si elle prend des médicaments, si elle a été hospitalisée récemment.
> J'alerte les secours et je leur passe la victime si elle peut répondre.
> Je surveille la victime en attendant les secours.

La victime se plaint de brûlures

Exemple

>> Lilou travaille à la cuisine d'un restaurant scolaire. Au cours d'une préparation, elle se brûle.

Après observation, il faut différencier les brûlures en déterminant leur origine et leur gravité.

Origines des brûlures	
• Les brûlures **thermiques** sont provoquées par la chaleur (fer à repasser, casserole…).	• Les brûlures **chimiques** ont pour origine le contact avec un produit corrosif ou irritant (acides, bases…).

Que faire ? Arroser à l'eau et alerter afin d'éviter l'aggravation de l'état de la victime.

Comment ?

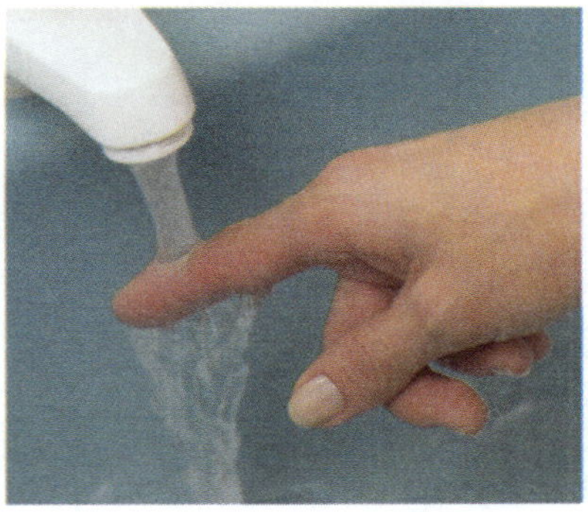

> J'arrose immédiatement la partie brûlée à l'eau du robinet (de 15 à 25 °C) à faible pression jusqu'à l'arrivée des secours :
– pour refroidir (si brûlure thermique) ;
– pour diluer le produit (si brûlure chimique).
> De plus, je demande à la victime de se déshabiller si les vêtements ne collent pas à la peau.

1er cas particulier : brûlure par ingestion ou par inhalation
> Placer la victime en position semi-assise et appeler le 15.

2e cas particulier : brûlure électrique
> Même procédure que pour brûlure thermique.

Fiche 7

La victime se plaint d'une plaie qui ne saigne pas abondamment

Exemple

>> Florian est manutentionnaire. Pour changer de bâtiment, il emprunte son vélo, tombe et se blesse au genou.

> Que faire en cas de plaie simple ? Nettoyer la plaie pour éviter une aggravation.

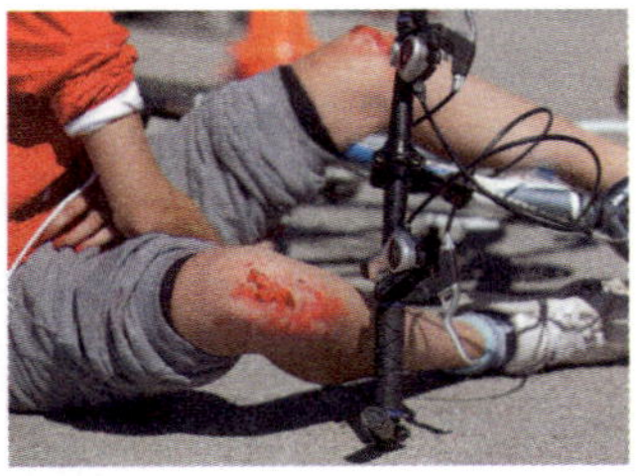

> Comment ?

> Je me lave les mains et je mets des gants.
> Je nettoie la plaie à l'eau et au savon ou avec un antiseptique à l'aide d'une compresse.
> Je pose un pansement.
> Je demande à la victime si elle est vaccinée contre le tétanos.
> Je lui demande de surveiller l'évolution de sa plaie.

> Que faire en cas de plaie grave ?

Dans le cas de plaies graves, le secouriste propose à la victime une position adaptée en attendant l'arrivée des secours et n'enlève jamais le corps étranger éventuel.

• **Plaie au thorax**

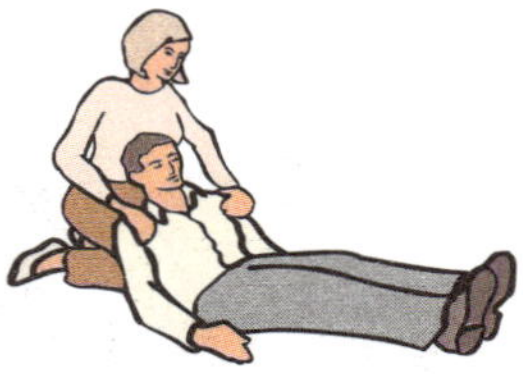

Position semi-assise

• **Plaie à l'abdomen**

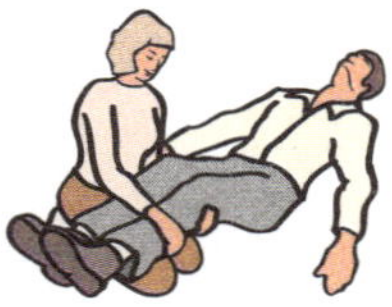

Position cuisses relevées vers le ventre et jambes fléchies

• **Plaie à l'œil**

Allonger la victime et lui demander de fermer les yeux et de ne pas bouger la tête.

• **Amputation**

> Protéger le moignon.
> Récupérer le membre et l'envelopper dans une compresse ou un linge propre.
> Mettre l'ensemble dans un sac en matière plastique étanche.
> Mettre ce sac dans un autre sac contenant eau et glaçons.

La victime se plaint de douleurs empêchant certains mouvements

Exemple

>> Julie est tombée sur le bras ; celui-ci enfle et est très douloureux.

> Que faire ? Interdire tout mouvement pour éviter des complications.

> Comment ?

> Je laisse la victime dans la position où elle se sent le mieux.
> Je lui demande de ne pas bouger.
> J'alerte et je surveille la victime en attendant les secours.

Fiche 8

La victime est inconsciente et respire

Exemple

>> Jade tombe dans sa chambre alors qu'elle vient de terminer sa journée de classe.

> Que faire ? Assurer la libération des voies aériennes et mettre en position latérale de sécurité (**PLS**) pour éviter les difficultés respiratoires.

> Comment ?

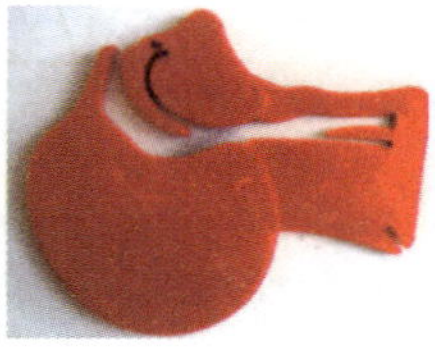

Libération des voies aériennes
> Je bascule la tête en arrière.
> Je contrôle la respiration.
> J'alerte ou je fais alerter après l'examen de la victime.

Mise en position latérale de sécurité (PLS)

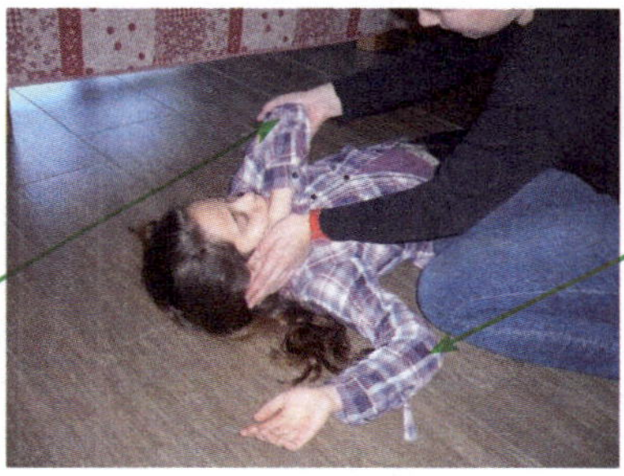

1. Je mets le bras le plus proche de moi en angle droit et je plie légèrement le coude, la paume de sa main est vers le ciel.

2. Je place le dos de sa main contre son oreille.

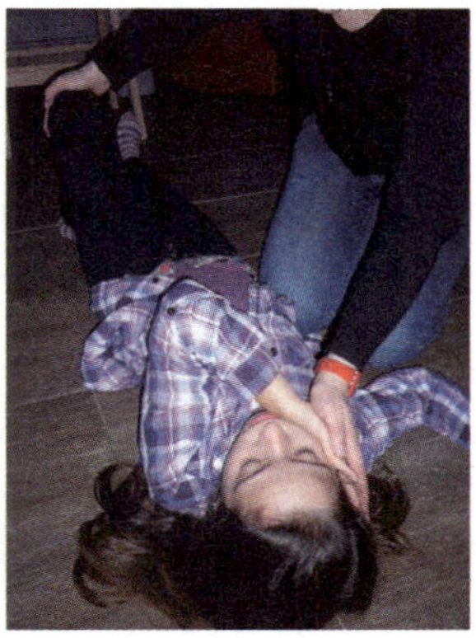

3. Je plie sa jambe, je me recule et j'appuie sur le genou pour tourner la victime.

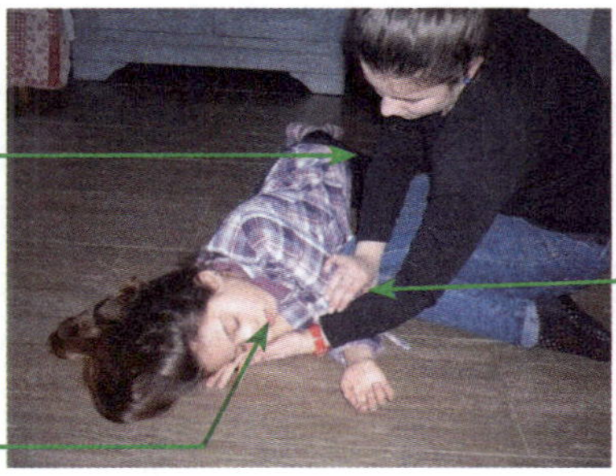

4. Je stabilise la victime en remontant sa jambe en angle droit.

5. Je retire doucement ma main en maintenant son coude.

6. J'ouvre sa bouche, je la couvre et la surveille.

Cas particuliers

> **Le nourrisson :** il est placé sur le côté dans les bras du secouriste, son dos contre le SST.
> **La femme enceinte :** elle est allongée sur le côté gauche pour ne pas comprimer les vaisseaux sanguins de l'abdomen.
> **Le traumatisé :** il est couché autant que possible sur le côté atteint.
> **Une victime qui présente des convulsions :** elle ne doit pas être touchée pendant la crise. À la fin de la crise, vérifier la présence de respiration et installer la victime en PLS.

Fiche 9

La victime est inconsciente et ne respire pas

Exemple

>> Kevin est ouvrier dans une entreprise d'électricité. Il intervient sur un circuit électrique et s'écroule tout à coup.

> Que faire ?

Mettre en œuvre une réanimation cardio-pulmonaire (**RCP**) associée à une défibrillation pour assurer la survie de la victime.

> Comment ?

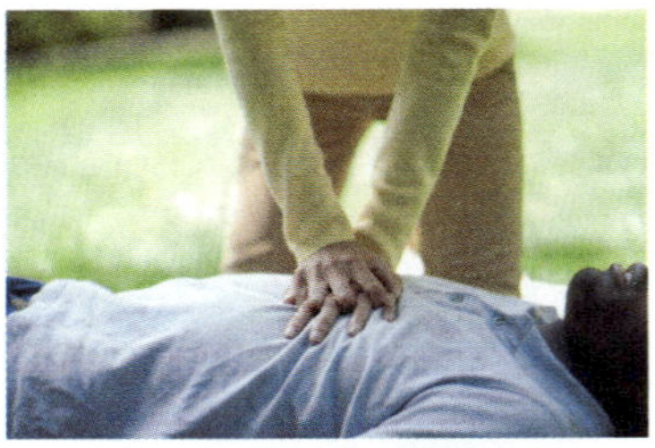

> J'alerte ou je fais alerter et je demande un défibrillateur.
> Je fais 30 compressions thoraciques en appuyant avec mes mains, bras tendus, au centre de la poitrine de la victime* puis 2 insufflations.

* Fréquence : 100 compressions/min.

> Je recommence les compressions suivies des insufflations et ainsi de suite.

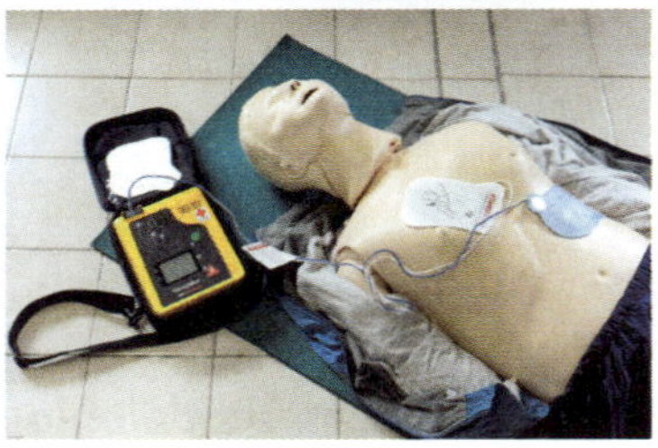

> Dans tous les cas, je place le défibrillateur dès que je l'ai.
> Je suis les consignes du défibrillateur jusqu'à l'arrivée des secours.

> Si je n'ai pas de défibrillateur, je continue la RCP jusqu'à l'arrivée des secours ou la reprise d'une respiration normale.

Cas particulier : la victime est âgée de moins de 8 ans.
> Je mets en place un défibrillateur dès que je l'ai.
> Je fais 5 insufflations.
> Je fais 30 compressions puis 2 insufflations et ainsi de suite.
> Je suis les consignes du défibrillateur jusqu'à l'arrivée des secours.
> Si je n'ai pas de défibrillateur, je continue la RCP jusqu'à l'arrivée des secours ou la reprise d'une respiration normale.

Compressions thoraciques chez le nourrisson

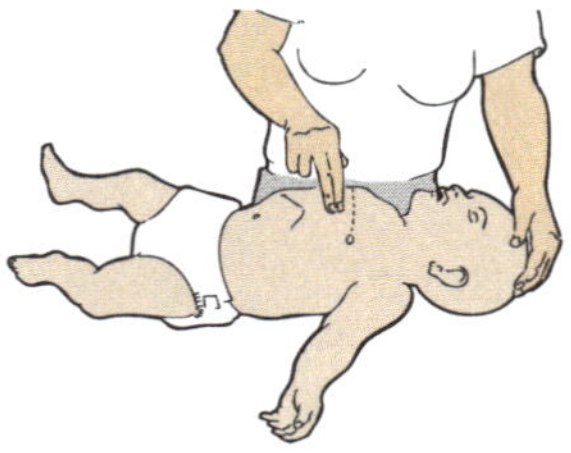

Compressions thoraciques chez l'enfant de 1 à 8 ans

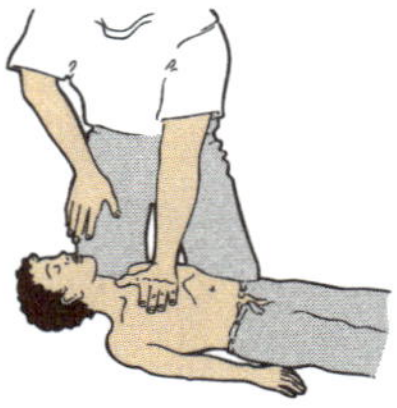

S'entraîner pour la certification

A. Organisation de la certification de la PSE

Vous êtes engagé dans la préparation d'un baccalauréat professionnel (niveau IV) qui s'effectue généralement en 3 ans. La PSE est évaluée :

> **Pour le diplôme intermédiaire** (niveau V) qui est présenté en première.
Il s'agit selon le bac préparé, soit d'un CAP, soit d'un BEP. La présentation au diplôme intermédiaire est obligatoire sous statut scolaire et sur la base du volontariat en apprentissage.

> **Pour le baccalauréat professionnel** en classe de terminale.

Votre professeur vous précisera les modalités exactes de ces épreuves qui s'effectueront soit en contrôle en cours de formation (CCF) soit en examen ponctuel. Ces modalités peuvent différer selon le diplôme intermédiaire, l'origine de votre cursus (scolaire, formation continue, établissement de formation…) et évoluer avec la réglementation.

B. Conseils pour se préparer aux épreuves

AVANT CHAQUE ÉPREUVE :
→ Revoir les cours pour en maîtriser les contenus
> Utiliser les rubriques « Récapituler » et « Retenir » qui figurent sur la fiche d'activités de synthèses située à la fin de chaque séquence.
> Utiliser les résumés élaborés en classe avec votre professeur ou fournis par celui-ci ou encore, les résumés que vous aurez rédigés.

⚠ Ne pas oublier que le sujet proposé permettra d'évaluer l'exactitude des connaissances scientifiques, juridiques et économiques.

→ Revoir les outils méthodologiques utilisés pendant les cours de PSE à l'aide des rabats de l'ouvrage.

Outils méthodologiques	Quels outils pour quelles épreuves ?
A. La démarche de résolution des problèmes : voir les rabats de l'ouvrage et les situations proposées utilisant cette démarche.	**Diplômes intermédiaires** **CAP** : > 1re évaluation en CCF : **A + B** > 2e évaluation en CCF : **C** > épreuve ponctuelle : **A + B + C** **BEP** : > 1re et 2e évaluations en CCF : **A + B** > épreuve ponctuelle : **A + B** **Baccalauréat professionnel** Épreuve ponctuelle : **A + B + C + D + E**
B. Les outils de mise en relation des éléments de la situation (QQOQCP, diagramme « causes-effet »…).	
C. L'approche par le risque	
D. L'approche par le travail	
E. L'approche par l'accident	

⚠ Ne pas oublier que le sujet proposé permettra d'évaluer la maîtrise des outils méthodologiques.

PENDANT CHAQUE ÉPREUVE

Lire l'ensemble du sujet

Il est composé de plusieurs pages et comporte généralement des documents supports de certaines questions. La lecture complète du sujet avant de répondre aux questions, permet de cibler les informations utiles.

Conseils pour la lecture

> **La situation de départ** : elle présente des éléments qui généralement servent tous à un moment ou à un autre du questionnement. Sa lecture doit être attentive. Il faut donc déjà commencer à en repérer les éléments qui semblent importants en les soulignant ou en les entourant au crayon à papier ; mieux vaut éviter d'utiliser des surligneurs au cours de cette première lecture car cela est parfois demandé par la suite.

> **Les questions :** elles débutent toutes par un verbe à l'infinitif ; celui-ci indique quel niveau de réponse est attendu (ex. : citer, relever, décrire...). Exemple : « relever » signifie que la réponse se trouve dans un document. La capacité mobilisée peut aussi être indiquée dans la marge (ex. : mettre en relation, rechercher l'information, proposer des actions...) ; elle guide utilement sur la démarche intellectuelle à mettre en œuvre.

> **Les documents** : ils servent de support à la question ou à la série de questions posées. Seuls quelques éléments seront utilisés pour formuler la réponse ; il ne faut pas hésiter à les souligner, là encore au crayon à papier pour les mêmes raisons que ci-dessus.

Traiter le sujet, répondre aux questions, rédiger

Il faut répondre aux questions posées en veillant à :

> **Éviter les hors sujet** : la lecture attentive préconisée ci-dessus doit éviter cette erreur.

> **Soigner l'écriture** : les sujets sont souvent présentés sous la forme de sujets-réponses où un espace est laissé sous les questions. En cas de manque de place, il est préférable de continuer au dos de la feuille en l'indiquant au préalable au correcteur (« voir suite au dos... »).

> **Soigner l'orthographe** : ce point est encore plus important lorsque les réponses font appel à des connaissances traitées en classe (termes scientifiques par exemple) ou lorsqu'elles sont rédigées à partir d'éléments d'un document qui lui est correctement orthographié.

Gérer le temps imparti

> Si une question paraît difficile, il est préférable de passer à la suivante et d'y revenir plus tard afin de ne pas perdre trop de temps. Il faut, si possible, réserver quelques minutes à la relecture de son devoir.

C. S'entraîner pour l'évaluation certificative

Les pages qui suivent proposent deux exemples qui permettent d'effectuer des révisions et de s'entraîner en prévision des épreuves :
> pages 207 à 212 : s'entraîner pour l'évaluation certificative du BEP.
Exemple de sujet de CCF effectué en première.
> pages 213 à 222 : s'entraîner pour l'évaluation certificative du baccalauréat professionnel.
Exemple de sujet ponctuel.

D'autres exemples pourront vous être proposés par votre professeur, notamment si le diplôme intermédiaire que vous présentez est un CAP.

S'entraîner au CCF : 2e situation d'évaluation pour un diplôme intermédiaire BEP

Logo de l'académie		Cachet établissement
Nom : .... Prénom :		Note : ...... /50 points
Diplôme intermédiaire : BEP Spécialité :	Session :	↓ Note : ...... /10 points

→ Répondre sur le sujet après chaque question – Durée : 1 heure

SITUATION	**Fred** a obtenu le baccalauréat professionnel ; il est embauché dans l'entreprise où il a effectué des PFMP. Il vient de s'installer dans un appartement de type T2 à proximité de son lieu de travail. L'appartement est dans un vieil immeuble mal insonorisé au bord d'une avenue où le trafic est important. Lorsqu'il a visité l'appartement, Fred ne s'est pas senti gêné par le bruit ; il y est exposé chaque jour sur son lieu de travail où il se refuse à porter les bouchons d'oreille conseillés et il continue à écouter régulièrement son baladeur MP3 avec un volume réglé à la puissance maximale. Il a des difficultés à s'endormir et est régulièrement réveillé par le passage de camions sur l'avenue où donne sa chambre tandis que le salon, plus spacieux, donne sur une cour intérieure. Fred se sent de plus en plus fatigué, est anxieux et souffre de troubles digestifs.

MODULES Capacités évaluées	Travail demandé	Barème
7 **C31 :** Identifier un problème	**1.** Identifier le problème posé par la situation. Fred est fatigué et malade à cause du bruit.	.../2 pts
7 **C32 :** Appliquer une démarche de résolution de problèmes	**2.** Appliquer la démarche de résolution de problèmes à cette situation. **❶ Identifier les éléments de la situation.** Quoi : il est fatigué, anxieux et souffre de troubles digestifs. Qui : Fred, jeune travailleur. Quand : depuis qu'il travaille et occupe cet appartement. Comment : il est sans cesse exposé à des nuisances sonores. Pourquoi : il ne fait même plus attention au bruit mais celui-ci perturbe son organisme.	.../3 pts

❷ **Mettre en relation les éléments de la situation en complétant le diagramme « causes-effet ».** …/5 pts

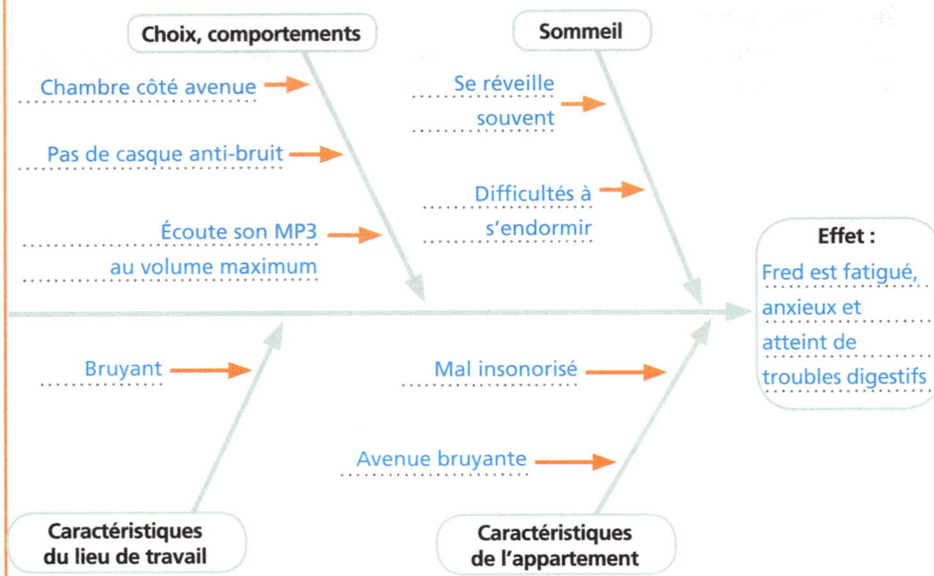

❸ **Mobiliser des connaissances.** …/2 pts

Indiquer et justifier à quels dommages s'expose Fred sur le plan auditif s'il ne modifie pas ses comportements.

Dommages	Justifications scientifiques
Surdité de perception	Lésion des cellules ciliées
Surdité de transmission	Lésion du tympan ou des osselets

❹ **Proposer des solutions.** …/5 pts

Proposer cinq solutions à cette situation et les justifier.

Solutions	Justifications
1. Porter des PICB au travail.	Lieu de travail bruyant : protection indispensable.
2. Écouter le MP3 à un volume plus faible.	Reposer l'appareil auditif.
3. Installer sa chambre à coucher côté cour.	Être plus au calme.
4. Faire faire insonoriser l'appartement.	Aides accordées pour ce type de travaux.
5. Changer d'appartement.	S'installer dans un quartier plus calme.

En discutant avec d'autres habitants de l'immeuble, Fred apprend que les tuyaux d'alimentation en eau sont en plomb. Il reçoit sa première facture d'eau qu'il trouve particulièrement élevée. Elle est accompagnée de l'analyse d'eau annuelle.
D'autre part, Fred équipe peu à peu son appartement en citoyen éco-responsable. Il envisage notamment de changer les ampoules à incandescence présentes dans l'appartement.

6
C21 : Énoncer des connaissances

3. Donner une définition de l'eau potable. .../1 pt

Eau qui peut être bue sans danger pour l'organisme ; on parle aussi d'eau destinée à la consommation humaine.

6
C14 : Analyser (l'information)

4. Justifier l'importance du contrôle des paramètres suivants dans une analyse d'eau. .../1,5 pt

Paramètres	Justifications
Bactériologique	Il ne doit pas y avoir de m-o pathogènes.
Dureté	Prévenir l'entartrage des appareils électroménagers, doser la lessive, etc.
Fluorures	Selon la teneur en fluor, un apport peut être nécessaire pour la solidité des dents.

6
C11 : Rechercher l'information
C24 : Argumenter

5. > Souligner dans l'**Annexe 1** les conseils donnés aux utilisateurs. .../0,5 pt

>Justifier le dernier conseil et préciser le risque auquel s'expose Fred s'il ne le respecte pas. .../2 pts

En cas de canalisations en plomb, si l'on a passé plusieurs heures sans faire couler de l'eau, il faut en faire couler un peu avant d'en boire pour éliminer les ions de plomb qui auraient pu diffuser dans l'eau stagnant dans les canalisations. Cela permet d'éviter le saturnisme, maladie qui atteint le système nerveux.

6
C24 : Argumenter

6. >Justifier le goût de chlore possible pour l'eau (**Annexe 1**). .../2 pts

C'est le produit utilisé en fin de traitement de l'eau pour la désinfecter. Selon son niveau de contamination, on utilise des quantités plus ou moins importantes d'où le goût plus ou moins chloré de l'eau selon les jours.

6
C11 : Rechercher l'information

> Relever le conseil pour l'éliminer. .../1 pt

Laisser une carafe ouverte au réfrigérateur durant quelques heures.

6
C44 : Proposer des actions

7. Indiquer quatre moyens que Fred pourrait mettre en œuvre pour diminuer le montant de sa facture en eau. .../2 pts

- Prendre des douches plutôt que des bains.
- Ne pas laisser couler l'eau de la douche lorsqu'il se savonne.
- Ne faire fonctionner les appareils que lorsqu'ils sont pleins.
- Ne pas laisser couler l'eau lorsqu'il se brosse les dents

6 **C42 :** Repérer les enjeux	**8.** > Indiquer les enjeux d'une maîtrise de la consommation en eau et en énergie. Il s'agit de préserver les ressources en eau et en énergie en répondant aux besoins des populations mais aussi des entreprises et industries sans freiner leur développement.	.../2 pts
6 **C24 :** Argumenter	> Expliquer pourquoi ces enjeux concernent chaque citoyen. Le développement durable assure la satisfaction des besoins présents des populations sans compromettre ceux des générations futures.	.../2 pts
6 **C42 :** Repérer les enjeux	**9.** > Justifier, à l'aide de l'**Annexe 3**, pourquoi Fred souhaite changer les ampoules. Les ampoules à incandescence consomment beaucoup d'énergie ; c'est pourquoi elles ne sont plus vendues depuis septembre 2012.	.../1 pt
C13 : Traiter (l'information)	> Indiquer et justifier le type de lampe choisi par Fred pour l'éclairage général de ses pièces. Lampes fluocompactes ou basse consommation car adaptées à ce type d'éclairage. Elles permettent de plus grandes économies d'énergie et ont une plus longue durée de vie que les halogènes.	.../2 pts

Fred s'intéresse à l'actualité ; il lit l'article présenté en Annexe 2 concernant les inondations de septembre 2014. Il décide de s'informer sur les risques majeurs concernant sa région et recherche le DICRIM de sa ville.

7 **C13 :** Traiter (l'information)	**10.** Retrouver à l'aide de l'**Annexe 2** : > le risque majeur dont ont été victimes les habitants de Lamalou-les-Bains. C'est l'inondation > les deux éléments qui ont contribué à créer cet aléa. • Violents orages • Rupture d'un « embacle » > l'enjeu (2 éléments). • Vies humaines • Habitations	... /5 pts
7 **C21** : Énoncer des connaissances	**11.** Indiquer : > deux risques majeurs de type risques naturels. • Avalanche, raz de marée • Tempête, séisme, etc. > deux risques majeurs de type risques technologiques. • Rupture de barrage, explosion • Crash d'avion, etc.	... /2 pts
7 **C21** : Énoncer des connaissances	**12.** Préciser trois mesures collectives mises en place pour protéger les populations contre les risques majeurs. > Information des populations par le DICRIM. > Signal d'alerte aux populations. > Dispositifs de surveillance (crues, séismes, incendies...), etc.	... /4,5 pts

7 **C21 :** Énoncer des connaissances **C11 :** Rechercher l'information	**13.** Indiquer : > la signification du sigle DICRIM. Document d'information communal sur les risques majeurs. > où se procurer ce document. À la mairie ou sur le site de la mairie. > le rôle de ce document. Il informe les populations sur les risques majeurs dans leur ville et précise notamment la conduite à tenir au cas où l'aléa redouté venait à se produire.	… /4,5 pts

ANNEXE 1 : extrait du bilan annuel de la qualité des eaux (Bayonne, 2013)

Contrôle Sanitaire

L'ARS est réglementairement chargée du contrôle sanitaire de l'eau potable. Cette synthèse prend en compte les résultats des 127 échantillons prélevés sur l'eau distribuée et de 17 échantillons prélevés sur la ressource.

La commune de Bayonne est alimentée en eau à partir :
- de sources situées à Cambo Les Bains et Hasparren dans le massif de l'Ursuya. Ces eaux sont rendues potables par un traitement de décantation suivi d'une désinfection,
- d'une source située sur la commune de Itxassou au lieu-dit Laxia. Cette eau est rendue potable par un traitement simple de désinfection,
- d'un pompage dans La Nive situé à Ustaritz. Cette eau est rendue potable par un traitement complet de décantation, filtration et désinfection à l'usine de Maignon qui appartient au Syndicat mixte de l'usine de la Nive,
Mis à part l'usine de Maignon exploitée par la Lyonnaise des Eaux Suez, les autres installations sont exploitées par la commune de Bayonne.

Conseils

- ABSENCE — Après quelques jours d'absence, laisser couler l'eau avant de la boire.
- TEMPÉRATURE — Consommer uniquement l'eau du réseau d'eau froide.
- ADOUCISSEUR — Les appareils de type adoucisseur ou purificateur sont inutiles sur le réseau d'eau froide. Si vous possédez un adoucisseur, assurez-vous qu'il n'alimente que le réseau d'eau chaude.
- PLOMB — Dans les habitats équipés de tuyauteries en plomb, laissez couler l'eau quelques minutes avant de la boire lorsqu'elle a séjourné plusieurs heures dans les canalisations.

Par précaution, il est demandé de maintenir un taux de chlore résiduel. Il n'y a aucune incidence sur la santé. Si vous décelez un goût de chlore, mettez une carafe ouverte au réfrigérateur pendant quelques heures pour l'éliminer.

Si la saveur ou la couleur de votre eau change, signalez-le à votre distributeur (voir adresse sur facture).

BACTERIOLOGIE Micro-organismes indicateurs d'une éventuelle contamination des eaux par des bactéries pathogènes. Absence exigée.	**EAU DE BONNE QUALITE BACTERIOLOGIQUE** *100 % des résultats sont conformes.*
NITRATES Éléments provenant principalement de l'agriculture, des rejets domestiques et industriels. La teneur ne doit pas excéder 50 milligrammes par litre.	**La teneur moyenne en nitrates est de 3,6 mg/l. A ce taux, les nitrates ne présentent aucun caractère de toxicité.**
DURETE Teneur en calcium et en magnésium dans l'eau. Il n'y a pas de valeur limite réglementaire de dureté.	**La dureté moyenne de l'eau est d'environ 9 degrés français. Cette eau est très peu calcaire.**
FLUORURES Oligo-éléments présents naturellement dans l'eau. La teneur ne doit pas excéder 1,5 milligrammes par litre.	**La teneur en fluor est très faible (0,06 mg/l). Les apports de fluor par l'eau sont donc négligeables. Pour la prévention de la carie dentaire, il peut être recommandé un apport complémentaire par du sel fluoré ou des comprimés fluorés.**
PESTICIDES Substances chimiques utilisées pour protéger les cultures ou pour désherber. La teneur ne doit pas excéder 0,1 micro gramme par litre.	**La présence de pesticides a été détectée. Cependant, le niveau atteint ne présente pas de danger pour la santé.**
AUTRES PARAMETRES	L'ensemble des autres paramètres mesurés est conforme.

AVIS SANITAIRE GLOBAL

L'eau distribuée pendant l'année 2013 a été de bonne qualité

© Agence régionale de santé d'Aquitaine–Délégation territoriale des Pyrénées-Atlantiques.

ANNEXE 2 : inondations mortelles au camping (19.09.2014)

Quatre personnes sont mortes et deux sont portées disparues dans l'Hérault, emportées par la crue soudaine d'une rivière à Lamalou-les-Bains où un camping a été dévasté, à la suite de violents orages, traditionnels en cette saison. Ces intempéries ont aussi causé la mort d'une septuagénaire, noyée mercredi dans le sud-est de l'Aveyron, et une personne est portée disparue dans le Gard. [...]
Dans cette station thermale du Haut-Languedoc, à 35 km au nord de Béziers, la petite rivière du Bitoulet qui longe le camping municipal, s'est soudainement transformée en torrent, emportant dans une vague de plus deux mètres des camping-cars et des caravanes.
La crue a été provoquée par la rupture soudaine d'un « embâcle », un obstacle naturel de végétaux et débris divers au fond du cours d'eau qui a lâché sous la pression des flots. [...]
À la salle des fêtes, une cinquantaine de rescapés du camping ont raconté leur nuit d'épouvante. [...] « En quelques minutes, il y avait 1 m 40 d'eau dans le camping », a décrit M. Rault. [...]

Source : © Le Petit Bleu

ANNEXE 3 : choisir une lampe

Quelle est la réglementation en vigueur ? En application avec une directive européenne visant le retrait progressif des ampoules ayant une consommation d'énergie élevée pour l'éclairage domestique, la France a retiré de la vente les ampoules à incandescence depuis 2012.
Dès 2016, les halogènes haute efficacité (classe C), devraient être aussi retirées du marché.

Quels types d'ampoules pour remplacer mes anciennes ampoules à incandescence ?

Type d'ampoule	**Fluocompacte (basse consommation)**	**LED (*Light Emitting Diodes* ou diodes électroluminescentes)**	**Halogène Haute Efficacité (basse consommation)**
Application	Peut remplacer les ampoules classiques quasiment partout, mais à éviter dans des endroits non chauffés et/ou de passage (couloirs, lampes...).	Éclairage d'ambiance (jardins, escaliers...). Idéale pour un éclairage ponctuel (lampe de chevet, veilleuse...). Souvent encastrée, mais existe aussi avec des culots standards.	
Durée de vie	6 à 20 ans, soit 5 000 à 15 000 h.	10 à 30 ans, soit 15 000 à 50 000 h.	2 à 3 ans, soit 2 000 à 5 000 h.
Économie d'énergie	Jusqu'à 80 %	Jusqu'à 90 %	De 30 à 50 %

© Source : www.consoglobe.com/Guide d'achat des ampoules à économie d'énergie.

S'entraîner au ponctuel : situation d'évaluation pour le baccalauréat professionnel

Session : 2016	Baccalauréat Professionnel
Nom : …………… Prénom : ……………	Première partie : … / 30 pts → … / 10 pts Deuxième partie : … / 40 pts → … / 10 pts
Spécialité : ……………	NOTE : … / 20 pts

Consignes générales : l'usage de la calculatrice est autorisée, rédiger vos réponses sous forme de phrases dans les espaces prévus à cet effet. La présentation est soignée.

PREMIÈRE PARTIE – MODULES 1 À 7	
SITUATION 1	**Leila, 19 ans,** secrétaire dans l'entreprise « Lavo'matix », spécialisée dans la vente de lave-linges, est arrivée deux fois en retard cette semaine. Elle ne s'est pas réveillée car elle dort mal à cause de son vieux matelas et du bruit dans la rue. David, son petit ami, lui conseille de faire du sport pour s'aérer et surtout de monter le chauffage électrique car il fait 15 °C dans sa chambre mal isolée. Leila pense que fumer du cannabis et manger des repas copieux permet de mieux dormir.

Modules Capacités évaluées	Travail demandé	Barème
C31 : Identifier un problème	**A. Identifier le problème posé par la situation** Des retards successifs au travail.	../1 pt
C32 : Appliquer une démarche de résolution de problèmes	**B. Appliquer la démarche de résolution de problèmes à cette situation** ❶ Identifier les éléments de la situation en utilisant 'outil méthodologique « QQOQCP ».	…/2,5 pts

QUOI : quelle est l'origine du problème ?	Réveils difficiles dus à un mauvais sommeil.
QUI : qui est la personne est concernée ?	Leila, 19 ans
OÙ : en quel lieu apparaît le problème ?	Entreprise « Lavo'matix »
QUAND : à quel moment ?	Cette semaine
COMMENT : de quelle façon arrive ce problème ?	Elle ne s'est pas réveillée.
POURQUOI : quelles sont les causes du problème ? (5 réponses attendues)	Mauvaise literie, bruit, repas copieux, cannabis, peu de sport, température de la chambre, etc.

C32 : Appliquer une démarche de résolution de problèmes

❷ Mettre en relation les éléments de la situation en complétant le diagramme « causes-effet » à l'aide des éléments suivants : …/2 pts

pratique sportive / bruit / repas copieux / matelas / température de la chambre / mauvaise qualité de sommeil et réveil difficile / chauffage électrique / cannabis

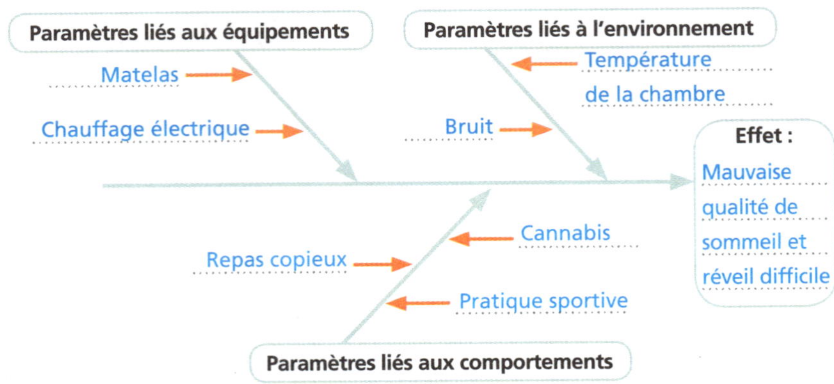

C. Mobiliser des connaissances

C21 : Énoncer des connaissances

1. Citer deux rôles du sommeil sur la santé. …/2 pts

> Récupération physique (diminution des courbatures).

> Récupération psychique (évacuation du stress).

C14 : Analyser

2. Entourer dans l'hypnogramme ci-dessous les quatre phases de sommeil paradoxal correspondant au stade de la récupération nerveuse. …/1 pt

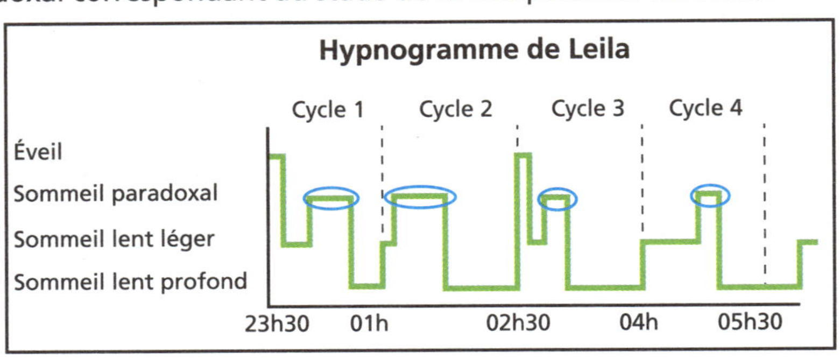

C21 : Énoncer des connaissances

3. Citer, à l'aide de vos connaissances, deux effets positifs du sport pour chacun des appareils cités ci-dessous. …/3 pts

Appareil	Effets positifs du sport
cardiovasculaire	> Diminution de la fréquence cardiaque. > Diminution des maladies cardiovasculaires.
respiratoire	> Augmentation de la capacité respiratoire. > Diminution des troubles respiratoires.
squelettique	> Renforcement osseux. > Renforcement articulaire.

C44 : Proposer des actions

4. Proposer deux règles nutritionnelles permettant à Leila d'équilibrer ses dîners. …/1 pt

> Privilégier les fruits et légumes frais et/ou surgelés.

> Éviter de consommer des aliments gras, sucrés et salés.

C22 : Mettre en relation	**5.** Proposer, à l'aide de vos connaissances et de l'**Annexe 1** , une définition de « compléments alimentaires ». C'est un concentré de nutriments ou de substances ayant un effet nutritionnel ou physiologique.	.../1 pt
C11 : Rechercher l'information	**6.** Relever, dans l'**Annexe 1**, le nom de l'hormone du sommeil. C'est la mélatonine.	.../1 pt
C22 : Mettre en relation	**7.** Définir le terme psychoactif à l'aide de vos connaissances et de l'**Annexe 2**. Un psychoactif est une substance qui agit sur le système nerveux.	.../1 pt
C24 : Argumenter	**8.** Justifier, à l'aide de l'**Annexe 2**, le fait que le cannabis soit considéré comme une drogue. Le cannabis est considéré comme une drogue car il entraîne une dépendance.	.../1 pt

Leila est intéressée par une literie de 600 € dans le magasin « Dodocash » de Paris. Le vendeur lui propose un achat à crédit. Elle préfère acheter au comptant.

C21 : Énoncer des connaissances	**9.** Citer trois moyens de paiement au comptant couramment utilisés pour ce type de transaction. > Carte bleue > Chèque > Espèce	.../1,5 pt
C21 : Énoncer des connaissances	**10.** Citer un avantage et un inconvénient de l'achat à crédit. Avantage : possibilité d'acquisition d'un produit sans avoir la somme demandée à l'achat. Inconvénient : la somme empruntée à rembourser est majorée d'intérêts.	.../1 pt

Leila, soucieuse de son environnement, désire changer son chauffage afin de mieux chauffer tout en faisant des économies. Elle pense remplacer ses fenêtres afin d'éviter les déperditions thermiques et atténuer le bruit de la rue. Leila fait donc réaliser un diagnostic de performance énergétique : sa consommation est estimée à 149 kWhEP/m².an et sa production de gaz à effet de serre à 21 kg éqCO_2/m².an.

C11 : Rechercher l'information	**11.** Relever à l'aide de l'**Annexe 3** : > la lettre correspondant à sa consommation énergétique : C > la lettre correspondant à sa production de gaz à effet de serre : D	.../1 pt
C21 : Énoncer des connaissances	**12.** Citer deux types d'énergie non renouvelables à l'origine de gaz à effet de serre. > Gaz > Pétrole	.../1 pt
C21 : Énoncer des connaissances	**13.** Définir le terme « énergie renouvelable » et citer un avantage de celle-ci. Énergie qui se constitue plus vite qu'elle n'est utilisée. Elle est donc inépuisable. Avantage : le stock est illimité.	.../3 pts
C21 : Énoncer des connaissances	**14.** À l'aide de vos connaissances et de l'**Annexe 4**, citer deux mesures physiques et leurs unités caractérisant un son. > Intensité en décibel > Fréquence en hertz	.../1 pt

C22 : Mettre en relation	**15.** À l'aide de vos connaissances et de l'Annexe 4, compléter le schéma ci-dessous.	.../1,5 pt

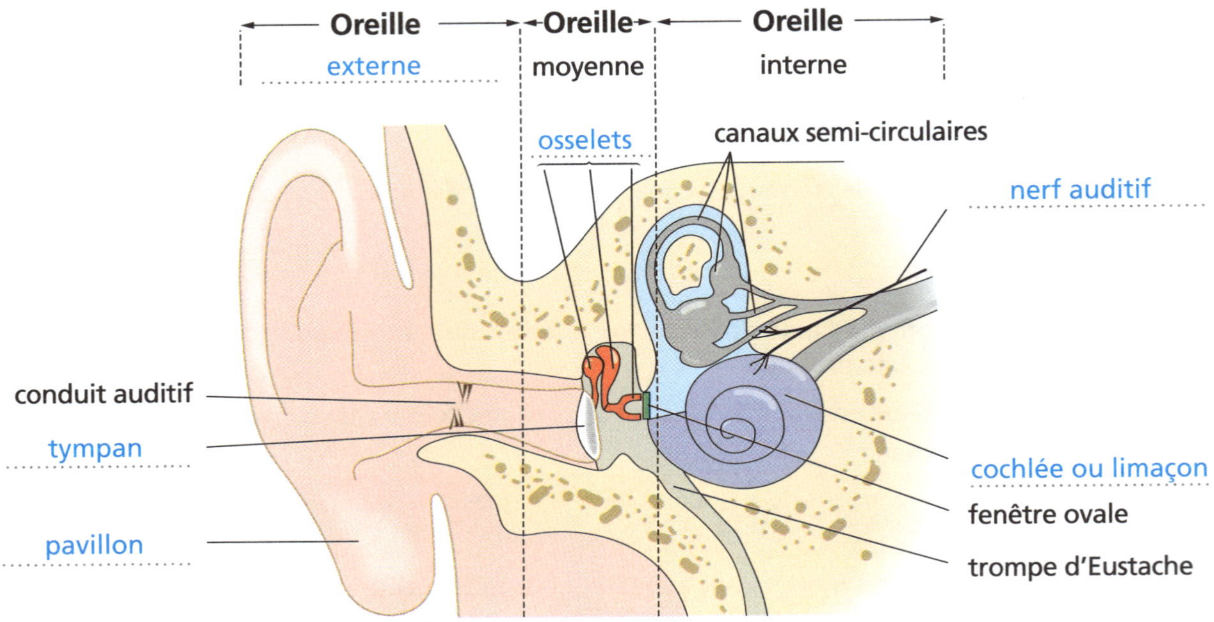

D. Proposer des solutions

C44 : Proposer des actions

• Proposer, pour chaque élément répertorié dans le tableau, une solution. .../3,5 pts

Éléments	Solution
Sommeil	Changer de literie, se coucher à heure fixe.
Cannabis	Consulter ou s'informer auprès d'un médecin ou une association.
Repas	Consommer un repas équilibré en évitant les matières grasses et en privilégiant les fruits et légumes.
Sport	Pratiquer régulièrement une activité physique.
Bruit	Changer de fenêtre.
Retard au travail	Acheter un réveil ou partir plus tôt.

DEUXIÈME PARTIE – MODULES 8 À 12

SITUATION 2

Le délégué du personnel de l'entreprise « Lavo'matix », 52 salariés, spécialisée dans la vente de lave-linges vient d'informer le personnel de l'ordre du jour de la prochaine réunion du CHSCT : **A.** Risque de lombalgie au secrétariat ; **B.** Défaut d'étanchéité du plafond ; **C.** Risque psychosocial chez les vendeurs ; **D.** Accident de travail de Mathias V.

A. Risque de lombalgie au secrétariat

Rappel des faits n° 1 : Leila, 22 ans, est chargée d'archiver les cartons contenant les dossiers client/fournisseur. Elle doit les soulever à une hauteur de 1,8 m. La masse de chaque carton à archiver atteint 6 kilos. Leila effectue ce geste à répétition 10 fois par jour depuis 3 mois. Elle a peur d'être atteinte de lombalgie.

1. Appliquer la démarche d'approche par le risque à partir du **rappel des faits n° 1**.

C33 : Mettre en œuvre une approche par les risques

❶ Analyse des risques d'atteinte à la santé

…/3,5 pts

• Définir les limites de la situation de travail :

> Qui est l'opérateur ? : Leila

> Quelle est la tâche réalisée ? : archivage de dossiers clients/fournisseurs

> Quel est le lieu ? : secrétariat de Lavo'matix

Identifier le danger et les dommages potentiels :

> Danger : cartons de 6 kg

> Situation dangereuse : Leila soulève les cartons de 6 kg.

> Événement dangereux : répétition du mouvement : 10 fois par jour.

> Dommage : lombalgie

• Compléter le schéma de principe d'apparition du dommage (PAD) à partir des informations identifiées à l'**étape ❶**.

…/5 pts

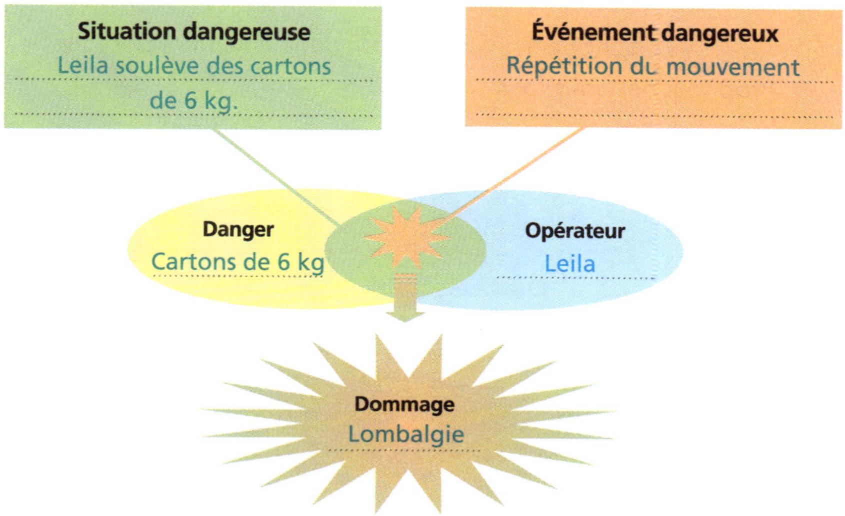

❷ **Estimer et évaluer le risque**

…/2,5 pts

• Indiquer, à l'aide du schéma ci-après et en vous appuyant au besoin sur les échelles d'estimation figurant en **Annexe 5** :

– la gravité du dommage encouru : moyen (2)

– la probabilité d'apparition du dommage : probable (3)

La réduction du risque est donc nécessaire

C33 : Mettre en œuvre une approche par les risques

• Cocher le schéma de représentation de l'évaluation du risque.

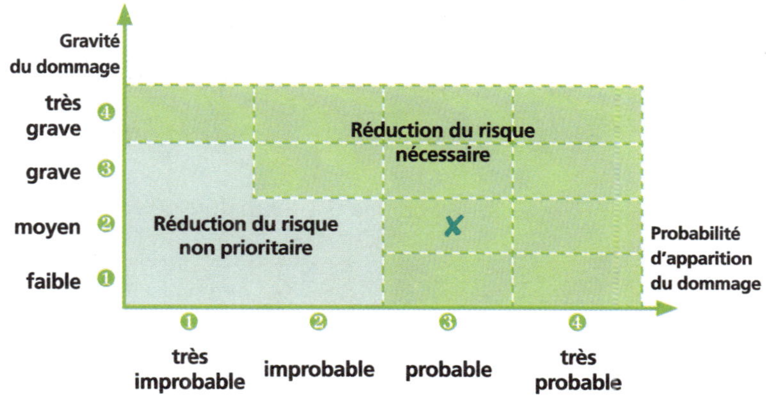

C33 : Mettre en œuvre une approche par les risques

❸ Proposer des mesures de prévention …/5 pts

• Proposer cinq mesures de prévention permettant d'éviter le dommage.

	Mesures de prévention
Niveau 1 Prévention intrinsèque	• Archivage sur disque dur, numérisation.
Niveau 2 Prévention individuelle et/ou collective	• Diminution de la masse des cartons. • Utilisation d'un monte-charge.
Niveau 3 Formation - Information	• Formation aux gestes et postures. • Consignes pour le travail en hauteur.

C21 : Énoncer des connaissances

• Annoter, sur le schéma 1 ci-dessous, le nom des trois régions vertébrales. …/0,75 pt

C21 : Énoncer des connaissances

• Entourer, sur ce même schéma 1, la région vertébrale concernée par un lumbago. …/0,25 pt

Schéma 1 : vue de profil de la colonne vertébrale

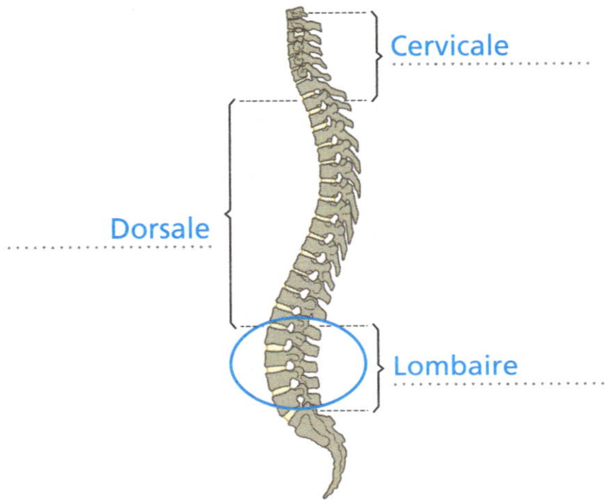

C23 : Expliquer un phénomène à partir de ses connaissances

• Définir la lombalgie à l'aide des schémas 2 et 3 et de vos connaissances. … /1 pt

Le noyau gélatineux n'est pas revenu au centre du disque intervertébral : il reste coincé dans les anneaux fibreux. Il touche les nerfs sensitifs en provoquant une vive douleur.

Schéma 2 : articulation intervertébrale

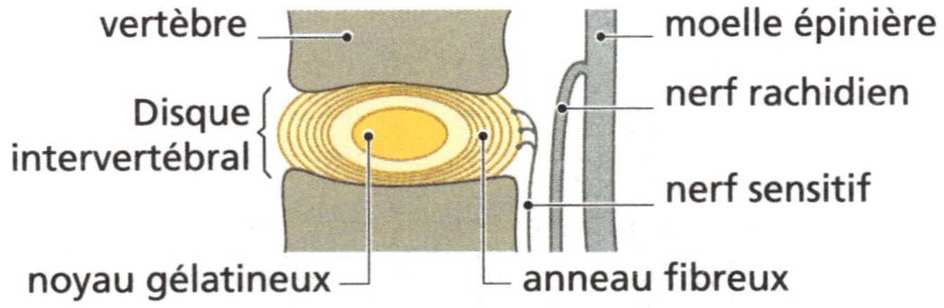

Schéma 3 : lombalgie

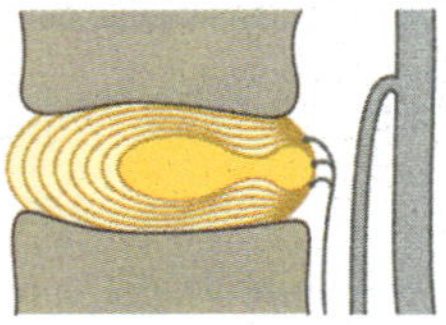

B. Défaut d'étanchéité du plafond

Rappel des faits n° 2 : Leila a constaté un défaut d'étanchéité au plafond de l'accueil : imbibé d'eau lors de fortes pluies, il menace de s'effondrer. Le risque est omniprésent pour les salariés car ils empruntent chaque jour ce passage et l'imprimante de l'entreprise se trouve dans cette zone.

C21 : Énoncer des connaissances

1. Citer le rôle du document unique. …/0,5 pt

Il permet d'évaluer des risques professionnels afin de réduire ou supprimer le danger.

C21 : Énoncer des connaissances

2. Citer le responsable de l'élaboration du document unique ainsi que l'effectif de l'entreprise à partir duquel la rédaction de celui-ci est obligatoire. …/1 pt

Il est sous la responsabilité du chef d'entreprise et est obligatoire à partir d'un salarié.

C44 : Proposer des actions

3. À partir du **rappel des faits n° 2**, compléter les rubriques du document unique concernant ce risque. …/3 pts

Danger	Ambiance climatique, forte pluie
Type de risque / Observation	• Effondrement du plafond. • Fuite d'eau du plafond lors de forte pluie.
Solutions proposées	Combattre les risques à la source : • Rénover la toiture. Prendre des mesures de protection collectives : • Baliser un chemin d'accès éloigné du danger. • Changer l'imprimante de place.
Cotation du risque	E = 3 G = 3 D = 3 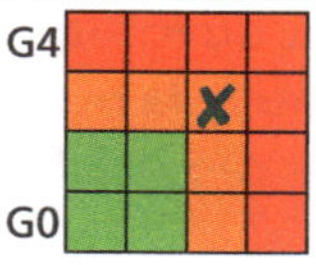

Afin de coter le risque, plusieurs éléments vont être évalués :
→ **E (effectif)** : plus l'indice est élevé, plus l'effectif en présence avec le risque est important : **indice 1** (0 – 25 % de l'effectif) / **2** (25-50 % de l'effectif) / **3** (50-100 % de l'effectif).
→ **G (gravité)** : plus l'indice est élevé, plus la gravité du dommage est importante : **indice 1** (lésion sans arrêt) / **2** (lésion avec arrêt sans séquelles) / 3 (lésion avec arrêt avec séquelles) / **4** (lésion pouvant entraîner la mort).
→ **D (durée d'exposition au danger)** : plus l'indice est élevé, plus la durée d'exposition est importante : **indice 1** > 1 heure/an / **2** > 1 heure/mois / **3** > 1 heure/semaine / **4** > 1 heure/jour.
Lorsque **G** et **D** sont évalués, il suffit de cocher la case correspondante dans l'illustration de la cotation.

C. Risque psychosocial chez les vendeurs

Rappel des faits n° 3 : Chaque jour, **Jérôme, 21 ans,** vendeur au rayon lave-linge industriel, doit mettre en place son rayon, recevoir les colis des fournisseurs et contrôler les bordereaux. Il conseille lors de la vente et calcule son chiffre d'affaires : le patron le félicite ou le réprimande. Il doit ensuite faire de même avec son équipe et il n'aime pas cela. Il stresse quand il reçoit des clients mécontents.

C13 : Traiter (l'information)	**1.** À l'aide du **rappel des faits n° 3**, compléter le tableau suivant :	.../2 pts

Type de charge	Éléments du rappel des faits n° 3 liés à la charge mentale
Charge mentale affective	Le patron le félicite Clients mécontents
Charge mentale psychologique	Calculer son chiffre d'affaires Recevoir les colis des fournisseurs

C21 : Énoncer des connaissances	**2.** Définir le stress. Déséquilibre entre la perception qu'une personne a des contraintes que lui impose son environnement et la perception qu'elle a de ses propres ressources pour y faire face.	.../1 pt
C21 : Énoncer des connaissances	**3.** Citer deux pathologies pouvant être liées au stress chronique. > Dépression > Maladies cardiovasculaires	.../1 pt
C44 : Proposer des actions	**4.** Proposer deux mesures de prévention afin de diminuer le risque psychosocial dans la situation de Jérôme. > Déléguer certaines tâches : demander à un collègue de réceptionner les livraisons. > Améliorer les relations humaines : proposer un bilan hebdomadaire avec l'équipe et le patron.	.../2 pts

D. Accident de travail de Mathias V.

Rappel des faits n° 4 : Mathias V, 21 ans, salarié depuis 1 an, a eu un AT avec un arrêt de 15 jours. Mathias doit ouvrir les cartons pour vérifier la conformité des produits. Il utilise un cutter. Le cutter dérape et coupe la main gauche de Mathias. Il n'avait pas de gants de protection. Le CHSCT va établir un arbre des causes afin d'éviter que l'accident ne se reproduise.

C21 : Énoncer des connaissances	**1.** Définir le sigle CHSCT. Comité d'hygiène de sécurité et des conditions de travail.	.../0,5 pt
C21 : Énoncer des connaissances	**2.** Citer le président du CHSCT ainsi que l'effectif de l'entreprise à partir duquel il est mis en place dans une entreprise. Il est présidé par l'employeur et est obligatoire dans les entreprises d'au moins 50 salariés.	.../1 pt
C35 : Mettre en œuvre une approche par l'accident	**3.** À partir du **rappel des faits n° 4**, citer le fait ultime. Coupe la main (E).	.../0,5 pt
	4. À partir du **rappel des faits n° 4**, relever et lister les six faits à l'origine de l'accident de Mathias. A Ouvre les cartons — D Le cutter dérape B Vérifie la conformité des produits — E Coupe la main C Utilise un cutter — F Pas de gants de protection	.../1,5 pt

C35 : Mettre en œuvre une approche par l'accident	**5.** Compléter l'arbre des causes ci-dessous à l'aide des faits listés dans la consigne **4.**	.../1,5 pt

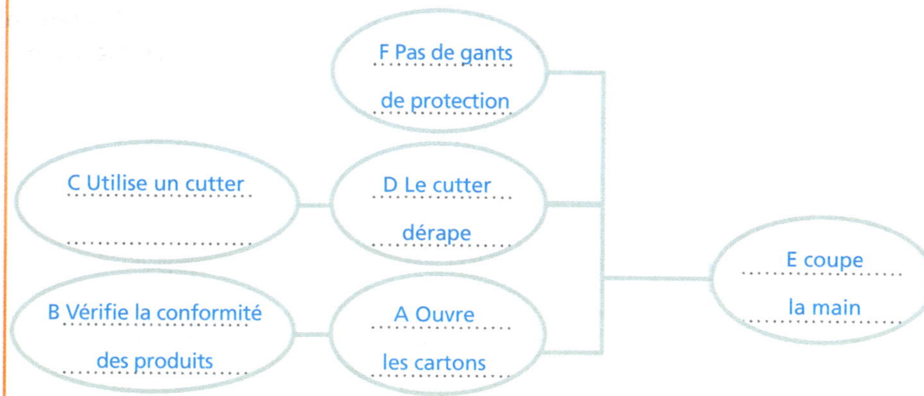

C24 : Argumenter	**6.** Justifier par deux remarques le fait que l'on qualifie l'accident de Mathias d'accident de travail. > Accident survenant dans l'entreprise. > Mathias est salarié de l'entreprise.	.../1 pt
C21 : Énoncer des connaissances	**7.** Citer deux conséquences d'un accident du travail pour l'entreprise. > Perte de rendement. > Recrutement d'un nouveau salarié en remplacement.	.../1 pt
C21 : Énoncer des connaissances	**8.** Citer deux exemples de prestations en nature dont Mathias peut bénéficier. > Remboursement des soins médicaux. > Remboursement des médicaments.	.../1 pt
C21 : Énoncer des connaissances	**9.** Définir les démarches à effectuer lors d'un accident de travail. Le salarié victime d'un AT doit en informer l'employeur dans les 24 h. L'employeur doit informer la CPAM de la victime dans les 48 h avec un AR. L'employeur remet une feuille d'accident au salarié lui permettant de ne pas effectuer l'avance des soins.	.../2 pts
C13 : Traiter (l'information)	**10.** Calculer à l'aide de l'**Annexe 6** le montant des indemnités journalières de Mathias. Il perçoit un salaire de 1 800 € brut mensuel. (Les calculs seront inscrits.) 1 800 / 30,42 = 59,17 € ; Mathias perçoit un salaire journalier de 59,17 €. 59.17*(60 %) = 35,50 € ; Mathias percevra une indemnité journalière de 35,50 € lors de son arrêt de travail.	.../1,5 pt

ANNEXE 1 : complément alimentaire pour retrouver le sommeil

La mélatonine est fabriquée par le cerveau à partir de la sérotonine. L'hormone du sommeil diminue le temps d'endormissement et améliore la qualité du sommeil en diminuant les tensions et le stress.
Posologie : 2 gélules par jour le soir. Chaque gélule comporte : 100 mg de magnésium, 100 mg de passiflore, 1,5 mg de vit B6, 250 mg de coquelicot et 0,5 g de melatonine.
Ce complément alimentaire ne se substitue pas à une alimentation saine et variée. Il est réservé à l'adulte. Ne convient pas aux femmes enceintes ou qui allaitent.

ANNEXE 2 : cannabis, psychoactif aux effets contradictoires

Le cannabis est un psychoactif qui entraîne dans certains cas des psychoses aiguës difficilement réversibles ainsi qu'une dépendance pour certains usagers réguliers. Il perturbe les débits sanguins, diminue les défenses de l'organisme et favorise l'apparition de certains cancers. Il entraîne un effet somnolent intense. Une étude de 2014 sur plus de 1 800 patients a révélé que les utilisateurs de cannabis sont plus susceptibles d'éprouver des problèmes de sommeil.

ANNEXE 3 : étiquettes Énergie/Climat du diagnostic de performance énergétique

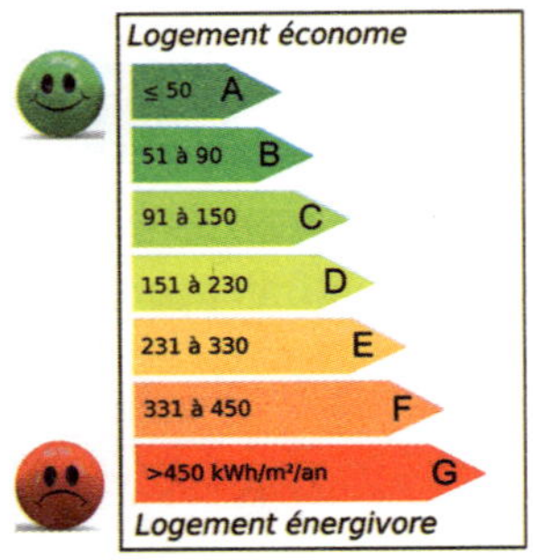

Étiquette énergie ❶
(kWhEP/m².an)

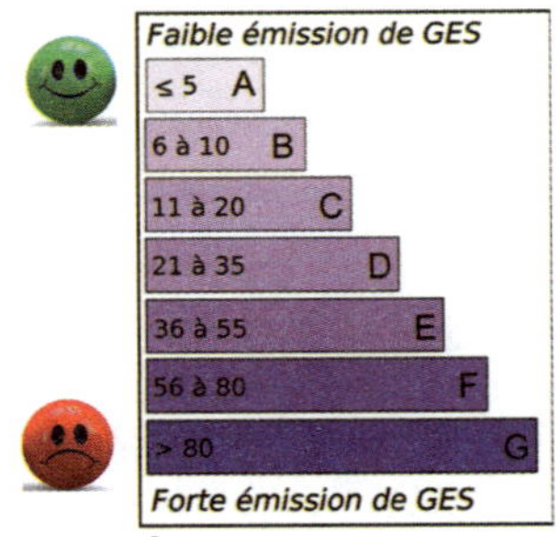

Étiquette climat ❷
(kg éqCO_2/m².an)

ANNEXE 4 : fatigue auditive

Comment un bruit parvient-il au cerveau ?
L'oreille externe canalise l'onde sonore qui fait vibrer le tympan, puis les osselets, la fenêtre ovale et atteint les cellules ciliées de la cochlée. Le nerf auditif qui les prolonge transmet l'influx nerveux au cerveau qui décode le message reçu. On considère que le seuil de fatigue du bruit est de 70 dB. La fatigue auditive entraîne des troubles du sommeil et de l'attention, du stress et aussi des migraines.

ANNEXE 5 : échelles d'estimation

Doc. A Échelle d'estimation de la gravité du dommage

- ❹ **très grave** (décès)
- ❸ **grave** (accident avec incapacité permanente)
- ❷ **moyen** (accident avec arrêt de travail et/ou hospitalisation)
- ❶ **faible** (accident sans arrêt de travail)

Doc. B Échelle d'estimation de la probabilité d'apparition du dommage

fréquence et/ou durée d'exposition au danger	probabilité d'apparition d'un événement dangereux	probabilité d'apparition du dommage	
fréquent et/ou longue durée d'exposition	élevée	❹	très probable
	faible	❸	probable
rare et/ou courte durée d'exposition	élevée	❷	improbable
	faible	❶	très improbable

ANNEXE 6 : calcul des indemnités journalières en cas d'accident de travail

L'indemnité journalière est calculée à partir du salaire brut du mois précédant votre arrêt de travail. Ce salaire, divisé par 30,42, détermine votre salaire journalier de base.
Le montant de vos indemnités journalières évolue dans le temps :
– pendant les 28 premiers jours suivant l'arrêt de votre travail : l'indemnité journalière est égale à 60 % de votre salaire journalier de base, avec un montant maximum plafonné à 190,35 € au 01/01/2015 ;
– à partir du 29e jour d'arrêt de travail : l'indemnité journalière est majorée et portée à 80 % de votre salaire journalier de base, avec un montant maximum plafonné à 253,80 € au 01/01/2015.

Lexique des sigles

A
ACD : Agents Chimiques Dangereux
AcVC : Accident de la Vie Courante
AES : Accident d'Exposition au Sang
ARS : Agence Régionale de Santé
ANACT : Agence Nationale pour l'Amélioration des Conditions de Travail
ANAH : Agence Nationale de l'Habitat
AT : Accident du Travail
ATNC : Agents Transmissibles Non Conventionnels

B
BBC : Bâtiment Basse Consommation

C
CACES : Certificat d'Aptitude à la Conduite En Sécurité
CAF : Caisse d'Allocations Familiales
CARSAT : Caisse d'Assurance Retraite et de la Santé au Travail
CE : Comité d'Entreprise
CGSS : Caisse Générale de Sécurité Sociale
CHSCT : Comité d'Hygiène, de Sécurité et des Conditions de Travail
CIDUNATI : Confédération Intersyndicale de Défense et d'Union Nationale d'Action des Travailleurs Indépendants
CLE : Commission Locale de l'Eau
CLP : Classification, Labelling, Packaging
CMR : Cancérogènes, Mutagènes ou toxiques pour la Reproduction
CNAMTS : Caisse Nationale de l'Assurance Maladie des Travailleurs Salariés
CPAM : Caisse Primaire d'Assurance Maladie
CRAM : Caisse Régionale d'Assurance Maladie

D
dB(A) : déciBel Acoustique
DCE : Directive Cadre sur l'Eau
DDRM : Dossier Départemental sur les Risques Majeurs
DGT : Direction Générale du Travail
DICRIM : Dossier d'Information Communal sur les Risques Majeurs
DIRECCTE : Direction Régionale des Entreprises, de la Concurrence, de la Consommation, du Travail et de l'Emploi
DP : Délégué du Personnel
DPE : Diagnostic de Performance Énergétique
DRP : Direction des Risques Professionnels
DSS : Direction de la Sécurité Sociale

E
ENR : Énergies Renouvelables
EPI : Équipement de Protection Individuelle

F
FDS : Fiche de Données de Sécurité
FFB : Fédération Française du Bâtiment
FPA : Facteur Potentiel d'Accident

G
GES : Gaz à Effet de Serre

H
Hz : Hertz

I
IF : Indice de Fréquence
IG : Indice de Gravité
INRS : Institut National de Recherche et de Sécurité
IP : Incapacité Permanente
IPP : Incapacité Permanente Partielle
IPRP : Intervenant en Prévention des Risques Professionnels
IRC : Indice de Rendu des Couleurs
IT : Incapacité Temporaire

L
LED : Light Emitting Diode
LEMA : Loi sur l'Eau et les Milieux Aquatiques

M
MP : Maladie Professionnelle
MPCIA Aquitaine : Mouvement Patronal du Commerce, de l'Industrie et de l'Artisanat d'Aquitaine

O
OMS : Organisation Mondiale de la Santé
OPPBTP : Organisme Professionnel de Prévention du Bâtiment et des Travaux Publics

P
PAD : Principe d'Apparition du Dommage
PDU : Plan de Déplacements Urbains
PFMP : Période de Formation en Milieu Professionnel
PICB : Protecteurs Individuels Contre le Bruit
PLS : Position Latérale de Sécurité
PPMS : Plan Particulier de Mise en Sécurité
PRAPE : Prévention des Risques liés à l'Activité Physique et à l'Ergonomie
PSC1 : Prévention et Secours Civiques de niveau 1

R
RCP : Réanimation Cardio-Pulmonaire
RPS : Risques PsychoSociaux

S
SAGE : Schéma d'Aménagement et de Gestion des Eaux
SAMU : Service d'Aide Médicale Urgente
SDAGE : Schéma Directeur d'Aménagement et de Gestion des Eaux
SST : Sauveteur Secouriste du Travail / Services de Santé au Travail
SSTI : Service de Santé au Travail Interentreprises
SUMER : Surveillance Médicale des Risques professionnels

T
TEP : Tonnes Équivalent Pétrole
TF : Taux de Fréquence
TG : Taux de Gravité
TMS : Troubles Musculo-Squelettiques
TVA : Taxe sur la Valeur Ajoutée

U
UPA : Union Professionnelle Artisanale

V
VLCT : Valeur Limite d'exposition à Court Terme
VLEP : Valeur Limite d'Exposition Professionnelle
VME : Valeur Moyenne d'Exposition

Crédits photographiques

Couverture : ph© Westend61/Photononstop

p. 10 : Doc. 4 © GAC A. Institut de l'Élevage conférence « L'empreinte eau de la filière viande bovine et ovine : analyse des méthodes et premiers chiffrages » au Sommet de l'élevage 2014/Carteau B., Kerner S., Aubert C., Blondon G., Espagnol S., Massabie P., Ménard J.L., Soing P., Bonneau J., 2010. Gestion quantitative de la ressource en eau (hors irrigation). Projet CasDAR gestion durable des ressources en eau. APCA, ACTA, Chambres d'Agriculture, Instituts Techniques Agricoles, 20 p./OCDE, 2010. Gestion durable des ressources en eau dans le secteur agricole. Editions OCDE, Paris. 132 p. (1), ph© Leks_Laputin/iStockphoto (2) ; p. 11 : Doc. 5 © Maison de la consommation et de l'environnement (Mce), extrait du livret « Pour que l'eau vive en Bretagne : agissons contre les pollutions », 2007 ; p. 12 : Doc. 8 © www.sante.gouv.fr - Ministère des Affaires sociales, de la Santé et des Droits des femmes ; p. 15 : Doc. 13 ph© teracreonte/Fotolia.com (1, 3, 4, 5), ph© rashadashurov/Fotolia.com (2) ; p. 18 : ph© Graphies.thèque/Fotolia.com (schéma), ph© Fotolia.com ; p. 24 : Doc. 9 ph© Ataly/Fotolia.com ; p. 25 : Doc. 10 © AFP ; p. 26 : Doc. 12 © Communauté d'agglomération de La Rochelle - PDU 2012-2021 ; p. 27 : Doc. 13 © Ademe ; p. 28 : ph© Alain Le Bot/Photononstop (mg), ph© Stockfoto/Fotolia.com (md) ; p. 29 : Doc. 15 ph© Frédéric Massard/Fotolia.com, © Fotomek/Fotolia.com ; p. 32 : ph© iStockphoto ; p. 33 : ph© Fotolia.com ; p. 38 : ph© Photo12/Alamy (1), ph© Bloomberg via Getty Images (2) ; p. 39 : Doc. 5 © www.sante.gouv.fr, le site du ministère des Affaires sociales, de la Santé et des Droits des femmes ; p. 40 : © INPES – www.inpes.sante.fr (bg) ; p. 41 : Doc. 6 © DICRIM – Ville de Bourg-Saint-Maurice – Les Arcs ; p. 42 : Doc. 8 © www.prim.net, bouquet numérique pour la prévention des risques majeurs ; p. 43 : Doc. 9 ph© Graphies.thèque/Fotolia.com, Doc. 10 © DICRIM – Ville de Bourg-Saint-Maurice – Les Arcs ; p. 44 : Doc. 11 DICRIM « Jeunes », édition 2014, © Direction de la Prévention et de la Gestion des Risques - Ville de Nice ; p. 46 : © Institut des Risques Majeurs (IRMa) / Ministère de l'Ecologie, du Développement durable et de l'Energie / Ministère de l'Intérieur ; p. 53 : Doc. 6 ph© Dr G. Bredberg/S.P.L./Cosmos ; p. 54 : Doc. 7 ph© Fotolia.com, Doc. 9 © Agence européenne pour la sécurité et la santé au travail / Campagne 2005 « Halte au bruit ! » ; p. 55 : Doc. 10 © Dossier INRS « Techniques de réduction du bruit en entreprise - Quelles solutions, comment choisir » ED 962, Doc. 11 © Dossier INRS « Documents pour le Médecin du Travail N°107 - 3e trimestre 2006 » TC110 ; p. 56 : © INPES / www.ecoute-ton-oreille.com ; p. 58 : ph© Fotolia.com et ph© iStockphoto ; p. 59 : ph© Photo12/Alamy ; p. 63 : ph© K. Gushcha/Fotolia.com (1), ph© Liane M./Fotolia.com (2), ph© Digital Vision / Getty Images (3), Doc. 1 © INRS - Brochure « Evaluation des risques professionnels - Aide au repérage des risques dans les PME - PMI » ED 840 ; p. 65 : ph© I. Sapiro/Fotolia.com (1), ph© DRX/Fotolia.com (2), © INRS (3 et 5) ; p. 66 : ph© Pascal Sittler/Réa ; p. 68 : Doc. 4 ph© Patrick Allard/Réa ; p. 75 : Doc. 4 ph© Unclesam/Fotolia.com (1), ph© Pasieka/SPL/Phanie (2) ; p. 77 : Doc. 6 © ARS/Création : studio la vache qui meuh - www.lavachequimeuh.com ; p. 78 : Doc. 7 ph© Stéphane Audras/Réa (1), ph© Dreef/Fotolia.com (2), © INRS (3) ; p. 80 : Doc. 4 © Marque Jaune / Livret Editions Mémoforma « Préparation à l'habilitation électrique » ; p. 81 : Doc. 5 et 6 © Marque Jaune / Livret Editions Mémoforma « Préparation à l'habilitation électrique » ; p. 82 : Doc. 7 © INRS - Revue « Travail et sécurité » n°663 ; p. 83 : Doc. 1 ph© Steve Gschmeissner/SPL/Phanie (1), ph© CNRI/SPL/Phanie (2) ; p. 84 : Doc. 3 et 4 © Dossier INRS « Les risques biologiques en milieu professionnel » ED6034 ; p. 87 : Doc. 6 © Service de Santé au Travail – SMIA – Angers ; p. 88 : Doc. 7 ph© Garo/Phanie (1), © INRS (2) ; p. 91 : Doc. 3 ph© industrieblick/Fotolia.com (1), ph© Rich LaSalle/Getty Images (2) ; p. 92 : Doc. 4 © INRS (1), ph© John Burke/Getty Images (3) ; p. 94 : Doc. 2 ph© Richard Villalon/Fotolia.com, (1) ph© Dmitriy Raykin/Fotolia.com (2), ph© Alexander Lobanov/Fotolia.com (3), ph© Thomaslenne/Fotolia.com (4) ; p. 97 : Doc. 6 © ACMS, 2012 ; p. 98 : Doc. 7 et 8 © INRS « Aide-mémoire juridique / Éclairage des locaux de travail » TJ 13 ; p. 99 : ph© Andrius Gruzdaitis/Fotolia.com ; p. 104 : Doc. 2 © INRS, Doc. 3 © INRS (1), ph© Auremar/Fotolia.com (2) ; p. 105 : Doc. 4 © Extrait de l'animation « Les 9 principes généraux de prévention » - 2008 - Réf. anim-044 sur le site de l'INRS www.inrs.fr ; p. 106 : Doc. 5 © Chambre Régionale de Métiers et de l'Artisanat du Limousin ; p. 109 : Doc. 7 © Service de Santé au Travail – SMIA – Angers ; p. 113 : Doc. 13 © INRS ; p. 114 : Doc. 15 ph© Image Source/Photononstop ; p. 116 : ph© iStockphoto ; p. 121 : Doc. 6 © Caisse nationale d'Assurance maladie des travailleurs salariés (Cnamts) / Direction des risques professionnels / Extrait du rapport de gestion 2011 de l'Assurance Maladie - Risques Professionnels ; p. 122 : Doc. 7 © Caisse nationale d'Assurance maladie des travailleurs salariés (Cnamts) - 2012 - dépliant « J'ai eu un accident sur mon lieu de travail ou sur le trajet » - © Agence Australie / Cristof Echard ; p. 123 : Doc. 9 © Caisse nationale d'Assurance maladie des travailleurs salariés (Cnamts) - 2012 - dépliant « J'ai eu un accident sur mon lieu de travail ou sur le trajet » - © Agence Australie / Cristof Echard ; p. 126 : ph© iStockphoto ; p. 127 : ph© Monty Rakusen/Getty Images ; p. 131 : Doc. 1 © SMIEC- Service de santé au Travail de la Région Choletaise ; p. 132 : Doc. 2 © INRS (Kit étiquettes pour produits chimiques – www.inrs.fr), Doc. 3 © UIC« L'étiquetage des produits chimiques : décryptage » - Marie-Hélène Leroy, mars 2013 / © INRS (1), © SMIEC- Service de santé au Travail de la Région Choletaise (2) ; p. 134 : Doc. 5 © Eyrein Industrie (www.eyrein-industrie.com) ; p. 136 : Doc. 7 © Carsat Auvergne (www.carsat-auvergne.fr) ; p. 138 : Doc. 9 ph© Adam Gregor/Fotolia.com (1), © INRS (2), Doc. 10 © Carsat Auvergne (www.carsat-auvergne.fr) ; p. 140 : ph© iStockphoto ; p. 145 : Doc. 6 ph© Richard Villalon/Fotolia.com ; p. 146 : Doc. 8 © www.123-tms.fr, site internet de prévention des troubles musculo-squelettiques (TMS) édité par la Mutuelle Nationale Territoriale (MNT) - www.mnt.fr ; p. 148 : Doc. 9 © www.123-tms.fr, site internet de prévention des troubles musculo-squelettiques (TMS) édité par la Mutuelle Nationale Territoriale (MNT) - www.mnt.fr ; p. 151 : ph© Caradoc/Fotolia.com (A), ph© Benoit Decout/Réa (B), ph© Lester Lefkowitz/Getty Images (C) ; p. 152 : Doc. 13 © INRS ; p. 153 : Doc. 15 ph© Lemoine/BSIP ; p. 154 : Doc. 16 © Santé et Sécurité au Travail en PACA – Collection : Information Prévention (extrait d'une fiche pratique réalisée dans le cadre d'un travail partenarial « Vous travaillez dans un atelier de mécanique ? ») - www.sante-securite-paca.org, ph© Mikael Damkier/Fotolia.com, Doc. 17 © INRS, fiche ED79 « Conception et aménagement des postes de travail » ; p. 156 : ph© iStockphoto ; p. 157 : ph© Andriy Petrenko/Fotolia.com ; p. 161 : Doc. 1 ph© Rudie/Fotolia.com ; p. 163 : Doc. 4 © INRS, « Stress au travail - Privilégier la prévention collective » www.inrs.fr/accueil/risques/psychosociaux/stress.html), © Philippe Tastet ; p. 165 : ph© Sarah M. Golonka/Getty Images (1), ph© Pressmaster/Fotolia.com (2) ; p. 166 : Doc. 7 © Agence IDE ; p. 168 : ph© iStockphoto ; p. 172 : Doc. 2 ph© Robert Kneschke/Fotolia.com ; p. 175 : Doc. 5 ph© Fotolia.com ; p. 178 : Doc. 8 ph© Diego Cervo/Fotolia.com ; p. 181 : ph© Fotolia.com ; p. 185 : © G. Mathieu ; p. 193 : ph© Diyanski/Fotolia.com ; p. 196, 197, 198 : © INRS (pour l'ensemble des pictogrammes) ; p. 199 : ph© Nathalie Vouriot-Gieure (1), ph© Wellphoto/Fotolia.com (2) ; p. 200 : © Burger/Phanie (1 et 2) ; p. 201 : ph© Dalaprod/Fotolia.com (1), ph© Chassenet/BSIP (2) ; p. 202 : ph© Wellphoto/Fotolia.com (1), ph© Guillaume Duris/Fotolia.com (2) ; p. 203 : ph© Nathalie Vouriot-Gieure ; p. 204 : ph© Science Photo Library/Photononstop (1 et 2), ph© Burger/Phanie (3) ; p. 211 : © ARS Aquitaine - Délégation Territoriale des Pyrénées-Atlantiques (Annexe 1) ; p. 212 : © Le Petit Bleu (Annexe 2), © www.consoglobe.com (Annexe 3) ; p. 221 : ph© mustafahacalaki/iStockphoto (Annexe 1) ; p. 222 : ph© Frédéric Massard/Fotolia.com (Annexe 3).

IMPRIM'VERT
Votre imprimeur agit pour l'environnement

Achevé d'imprimer en mars 2015 par «La Tipografica Varese Srl» Varese - Italie
N° d'édition : 2015-0397 - Dépôt légal : mars 2015

Certifié PEFC
Ce produit est issu de forêts gérées durablement et de sources contrôlées
PEFC
PEFC/18-31-264
www.pefc-france.org